Administrative Secretary Studies

21世纪公共行政系列教材

行政秘书学

唐　钧 ◎ 主编

中国人民大学出版社
· 北京 ·

21世纪公共行政系列教材

◆ 编审委员会 ◆

《行政秘书学》教材编写组成员名单

主　　编： 唐　钧（中国人民大学）

副 主 编： 丁　冬（中国人民大学）

黄莹莹（中国人民大学）

郑　雯（中国人民大学）

编写人员： 黄永华（中国人民大学）

张益锋（中国人民大学）

刘　晨（中国人民大学）

冯　迪（中国人民大学）

范　坤（中国人民大学）

付　蓉（江西省商务厅）

陆美霖（中国互联网络信息中心）

任子平（环境保护部）

李泽钧（北京市人民政府办公厅）

张竞文（中国人民大学）

本书受到教育部高等学校特色专业建设点中国人民大学行政管理专业的支持
本书受到中国人民大学国家重点学科行政管理专业的资助

总 序

历史经验表明，发展水平和现代化水平越高的社会，公共行政也越发达，因而就越需要公共行政科学。公共行政科学对我国经济和社会发展的重要性，正随着我国社会主义现代化进程的推进而日益显现出来，并呈现出良好的发展前景。

公共行政是对政府及其他社会部门、社会公共事务的组织与管理。行政管理学是研究和运用于国家事务、社会公共事务的管理科学与艺术。它通过研究、传播行政管理的知识、艺术信息，培养公共行政的职业人才，改善政府和社会公共部门管理、服务的质量，提高效率，最终达到实现公共利益的良好目的。

在传统社会中，公共行政管理和其他领域中的管理一样，主要依靠管理人员的经验和悟性。现代行政管理要求从业者具有与其相适应的职业道德和品质，要求管理人员掌握适应这种管理要求的知识和技能。从当前来看，随着社会的政治民主与科学技术的全面进步，公共行政的职能迅速扩展，公共行政部门迅速增加，公共行政中的分工协作日益增强，社会对政府公共行政质量的要求越来越高，“职业化”成了公共管理领域的一个重要趋势，不经专门化的教育培训，就不可能胜任管理岗位的要求。所以，在现代社会，通过专门教育培养专业型的公共行政管理人才，不仅是时代的迫切要求，也是人们的共识。这是由公共行政自身发展的规律所决定的，公共行政教育成为公共行政职业化的主要途径。

中国人民大学是我国改革开放以来，率先在国内开展行政管理学教学与科研的高校之一。1990 年，中国人民大学行政管理学研究所成为国内第一家行政管理硕士学位授予单位，1998 年，中国人民大学行政管理学系又成为第一批博士学位授予单位，形成了本科、硕士、博士和在职岗位培训多种教育层次，具有公共行政的理论与实践、中国行政管理与改革、公共政策、公共组织与人力资源管理、比较公共行政等多个研究方向。所有这一切，是社会发展对政府和其他公共组织管理的职业化的迫切需要，从而也是对行政管理学教育迫切需要的结果。

自威尔逊以来，公共行政学经历了100多年的发展历程，在此发展历程中，可谓百家争鸣，多重典范竞存。公共行政学的内容也因社会改革与发展而日新月异，美不胜收。今天，公共行政学呈现出整合政治学、管理学、社会学、心理学、经济学、文化学、哲学、信息科学等多学科理论与方法的特性，成为一门方法多元、内容丰富、学派林立的学科。在科学发展的殿堂之中，公共行政学获得了重要的席位。

为了传播公共行政的理念、理论、方法与技术，适应中国社会公共行政职业化教育、发展与训练的需要，我们组织编写了“21世纪公共行政系列教材”，教材范围涉及公共行政学科的基本层面。

“21世纪公共行政系列教材”的编写坚持理论联系实际的科学精神，紧密追踪国内社会变革的实践，及时吸收国际上新的有益的学术思想，在我们长期教学与科研的基础上，在我们与国内外兄弟院校学术交流的基础上，力争有所突破，再上新台阶，再创新水平，站在时代和学术前沿的起跑线上。我们热切希望公共行政学界和实际工作部门的同志们给予批评指正。在这里，我们谨向“21世纪公共行政系列教材”的读者、学习者和批评者致以敬意。

“21世纪公共行政系列教材”编委会

前言

秘书是古老的职业之一，随着社会的发展，秘书职业面临着越来越多新的挑战。我国秘书职业资格认证也应运而生，自 1998 年起，国家劳动和社会保障部开始组织秘书职业资格的全国统一鉴定。

优秀的行政秘书是当今社会的稀缺人才，一名优秀的行政秘书不仅需要掌握职业资格认证所要求的最基本的知识，还需要满足秘书技能的专业要求和秘书素质的内在要求。一方面，秘书需要具备细心、耐心、恒心等良好的职业素养；另一方面，秘书应通过参加培训等方式掌握“应知”的基本知识和“应会”的基本技能，并在实践中不断提高自身素质。

本书借鉴了已有行政秘书学相关教材的经验，涵盖了办公室事务管理、文书与档案工作、会务管理等行政秘书的日常工作。同时，突出“行政秘书”，强调“做事”和“做人”两手抓，两手都要硬。

本书有三项创新：

第一，落实“做事”的技能指南。本书的第 2～5 章，分别从办公室事务管理、文书与档案工作、会务管理和行政秘书的综合能力四个方面，介绍了行政秘书在日常工作中的技能要求；同时，由具体到综合，从行政秘书工作的全局角度总结了行政秘书应该具备的综合能力。

第二，强调“做人”的素养训练。本书的第 6～9 章，从角色定位与职业规划、职业修养与职场心态、行政秘书与领导的关系、行政秘书的职业风险及防范四个方面，回应了行政秘书在日常工作以外如何“做人”的问题，针对具体问题分别提出了处理的方法和技巧。

第三，以行政秘书的“角色”为主线来贯穿职业生涯。本书把行政秘书的角色分为助手、参谋和代理人三类，从角色定位以及能力与素养两方面分别阐述了行政秘书的工作任务和要求。以此为线索，在各章节分别介绍了行政秘书在日常工作中所需要的能力和素养。

本书从行政秘书所需的基本知识和基本技能入手，侧重于实用性和可操作性，全书穿插了行政秘书的职场案例，以情景模拟的方式呈现，引导读者通过角色扮演来思考并解决行政秘书学问题，使教学更具生动性和趣味性。本书可用作高等院校行政管理、秘书学及相关专业的教科书，也可用作在职人员的培训和参考用书。

本书的参与人员有符丽丽、陈曦、李方、傅纯、尚远方、蒋宇芝、李继朋、刘瞳、张越、杨玉琴、史永福、张潇寒、祝腾娇（中国人民大学），陈峰（中央机构编制委员会办公室），梁婧捷（北京市民政局），么子国（公安部），徐娜（民政部国家减灾中心）等。

感谢中国人民大学出版社刘晶女士、本书的策划编辑朱海燕女士、责任编辑孟庆晓女士等为本书所做的工作。

目 录

第一篇 概述

第二篇 做事与业务能力

第三篇　做人与职业素养

第一篇

概　述

第 1 章

行政秘书概述

本章将对行政秘书做概括性的阐释，先对行政秘书进行概念界定与类型划分，再对我国行政秘书的演进与国外行政秘书的概况进行介绍，最后介绍行政秘书的从业资格、职业能力、职业修养及职业规划等，帮助读者理解行政秘书的概念，并对全书框架有全局性的把握。

本章学习要点

- 行政秘书的概念界定
- 行政秘书的类型划分
- 行政秘书的从业资格
- 行政秘书的职业能力
- 行政秘书的职业修养

1.1 行政秘书的概念界定与类型划分

1.1.1 行政秘书的概念界定

行政秘书的工作可划分为三类：第一类，行政秘书作为领导的助手，协助领导处理综合行政事务；第二类，行政秘书作为领导的参谋，为领导提供决策支持的信息；第三类，行政秘书作为领导的代理人，在法定范围内依据领导授权行使权力。

因此，行政秘书可界定为这样一种职业：在政府部门或企事业单位中，围绕领导或上司的工作需要，按照领导或上司的指示与授权，以集体或个人的工作方式，处理组织的日常性、程序性、综合性的行政事务，为领导的管理和决策等活动提供服务与辅助，可以代表领导行使部分行政管理的职责。

行政秘书作为一种职务，是由于领导的管理需要而衍生出来的职位，其主要职责是服务领导的工作、辅助领导的决策。行政秘书作为一种人员，则是指担任行政秘书职务、从事行政秘书工作的个人或群体，其主要任务是通过文书草拟、信息传达、决策建议等活动来以服务领导工作、辅助领导决策。

行政秘书的工作具有广泛性，根据组织类型与人事制度的差异，不同组织中的行政秘书有所区别。

政府部门的行政秘书，在《中华人民共和国公务员法》等法律法规中有相关的规定。政府组织的行政秘书可以大致分为非领导职务的行政秘书与有领导职务的行政秘书两类。他们属于国家公务员或国家干部序列，具有行政编制、行政级别与官员身份，以终身雇佣制的形式从事政府的行政秘书工作。

企业的行政秘书，在《秘书国家职业标准》中有相关的界定，是指从事办公室程序性工作、协助上司处理政务和日常事务并为决策及实施提供服务的人员。企业的行政秘书是一个完整的行政辅助人员体系，一般从低到高包含基础文书、专职文秘、高级行政助理等。他们属于社会职业，凭借国家职业资格证书获准从事行政秘书工作，按照人力市场的劳动合同与企业建立雇佣关系，从而成为企业的行政秘书。

事业单位的行政秘书，可分为两类：一类属于国家工作人员，拥有事业编制和行政级别，参照公务员管理；另一类属于规范化管理。

1.1.2　行政秘书的四要素

行政秘书作为一种职业，其岗位、角色、能力、修养四个要素紧密相关。从这四个角度分别对行政秘书进行具体的考察，将有助于我们更好地理解行政秘书的概念。

1. 从岗位来理解行政秘书的概念

行政秘书工作单位的性质与岗位的性质，直接决定了行政秘书的工作性质、角色、所需能力以及相应的职业修养。行政秘书的岗位要素可以从三个方面来加以界定：一是工作单位的性质；二是工作岗位的类型；三是职务级别的差异。

（1）工作单位的性质。

政府部门、企业、事业单位等，由于单位性质不同，对于行政秘书的要求也有所区别。政府部门的行政秘书强调政治忠诚，其岗位分工细，制度规范性强，以公文写作、会务管理为主，专业型秘书居多。企业的行政秘书强调业务水平，以商务文书写作、商务活动为主，综合型秘书居多，为领导个人服务的特征更鲜明。事业单位则兼有前两者的某些特征。

（2）工作岗位的类型。

依据行政秘书工作的具体分工，可分为文字秘书、事务秘书、政务（业务）秘书、公关秘书和其他秘书等。不同的岗位对行政秘书的职责要求有所不同，例如文字秘书主要负责撰拟文稿等文字工作；事务秘书负责处理文书、筹办会议、接待来宾等日常事务；政务

（业务）秘书负责信息、调研、督查、协调等协助领导业务的工作；公关秘书负责关系经营、形象塑造、危机应对等公关职责。

（3）职务级别的差异。

行政秘书在纵向上存在职务级别的差异。例如美国将秘书职级分为2～15共14个等级；日本将秘书分为见习、初级、中级和高级4个等级。我国国家职业资格标准将秘书分为四级，由低到高依次为五级、四级、三级和二级。不同的等级所对应的行政秘书的岗位和职责要求也有所不同。

2. 从角色来理解行政秘书的概念

行政秘书的角色定位，是其一整套行为模式的集成汇总，由岗位决定。岗位对于角色而言，是一种硬性的约束，是一种底线的要求。同时，角色的内涵又对行政秘书的能力和修养提出了相应的要求。

在实际工作中，行政秘书的工作范围广、内容杂。行政秘书的活动范围包括党政机关、企事业单位等组织，工作内容涉及文稿草拟、文书处理、公务接待、调查研究、信息收集、会务组织、协调沟通、信息保密等具体事务。因此，行政秘书具有多重角色，主要包括事务性助手、信息中枢人员、综合协调人员、参谋、公关人员、领导代表等。当然，行政秘书还可能扮演领导的“保姆”、“情绪调节师”等角色。行政秘书不同的角色对应着不同的角色表现和工作要求。

行政秘书在实际工作中，事务处理、信息管理、辅助决策等工作环环相扣，其所扮演的各种角色并不能十分明确地区分开来，彼此之间存在着一定的联系。但是，在岗位的约束下，不同组织、部门和等级的行政秘书的主要角色还是存在差异的。

在党政机关，行政秘书的工作环境和氛围较为严肃，各部门和岗位的分工十分明确，行政秘书通常是按章办事，有条不紊地处理各项工作，包括公文处理、档案管理、信息管理、会议管理等。因此，一般的行政秘书都是从事事务性的管理工作，主要扮演领导的事务性助手的角色。而高层次的行政秘书，如秘书长、办公室主任等，则会承担辅助领导进行决策、研究制订方案等工作，是信息汇集的中心，主要扮演领导的参谋的角色。

在企事业单位，行政秘书的工作环境和氛围相对轻松。尤其是企业，行政秘书的工作较为机动和灵活，所扮演的主要角色也较为综合，从事务性助手到信息中枢，从综合协调到参谋，甚至作为领导或公司的代表参加相关会议或活动。

3. 从能力来理解行政秘书的概念

行政秘书的岗位和角色的内涵，对行政秘书的能力提出了相应的要求。一方面，岗位分析的报告提出了岗位所需的基本能力要求；另一方面，随着岗位的不断提升，行政秘书的角色也在不断调整，这又对行政秘书的能力提出了新的要求。

由于行政秘书工作的全面性和复杂性，行政秘书扮演着不同层次的多种角色，相应地，行政秘书也必须具备不同等级的多种能力。其中，基本能力是行政秘书从事该职业的基本保障，高级能力是对行政秘书素质的全面提升。

行政秘书为了履行好服务领导的职责，较好地完成各项工作，必须具备特定的基本能力，包括日常事务管理能力、文书处理与写作能力、信息管理能力、会议管理与商务活动能力、体察判断与应变能力、沟通与社交能力。

能否成为优秀的行政秘书，在很大程度上要看他是否在基本技能的基础上拥有高级能力。这些高级能力主要包括辅助决策能力、项目管理能力、知识管理能力、人际交往能力、公关应变能力。此外，高级能力还包括综合协调等其他不易区分界定的能力。

行政秘书的主要角色包括事务性助手、信息中枢人员、综合协调人员、参谋、公关人员、领导代表等，这六种角色从低级到高级呈递进状态。行政秘书的角色是问题导向型的，不同角色面临着不同的问题，而特定问题的解决又需要特定的能力。因此，行政秘书的能力与其角色存在着一定的对应关系，其能力必须与其所扮演的角色相匹配。

4. 从修养来理解行政秘书的概念

行政秘书的岗位、角色决定了行政秘书必须具备的能力，同时还决定了行政秘书必须具备的职业修养。行政秘书的修养是行政环境对行政秘书的客观要求，尤其是“办公室政治”等软环境的客观要求。一般来说，行政秘书的修养是指行政秘书在工作中应该具备的修为与素养，它既包括行政秘书的人格修养、道德修养、才学修养、政治思想修养等，又包括行政秘书的个性心理、压力缓解和心理调适等。

从某种角度而言，能力是行政秘书的硬实力，修养是行政秘书的软实力，而能力和修养合二为一，才是行政秘书所具备的综合实力。行政秘书修养的提高有利于推动自身能力的提升，也有利于自身的职业生涯发展。只有符合职业修养要求的行政秘书，才是真正合格的行政秘书。也只有职业修养达到角色转化条件的行政秘书，才能顺利转行、换岗，实现职业生涯的跨越式发展。

情景模拟

秘书的挑选

背景材料

中国对外经济贸易合作部副部长、中国入世谈判代表L部长做客中央电视台《对话》节目，谈到在入世谈判最困难的时候，他选秘书的标准不是大家公认的勤勉、谨慎、体贴，而是经骂。

主持人：您挑人是不是爱挑和您一样的人？

L部长：不一样，我希望挑和我不太一样的人。我曾经有位秘书，当我选他当秘书的时候，全场哗然，因为这个人根本不配当秘书的。

主持人：怎么会这样说？

L部长：因为在我们中国大多数人的眼中，秘书都是勤勤恳恳的，讲话很少，做事很谨慎，对领导非常体贴入微。一般都是这个样子。

主持人：这样不好吗？

L部长：这应该是做秘书的基本条件，但是我选的秘书，处事完全不一样。他是一个大大咧咧的人，他从来不会照顾人。比如，我每次和他出国，都是我走到他房间里说，请你起来，到点了。再如安排九点做某件事，他说九点半，结果十有八九我是对的。

那为什么会选他当秘书呢？因为选人有个时间背景。我是在谈判最困难的时候选他当秘书的，当时我由于谈判的压力，脾气变得非常暴躁，再加上我喜欢吃辣椒，所以，我当时脾气很大。

主持人：大到什么程度呢？

L部长：有时候和外国人拍桌子，回来以后一句话不说。我这个人脾气不好，虽然我这个人心肠是好的，但是每次回来，我回到自己的房间后，没有一个人到我的房间来，因为他们怕挨骂。只有这位后来要当我秘书的人，每次不敲门就大大咧咧走进来，而且坐到我的房间就跷起腿，谈今天他听到了什么，哪个人说我哪句话讲得不一定对。而且他从来不叫我L部长，而是叫我“老L”，有时候叫我名字。他有时候也出一些馊主意，被我骂得一塌糊涂。

但是他最大的优点是经骂，无论怎么骂，他五分钟以后又回来了，还跟我说：哎呀，老L，你刚才哪个说法不太对。我觉得这种人很少见。后来我仔细观察，他是一个学者型的人物，人家对他的批评，他不敏感。但是他对世贸的问题，简直像着迷一样，我们其他谈判人员都说，他像一个传教士，见到人就说入世的事情。

我发现，他虽然有很多毛病，但他从来不在我面前搬弄是非，从来不说谈判班子中任何人的坏话。我从来不整人，不在其他人面前说别人的坏话，我对说人坏话和搬弄是非的人最痛恨，他从来不这样。我知道有些人一直在整他，但是他从来没有说过那几个人的坏话。所以我就觉得，在当时那种特定的情况之下，我要找一个经骂的秘书。

主持人：听说他是一个博士。

L部长：啊，后来成博士了。我觉得他的承受能力很强，他能够伴随我度过那段最困难的时期，不会因为我骂他，就有别的想法，太不敏感了。后来我们谈判成功以后，我很快把他送走了，我觉得已经不需要他了，他的长处已经不在这儿了。他每天把我的文件搞得乱七八糟，找什么文件都找不到，他有时候还向我要文件。我主持世贸谈判，世界各国很多的经济学家、学者都给我寄书，寄他们的材料，有些材料我应该马上看到的，他却一个人在那儿看、记。他有时候说什么材料，我一看是很重要的材料，问他为什么不给我看，他说他感兴趣。所以，后来中美谈判成功之后，我的脾气也好多了，他也不是最适合的秘书人选了。

资料来源：中央电视台《对话》栏目供稿：《如何挑选秘书?》，见 http://finance.sina.com.cn/g/20011125/147933.html,2001-11-25。

角色扮演

假设你是L部长，挑选此人当秘书的原因是什么？

参考答案

(1) 行政秘书的四要素——岗位、角色、能力和修养是内在联系、相互影响的，但并无一定之规。一个人在某个特定的形势、某个特定的历史时期，他做某件事情可能是适合的。

(2) 人都有优点和缺点。对于优点突出的，应该用其长处；对于缺点，应该看其是否可以容忍，如果瑕不掩瑜，应该大胆任用。

1.1.3 行政秘书的类型

行政秘书身处不同的单位和行业，拥有不同的身份、角色和功能，这为行政秘书的分类提供了依据。从这些不同的角度切入，可对行政秘书进行相应的分类。

1. 按所在单位的性质划分

行政秘书总是在特定的单位中开展工作。这些组织根据性质，可以分为政府部门、民间组织和介于两者之间的混合型组织。在当前我国的制度环境下，政府部门是指广义的行使国家公共权力的官方组织，包括狭义的政府机构、执政党机构、军队机构、民主党派机构和人民团体等；民间组织是指独立于政府之外的非官方组织，包括私营企业、外资企业、民间社团等；介于两者之间的混合型组织是指从传统政府机构中分离出来的组织，包括国有企业、事业单位等。与之对应，可划分出三类不同性质的行政秘书，政府部门中的行政秘书称为公务秘书，民间组织中的行政秘书称为民间秘书①，混合型组织中的行政秘书称为混合型秘书。

2. 按从事行业的类型划分

行政秘书工作所在的组织总是属于某一行业，根据行业的不同，我们可以划分出与行业相对应的行政秘书，例如政府秘书、军队秘书、外交秘书、企业秘书、教务秘书、医务秘书、法律秘书、科技秘书、统计秘书等。

3. 按从业人员的身份划分

由于行政秘书所在单位性质的差异，行政秘书的身份也会有所不同，一般根据编制来界定。我国国家工作人员分为“行政编”与“事业编”，非国家工作人员的社会从业者则在国家工作人员编制之外。一般情况下，当前我国政府部门中的行政秘书都具有官员身份或者说公务员身份，他们由国家财政支付工资并享受国家福利，属于行政编；民间企业中的行政秘书是基于职业而存在的社会从业者或者说民间职员，他们不是国家工作人员，不享受国家福利，而是基于市场原则从所在组织获取报酬，他们在国家工作人员编制之外；事业单位中的行政秘书不是国家公务员，但属于国家工作人员，由国家财政支付工资并享受部分国家福利，这就是所谓的事业编；国有企业的行政秘书一般来说在国家工作人员编制之外。因此，根据行政秘书的身份，我们可以划分为行政编秘书、事业编秘书、非编制秘书三种类型。

4. 按角色定位的类型划分

行政秘书在工作中总是扮演一定的角色，有的出谋划策，有的处理文稿，有的办理日常事务，有的提供技术支持，有的负责专门业务，有的处理公共关系，如此等等，不一而

---

① 1993年在江苏盐城市举行的“全国第三届秘书学与秘书工作学术研讨会”上，董汉庭、张守敬等学者建议使用“民间秘书”的提法，以区别公务秘书与非公务秘书。(1) 民间秘书的概念：1) 从所在单位看，不属于党政军群和国有企事业的领导机关；2) 从职业定位看，不属于国家公务员，而属于一种社会职业；3) 从工薪收入看，不由财政开支、国家包干，而靠本单位自行解决；4) 从秘书与其领导者的关系看，民间秘书中的一部分私人秘书，同其雇主的基本关系是社会主义初级阶段制度制约下的雇佣关系，而其他大部分民间秘书与其领导者的关系，仍然主要是一种工作关系。(2) 民间秘书的范围：民间秘书的范围不易明确界定，因为在现实中有许多边界模糊的领域，并非几条条款能划清的。大致可包括以下情况中的秘书人员：1) 三资企业；2) 乡镇（街道）企业；3) 非国有或国有控股很少的股份制企事业；4) 民间其他法人组织如民办学校、民间学会、民间律师事务所等；5) 私营企业；6) 私人个体；7) 其他。

足。因此，行政秘书可以相应地分为参谋型秘书、文字型秘书、办事型秘书、技术型秘书、业务型秘书、公关型秘书等。这些类型的划分都是单一的，而在实际工作中，一名行政秘书可能会同时扮演多种角色，身兼多种类型。因此，上述的单一类型需要根据实际情况进行组合，从而出现多种不同组合的复合型秘书，如表1—1所示。

表1—1　按角色定位的类型对行政秘书的分类

角色定位类型	行政秘书类型	
出谋划策	参谋型秘书	复合型秘书（根据实际情况多种组合）
撰拟文稿	文字型秘书	
办理日常事务	办事型秘书	
负责专门业务	业务型秘书	
处理公共关系	公关型秘书	
其他	其他	

5. 按职能作用的层次划分

行政秘书的职能是辅助领导对组织进行管理。领导对组织的管理是分层次的，最高层次的是决策，中间层次的是事务，最低层次的是技术。根据行政秘书在哪一层次上辅助领导进行管理、发挥自身职能作用，我们可以将行政秘书划分为三个层次：决策辅助层秘书、事务辅助层秘书、技术辅助层秘书。

6. 按技能或职务级别划分

行政秘书由于自身素质的原因会存在技能的高低，在组织中任职时也会出现职务级别的高低，这为我们对行政秘书进行纵向划分提供了依据。根据行政秘书技能的高低，我们可以把行政秘书纵向划分为高级秘书、中级秘书、初级秘书、实习秘书等。

1.2 行政秘书在我国的演进和在国外的概况

1.2.1 我国行政秘书的演进

我国古代历史上就存在从事行政事务以辅助领导开展工作的人员，这些人具有为领导服务的行政秘书特征。

1. 政府部门的行政秘书

汉代以前，辅助皇帝的"行政秘书"一般称为"史官"。夏朝在政府内设有太史令、左史等官职，西周政府则设有外史、内史、女史等官职。

曹魏时朝，中央政府设置"秘书令"，其职责是主管"尚书奏事"，即负责管理机要事务。其后的历朝历代在中央政府都设有"秘书"官职或机构，其职责基本都是负责奏章事宜以及掌管国家典籍，这些官员服务和辅助皇帝对政务的处理或决策。

汉魏以后，中央政府中从事行政秘书工作的官员设置一直沿袭，但其称谓则随着朝代的更替而多有变化，如"尚书"、"中书"、"侍中"、"中书舍人"、"翰林学士"等。作为中央政府或宫廷的官员，其分工比较精细，或为中央政府服务，协助皇帝处理国家政务，或为皇帝个人服务，专门办理皇帝私人交办的事项。

2. 非政府部门的行政秘书

近代以来，随着经济的发展与社会的开放，非官方的民间组织大量出现并不断壮大，如民间企业、民间社团等。民间组织中的行政秘书主要是通过合同方式从人力市场上聘用的，这就有别于传统上政府部门中的行政秘书，他们不需要政府官员身份也能从事行政秘书工作，突破了政府官员身份，就拓展成了一种社会职业，并且不断地朝着职业化的方向发展。

这些民间组织中的行政秘书在民间企业中最为典型。民间企业中的行政秘书可以包括董事会秘书、行政助理、办公室主任、普通秘书，一般笼统地简称为“秘书”。他们主要负责为企业领导的日常管理提供服务，为企业领导的决策提供辅助或建议，具体的工作则包括：办公室日常公务处理、文件草拟、会议筹办、来访人员接待、外部关系联络、信息收集调研、建议提供等。因此，对于民间企业中的行政秘书而言，其工作凸显为综合性与服务性。而从传统政府机构中分化出来的社会组织正在借鉴民间企业中行政秘书工作的经验，大量国有企业中的行政秘书已经剥离了政府官员身份，成为一种基于职业而存在的社会从业者。随着行政秘书职业化的日益发展，企业与政府都将对行政秘书的执业资质、专业技能、综合素质等提出更高的要求。

1.2.2 国外行政秘书的概况

1. 国外行政秘书的概念

英国《牛津词典》对秘书的解释有三条。一是指办事处、营业厅、公司或企业的雇员，其任务是处理通信、整理记录、安排约会，往往作为助手服务于有地位或有财力的人士。二是指高级官员，其职责是负责通信、记录等事宜，在非营利性组织工作的秘书则只尽义务而不领报酬。三是指国家的秘书，负责政府机关的政务工作，名为秘书，实为长官，如英国的国务大臣、外交大臣等，既可称为minster（部长），又可称为secretary（秘书）。因此，在英国，秘书有三层含义：一是主事者身边的公务服务人员和办事助手；二是非营利组织中义务操办日常事务的负责人；三是政府官员。

美国《职称词典》对秘书的解释则比较具体，秘书是指工作水平高超、能贯彻下列活动的人：（1）全面处理机关或公司的行政工作，以减轻政府官员或公司负责人较次要的行政事务和办公室工作；（2）能用速记记录口述；（3）能用翻译机将口述或复制的记录信息译成文字；（4）处理首长或经理的约会和提醒其约会；（5）接见办公室来访人员；（6）接电话和打电话；（7）处理首长或经理私人重要邮件、主动撰写日常函件；（8）对办公室其他工作人员进行工作监督；（9）整理人事档案。美国的秘书，有时也称行政助理（administrative assistant）或执行助理（executive secretary），小部分工作在教育机构、医疗机构或政府机关，大多数则工作在工商业领域或非营利组织。秘书主要借助于各种现代化办公设备，担当收集和整理信息、上传下达、联络协调的角色，以保证组织的有效运转。随着社会分工的细化，秘书的专业性也越来越强，除日常工作以外，他们也承担其他一些更为重要的职责，如参与一些临时团队的工作、与有关人员谈判，有时甚至是参与管理者职权范围内的事，如研究经营发展战略、预测和执行项目、培训和考核员工等。所以，秘书有时也被看成是管理人员或专业人士。[①]

国际职业秘书组织（Professional Secretaries International）则将秘书定义为“具有熟练的办公室工作能力，不需要上级敦促即能主动负责、积极进取、干练果断，能在授权范围做出正确决定的经理（领导）助手”。

从上述定义可以看出，秘书在国外是一种社会职业，主要是从事日常的程序性、行政性事务，为领导或上司的工作提供服务与辅助。

2. 国外行政秘书的类型

（1）美国的秘书类型。

美国的秘书可以按照不同的标准进行分类。按服务对象的数量，秘书可分为：专为某一个人服务的“私人秘书”，兼为几个人服务的“集体秘书”；按任职时间，秘书可分为：要求任职者用其全部工作时间任职的“专职秘书”，只有部分工作时间任职的“兼职秘书”；按职务性质，秘书可分为担任行政性职务的“行政秘书”、担任专业性职务的“专业秘书”。

行政秘书可以理解为负责“对事情的控制和处理”的秘书。美国大多数秘书都属于行政秘书。专业秘书是秘书职位中的一个汇总类，包括多种专业性较强的秘书职位，例如法律秘书、医学秘书、教育秘书、财经秘书、技术秘书等。这些专业秘书必须具备相应领域的专门知识和技能，每个专业秘书都是该专业的专家。

美国除了按照职务性质对秘书进行分类之外，还按照职位高低对秘书进行分级，即纵向的分类。美国秘书纵向分为2～15共14个等级，由低至高，其技术要求由简单到复杂，工作范围由单纯到综合。

此外，美国行政管理学院把一般的行政秘书分为三级，它们按职级从低到高依次是“B级秘书”、“A级秘书”和“经理秘书”。

“B级秘书”在小公司或大商行的低级管理人员手下执行范围有限的秘书职责，大致包括：记录口述，誊写速记稿或录音稿，接答和传达电话，安排约会，安排公务旅行，答复日常信函和保管档案等。这种秘书只要有一般秘书工作和办公室工作的知识技能即可。

“A级秘书”为中级管理人员或几个管理人员执行范围不定的秘书职责，其职责具有多变性，不像“B级秘书”那样刻板固定。它要求任职者具有本公司有关政策和程序方面的知识，具备中级以上的秘书及行政工作技能。

“经理秘书”全面负责秘书及行政事务，其职责包括：计划、方案的制订和调整，负责这些任务的按时完成，为经理办理各种行政方面的具体事务等。它要求任职者具有关于本公司经营实践和组织结构等方面的知识，并具备秘书和行政工作的高级技能。担任这类秘书要求有6年以上大学学历，经过严格考试而获得特许职业秘书资格证书。

---

① 参见张晓鹏：《美国秘书工作概览》，载《秘书工作》，2006（5）。

情景模拟

美国总统奥巴马的“80后”秘书

背景材料

一个周末的下午，奥巴马的首席演讲撰稿人费夫洛坐在与白宫隔街相望的咖啡馆里，品着香浓的咖啡，慢悠悠地说：“假如有一天，我离开了华盛顿，最怀念的还是这里的朋友。”谈起奥巴马，他流露出一种崇敬的神色。费夫洛说：“就是因为奥巴马，我留在了政界。除了奥巴马，我也不会再为别的政治家写讲稿了。”

1981年6月，费夫洛出生在美国马萨诸塞州。高中时，他去华盛顿参加了一次学生代表会议，第一次走进了国家的政治心脏，也第一次捕捉到了内心的梦想：“我爱华盛顿！我要来这里，因为这里集中着最高的权力！”几年后，他从圣十字学院毕业，进入民主党总统候选人克里的竞选团队，负责写讲稿。2004年总统大选，克里败走麦城（威斯康星州的麦迪逊市），费夫洛也十分沮丧。一个偶然的机会，他站到了正在寻找竞选演讲撰稿人的奥巴马面前。

费夫洛至今忘不了和奥巴马初次会面的场景。奥巴马坐在他对面，直截了当地问：“是什么促使你选择了政治？你的写作理念是什么？”费夫洛简短地叙述了自己的华盛顿之梦，然后说：“优秀的撰稿人，能够通过文字让那些不关心政治的人明白：我们会倾听他们的意见，和他们在一起。我能做到这一点，请给我一个机会！”奥巴马脸上露出了微笑。

2009年，奥巴马走进了白宫，费夫洛也成为美国历史上第二年轻的白宫撰稿组主任。比他年轻的是前总统卡特的撰稿人法罗斯，出生于1949年8月2日，初当白宫撰稿人时比费夫洛小两个月。有时候，费夫洛外出遇到女生，告诉她们自己是奥巴马的撰稿人，姑娘们都不信。费夫洛不得不赌咒发誓说：“假如我要吹牛，我干吗不说自己是个更大的官呢？”

对费夫洛来说，奥巴马是伯乐，也是严师。奥巴马本人的语言驾驭水平很高，要想让他放心地把演讲稿交给另一个人打理很不容易，而费夫洛是唯一一个被奥巴马称为“能用他笔写我心”的人。费夫洛建议奥巴马对演讲稿动大手术，尤其要注重抑扬顿挫的效果。经费夫洛的指点，奥巴马的演说果然更加精彩。从此，奥巴马把费夫洛当成了“笔杆子”。

为了琢磨最有力的语言，费夫洛和奥巴马经常对面而坐，一个说一个记，反复推敲。费夫洛称此为“切磋武功”。最忙的时候，费夫洛从早上5时一直工作到第二天凌晨3时，他自己都说：“巨大的责任感都快要把我压垮了！”任务一来，他就把大伙叫到一个小会议室，关起门来从早到晚地讨论，肚子饿了就叫外卖，完全是一副大学生的风格。有一次，为了写讲稿，他做了几周的调查，咨询了历史学家和其他撰稿人，和奥巴马当面磋商了四五次，然后提着电脑，钻进华盛顿一家星巴克咖啡馆，灌了一肚子咖啡后才写出了演讲稿，其中最脍炙人口的一句话就是：“是的，我们能！”

资料来源：胡婷婷：《奥巴马的“80后”秘书们》，载《21世纪》，2010（9）。

角色扮演

假设你是为领导撰写演讲稿的行政秘书，在写稿时应注意什么？

参考答案

作为领导演讲稿的撰写人，应注意以下三个方面：

（1）明确领导的观点，演讲稿的内容要与领导的观点一致。

（2）熟悉领导的习惯，运用符合领导语言风格和语言习惯的文字表述方式。

（3）注意演讲效果，演讲稿的内容须与场合、气氛、听众等匹配。

（2）日本的秘书类型。

日本的秘书，根据其职责性质，可以分为公务秘书、事务秘书、外事秘书、企业秘书、私人秘书等类型。

公务秘书也称政治秘书，在国会、政党、内阁供职，具有公务员性质。其中，在国会、官厅、地方公共机构工作的秘书，除了要求能了解国会或政党、内阁结构外，还要求精通法律制定程序和有关机关的详细工作程序，国会议员秘书还需要将与自己所居之地联系的工作作为重要任务。

事务秘书是在医师、律师等专业人员身边工作的秘书。他们除具有秘书工作知识和技能外，还须具有相当程度的专业知识。例如医学秘书要配合医生接收病人，从事社会保险等与医疗事务有关的工作；法律秘书要协助接待委托人、调查案件、与法院联系、代替律师与委托人预谈、整理材料等；大学教授、研究人员的秘书，则要善于搜集、剪贴资料并整理卷宗。

外事秘书擅长外语，在外资企业和各国驻日使馆供职。

企业秘书是董事长和经理的专职秘书，主要从事接待来客、接打电话、联络等事务，以女性居多，特别需要有高度的服务精神。

私人秘书多为日本政坛人士或知名人士雇用，少则一两名，多则几十名，负责对外联络、接待、公关工作，安排雇主的工作日程。

此外，日本的秘书职级分为四级，如表 1—2 所示。

表 1—2　　日本秘书职级及其对应的职责要求

职级	职责
见习秘书	值班、接电话、接待来客等服务性工作
初级秘书	文书收发，信函起草，预订车、船、机票等业务
中级秘书	能主动分担上司杂务，减轻上司行政工作的负担，并能独立进行工作，主要工作是为上司安排日常活动日程，必要时也代表上司对外谈判
高级秘书	能给上司以有力的协助，能提供解决问题的有效方案

3. 国外的秘书职业资格考试制度

国外的秘书作为一种社会职业，对秘书的职业资格认定比较规范和系统，形成了严格的秘书职业资格考试制度。

“特许职业秘书考试”是由国际职业秘书协会（PSI）举办的高级秘书资格考试，每年5月第一个星期的星期五、星期六两天进行。高中毕业生须有6年秘书工作经历才许报考，大学毕业生则其学习年限加秘书工作经历满6年者才许报考。考试分6门课程：企业行为科学、企业法、经济与管理、会计学、秘书技能、办公室工作程序。考试合格方能获得“特许职业秘书”资格证书（CPS）。该证书全世界通用，在北美地区则是秘书职业的准入证书。

“行政管理人员证书”（CAM）也是一种国际职业秘书资格证书，它是为那些谋求管理岗位的秘书而设置的。从1970年9月开始，由美国行政管理学会负责考试，凡想获取该证书的人，必须先申请加入该学会，并达到如下标准：通过学会组织的人事管理、财务管理、调节和经济、行政机构、系统和信息管理、特殊疑难问题的管理技术等科目考核；须有2年的行政管理经验；有良好的个人品行以及一定的专业管理水平；近年来曾在一个自发组织内参与或直接从事领导工作，并有可信的证据；以口头或书面方式为制定有效管理的方法或原则作出过贡献。凡经考核达到上述标准者，即发给证书，并允许其在自己的署名后面写上CAM，以示其具有此种资格。[①]

日本国内的秘书职业资格考试制度（GBS考试）由日本秘书协会举办，审定秘书的英语、日语能力和业务知识、技术水平。考试内容包括：秘书所需要的日语、英语知识和应用能力，必须经过口语面试；秘书业务、技能；秘书适应环境、处理人际关系和经营管理的能力。凡考试及格者授予GBS资格。“秘书技能鉴定考试”由实务技能审定协会举行。该测试为日本文部省（现为文部科学省）所承认，每年春、秋各举行一次，报考者不受学历、年龄、性别、实际经验的限制。根据日本文部省通过的《秘书技能审查基准》，考试范围包括秘书理论和秘书实务，理论部分包括秘书素质、业务知识、一般知识，实务部分包括接待、技能、仪表等。考试分为三级笔试，第三级为初级，第一级为最高级，第一级笔试及格者还须参加面试。考试及格则发给资格证书，可在应聘、就职时使用。

1.3 行政秘书的从业资格及职业能力、职业修养和职业规划

1.3.1 行政秘书的从业资格

行政秘书的主要职责是服务并辅助领导对组织进行管理，因此行政秘书需要从事辅助性、从属性的工作。这些工作的完成，需要具备特定的技能，由此产生了行政秘书从业资格。

从本质上看，行政秘书的从业资格是基于行政秘书工作所需的特定技能而设定的。一般而言，行政秘书从业资格的获取包括两个环节：通过秘书资格考试和通过用人单位录用。

---

① 参见卿明星、陈建斌：《美国、日本秘书工作简介》，见 http://www.ddmishu.com/readnews.asp?id=926，2007-01-13。

1. 通过秘书资格考试

通过秘书资格考试获得秘书职业资格证书是成为行政秘书的第一步。例如美国有专门的秘书职业准入制度，由专业组织通过一定方式和程序来确认秘书的资格，授予其职业资格证书，并按照一定的标准来考核秘书的能力，为其职务晋升提供依据。

在我国，政府部门的行政秘书需要通过国家公务员考试，企业的行政秘书一般需要获得秘书职业资格证书。

2. 通过用人单位录用

用人单位的录用是行政秘书任职的关键环节，直接决定了能否在该单位担任行政秘书。此外，行政秘书直接为领导提供服务，这种服务需要领导与行政秘书两者间的默契，因此领导有选择行政秘书的权力。领导由于战略目标、工作职责、业务水平、个性心理的差异，对行政秘书的需求是不同的，而不同的行政秘书在专业、能力、个性、修养等方面也都存在差异，因此，行政秘书还必须符合领导的需求、获得领导的认可。

1.3.2　行政秘书的职业能力

1. 行政秘书的基本能力

行政秘书为了履行好服务领导的职责，较好地完成各项工作，必须具备特定的基本能力。一般而言，行政秘书的基本能力包括以下六项：日常事务管理能力、文书处理与写作能力、信息管理能力、会议管理与商务活动能力、体察判断与应变能力、沟通与社交能力。这些基本能力并不是完全相互独立的，在现实工作中可能会相互交叉。

（1）日常事务管理能力。

行政秘书一般情况下都在办公室工作，每天都会面对例行的日常事务。这些日常事务琐碎繁杂，要高效地处理好它并非易事，因此，行政秘书必须具备良好的日常事务管理能力。行政秘书不仅要能够处理好办公室环境管理、办公室安全防范、办公效率和时间管理、印信管理、现代设备及技术的应用与管理等涉及物品的事务，还要能够处理好电话接打、邮件处理、人员接待等涉及人员的事务。

（2）文书处理与写作能力。

行政秘书经常需要草拟文书并处理文书，文书的写作与处理涉及文学、修辞、惯例、文化等方面，因此，行政秘书必须具备相当的文书处理与写作能力，具备扎实的文字功底，精通语法、修辞和逻辑知识，并掌握一定的写作规律，能够写好公务文书、事务文书、商务文书、公关礼仪文书、新闻文书和日常文书等多种常用文书。

（3）信息管理能力。

行政秘书作为单位的信息中枢人员，负责单位内上下级之间的信息传达，还承担单位内部与外部之间的信息沟通。因此，行政秘书必须具备相应的信息管理能力。行政秘书的信息管理能力主要是指对信息进行系统整理、有效传递、有序储存的能力，包括获取信息的能力、选择信息的能力、预测信息的能力、处理信息的能力、运用信息的能力、保密信息的能力等。

（4）会议管理与商务活动能力。

行政秘书在实际工作中经常需要负责筹办会议，为领导策划并参与商务活动以及其他相关的应酬，这就要求行政秘书必须具备会议管理与商务活动的能力。行政秘书既要掌握会议的筹备、会中的服务、会后的总结、相关材料汇总、信息传达、事务催办和协调等会议相关工作流程与方法，还要熟悉签约仪式、庆典活动、新闻发布会和宴请活动等常见的商务活动，并能够拟定商务活动方案，做好活动的准备、服务和善后工作。

（5）体察判断与应变能力。

行政秘书是为领导服务的，其一切工作都是围绕着领导而展开的，因此，行政秘书必须善于察言观色，体察领导的心理，把握领导的意图。同时，行政秘书在为领导服务时，经常会出现很多常规安排与考虑之外的情况，这就要求行政秘书具备准确的判断能力和敏捷的应变能力，在非常态的情况下能够及时准确地判断事态的发展，快速有效地做出处理。

（6）沟通与社交能力。

行政秘书作为领导的参谋和助手，处于单位的枢纽地位，在工作中会与领导、同事、客户等各种类型的人打交道，同时人际关系也是行政秘书工作顺利开展的外部条件，因此，行政秘书必须具备良好的沟通与社交能力。行政秘书必须掌握各种沟通技巧，学好各种社交礼仪，注意规避相关的禁忌，与各种类型的人实现良性沟通与交往。

2. 行政秘书的高级能力

能否成为行政秘书，一般取决于是否具备从事行政秘书工作所需的基本技能；而能否成为优秀的行政秘书，则在很大程度上要看是否在基本技能的基础上拥有优秀行政秘书所需的高级能力。

由于行政秘书工作的全面性和复杂性，行政秘书扮演着不同层次的多种角色，相应地，也必须具备不同等级的多种能力。其中，高级能力是对行政秘书素质的全面检验，它要求行政秘书能够多角度、多层次、多维度地考虑并处理问题。行政秘书的高级能力主要包括五项：辅助决策能力、项目管理能力、知识管理能力、人际交往能力、公关能力。此外，高级能力还包括综合协调等其他不易区分界定的能力。

（1）辅助决策能力。

行政秘书作为领导的参谋，必须具备辅助领导决策的能力，具体包括为决策提供支持的积累能力、使意见和建议能够起到辅助作用的谏言能力和提高决策辅助科学化的创新能力等。

（2）项目管理能力。

行政秘书作为领导的助手，需要协助领导对组织业务进行管理。高层次的行政秘书更容易得到领导的信任与授权，协助领导对某个项目进行统筹和管理。因此，优秀的行政秘书必须具备项目管理的能力，具体包括项目范围管理、项目时间管理、项目成本管理、项目质量管理、项目人力资源管理、项目风险管理等技术和方法。

（3）知识管理能力。

行政秘书是单位的信息中枢，也就成了单位知识的汇集处。现代社会，信息与知识越来越成为组织及其成员的重要资源。优秀的行政秘书必须具备知识管理的能力，充分利用组织的知识智慧、创造能力，加强组织内部的知识资源交流、共享与创新，从而提升组织的竞争力。同时，优秀的行政秘书还必须具备一定的个人知识管理能力，主动接收、积累并灵活应用相关信息和知识，从而顺利完成工作并实现自我提高。

（4）人际交往能力。

行政秘书作为领导的参谋和助手，处于单位的枢纽地位，承上启下，沟通左右，联系内外，其人际关系尤其复杂。良好的人际关系有助于行政秘书减少工作中的障碍，从而提高工作效率。因此，行政秘书必须具备良好的人际交往能力，一方面要摆正自己与领导的位置关系，与领导建立顺畅愉悦的工作配合关系；另一方面要妥善处理好自己与同事、下级、客户等不同人员的关系。

◆ 情景模拟 ◆

秘书与平级或下级的关系

背景材料

某饭店总经理办公室耿秘书带着搜集先进个人典型材料的任务，到该饭店第一分店时，受到分店领导和员工的热情接待。他有点陶醉了，他需要的材料要分店秘书给他写，同时，对下面工作中存在的一些问题也表示不满。回来后，马上向总经理反映了第一分店的情况。可是，当他再次来到第一分店时，领导和员工对他却敬而远之，甚至有些冷漠，耿秘书有些莫名其妙，他认为向领导如实反映情况，是秘书的责任，为什么会造成这样的结果呢?

角色扮演

假设你是耿秘书，应该怎样完成搜集典型材料的任务?

参考答案

（1）耿秘书首先应搜集先进个人典型材料，自己动手写稿。

（2）在发现问题后，与基层干部商量，介绍其他单位好的做法。

（3）回来后，一般性问题不向领导报告，重大问题在向领导汇报时，也要讲清基层同志的态度和所采取的措施。

（5）公关能力。

行政秘书的职责是直接服务和辅助领导工作，而领导需要管理和应对各种外部关系。在领导的指示或授权下，行政秘书经常会代表单位或领导与各种外部组织或群体打交道，需要处理各种公关协调事务。因此，行政秘书必须具备相应的公关能力，具备敏锐的公关意识，掌握各种公关技术与方法，避免常见的公关误区，处理好本组织与媒体、社区、公民等外部群体的关系，树立并维护良好的组织形象。

3. 行政秘书扮演角色所需的能力

行政秘书的主要角色包括助手、参谋、代理人。这些角色是问题导向的，不同角色面对的是不同的问题，特定问题的解决需要特定的能力。因此，行政秘书必须具备其扮演角色所需的各种相应的能力（见表1—3和表1—4）。

表 1—3　　行政秘书所需具备的能力

能力等级	能力名称	具体内容
A 基本能力	A（1）日常事务管理能力	包括办公室环境管理、办公室效率和时间管理、印信管理、基本信息管理、接待、现代设备及技术的应用等
	A（2）文书处理与写作能力	包括公务文书的拟写、事务文书的拟写、商务文书的拟写、日常文书的拟写、各类公文的处理、信息保密等
	A（3）信息管理能力	包括信息的获取能力、信息的选择能力、信息的预测能力、信息的处理能力、信息的运用能力、信息保密能力等
	A（4）会议管理与商务活动能力	包括会议与活动的筹备、会议期间的服务、会后的总结、相关材料汇总、信息传达、事务催办和协调、宴请等
	A（5）体察判断与应变能力	包括察言观色、体察领导的心理、把握领导的意图、判断形势、随机应变等
	A（6）沟通与社交能力	包括沟通技巧的运用、社交礼仪的把握、相关禁忌的回避等
B 高级能力	B（1）辅助决策能力	包括知识、信息和经验的积累能力，方案制订、政策研究、提供建议的能力，谏言能力，思路和工作的创新能力等
	B（2）项目管理能力	包括项目范围管理、项目时间管理、项目成本管理、项目质量管理、项目人力资源管理、项目风险管理等
	B（3）知识管理能力	包括组织知识与个人知识的接受、积累、交流、分享、创新等
	B（4）人际协调能力	包括与领导的关系，与同事的关系，与下级的关系，组织内的协调能力等
	B（5）公共关系能力	包括社交能力、关系处理能力、危机应对能力、很强的应变能力、谈判能力等

表 1—4　　行政秘书的主要角色及其应具备的各种能力

角色	角色要求与工作职责	应具备的能力
助手	负责处理日常事务、安排领导行程、传递信息、收集资料、组织活动等，以节省领导的时间和精力，使领导能集中精力思考大政方针和全局性问题	A（1）、A（2）、A（3）、A（4）、A（5）、A（6）、B（1）、B（3）
参谋	为领导有效决策提供直接及时的智能辅助，为领导出主意、提供可行性方案和拾遗补缺，拓展领导思维领域的创造性、创新性，主要是文字工作、信息工作、咨询服务性工作	A（1）、B（1）、B（3）
代理人	代表领导参加某些会议、出席某些活动、组织某些工作、处理某些综合协调或外部公关事宜等，能代表领导进行讲话、开展工作，需维护领导和组织的形象，又需按照领导意愿和指示行事	A（3）、A（5）、A（6）、B（4）、B（5）

1.3.3　行政秘书的职业修养

如果说行政秘书的职业能力是行政秘书所必需的硬实力，那么，行政秘书的职业修养则是其必备的软实力。

由于行政秘书工作的特殊性与复杂性，行政秘书在开展工作时，不仅需要具备相应的职业能力，而且应该具备相当的职业修养。行政秘书的职业修养主要包括七个方面：人格修养、道德修养、才学修养、政治思想修养、个性修炼、心理调适和外形塑造。

1. 人格修养

行政秘书的工作既是服务性的、从属性的，也是烦琐的、复杂的，因此行政秘书必须加强人格修养，保持健全的人格。行政秘书应该做事细心，有耐心，有恒心，保持平常心，在配合领导工作的同时保持自己人格的独立。

2. 道德修养

行政秘书与其他职业一样，都必须遵守一定的职业道德。行政秘书应该做到爱岗敬业，忠于职守；服从领导，当好参谋；遵纪守法，廉洁奉公；任劳任怨，乐于奉献；善于合作，严于律己；文明礼貌，谦虚谨慎；实事求是，勇于创新；恪守信用，严守机密。

3. 才学修养

行政秘书非常重要的两项工作是文书写作与辅助决策，这两项工作的顺利开展要求行政秘书必须具备相当的才学修养。行政秘书只有具备高超的文学、史学、哲学修养，以及高超的思维与智能修养，才能写出好文章，提出好建议。

4. 政治思想修养

行政秘书，尤其是政府部门中的行政秘书，必须具备较高的政治思想修养。政府部门中的行政秘书必须时刻保持高度的政治敏锐性和政治责任感，始终与党中央保持一致，同时还要不断进行理论学习，保持较高的政治理论水平。

5. 个性修炼

行政秘书的个性会显著影响其工作的状态与水平，因此，行政秘书要以工作为导向，加强自己的个性修炼。行政秘书应该养成自觉、坚忍、自制的品格，不断强化主动、勤勉、大度、责任、理智、灵敏等性格要素，同时培养良好的兴趣爱好。

6. 心理调适

行政秘书的心理也是影响工作的一个重要因素，尤其是在关系复杂、压力大的环境下，行政秘书更需要加强自己的心理调适。行政秘书应该培养自己的压力承受意识，学会进行自我调适，锻炼自己的行为与意志，从而保持良好的心理状态。

7. 外形塑造

行政秘书的外在形象，既能展现做事的高效、作风的干练，又能显示出健康的体魄和良好的精神面貌。因此，行政秘书需要由内而外地全方位锻炼：一是锻炼身体，提高身体素质以承受繁重琐碎的事务；二是培养健康的生活习惯，科学用脑，规律生活；三是良好外形的塑造，着装得体，姿态端庄，言行大方。

1.3.4 行政秘书的职业规划

职业生涯是具有阶段性和周期性的，一个人不会自始至终处于一个特定的职位、重复同样的工作，其能力和修养也不会一成不变。同样，行政秘书的职业也具有阶段性和周期性。行政秘书的岗位决定了行政秘书的角色，岗位和角色共同决定了行政秘书所需要的能力和修养。与此同时，行政秘书的能力和修养又可以对其岗位产生影响，这样便形成了一个行政秘书关键要素的关系链。岗位、角色、能力、修养四要素决定了行政秘书的定位，而其中某一个或某些要素发生改变，则会引起其他要素也发生变化，使得该行政秘书的整个定位发生改变，进而影响行政秘书的职业发展。行政秘书职业规划的依据以及突破口，都可以在这个关键要素的关系链中找到。

促使事物发生改变的因素有两个：一个是内部因素，另一个是外部因素。同样，行政秘书的定位发生改变也是受到了内因和外因的影响，不同的是，有时候是内因先决定了外因，而有时候是外因先于内因发生作用。因此，行政秘书的职位变迁可分为内生型和外推型两种类型。

内生型，即内因先于外因起到决定作用，是指行政秘书的能力和修养发生改变，自身的综合实力发生变化，目前的岗位和工作平台已经不能充分展示其能力和水平，于是得到提拔或晋升，新岗位又使得其角色和要求发生改变。

外推型，即外因先于内因起到推动作用，是指领导或组织决定调整行政秘书的岗位，使其角色也随之改变，从而推动和迫使行政秘书提高自身工作要求，提高相应的能力和修养，以适应岗位的变化。

因此，行政秘书要改变自身定位，寻求职业发展，必须以能力和修养为核心，综合自身各项条件和行政秘书的各项要素进行考虑和规划。

本章小结

本章通过对行政秘书的概念界定与类型划分，对我国行政秘书演进与国外行政秘书概况的介绍，以及对行政秘书从业资格、职业能力、职业修养及职业规划的概述，从理论研究与职业实践两个方面对行政秘书做了概述。通过本章的学习，读者应该对行政秘书这一核心概念以及全书框架有一个整体的把握。

关键术语

行政秘书　　行政秘书的类型

复习思考题

1. 什么是行政秘书？可以从哪几个角度理解行政秘书？
2. 行政秘书类型划分的标准有哪些？具体如何分类？
3. 行政秘书的从业资格是什么？其资格认证过程是怎样的？
4. 行政秘书应该具备哪些基本职业能力？哪些高级职业能力？
5. 行政秘书应该具备哪些职业修养？

阅读材料

我国历史上的行政秘书

我国历史上的行政秘书随着时代的变迁而不断演变，其工作所在组织的性质与类型、从业人员的身份与产生方式，都从单一的政府化、官员化扩展为多元的社会化、职业化。由于行政秘书演变的历史阶段不同，各个时代的行政秘书也呈现出了某些不同的特征。我们在这里列举了我国古代不同时期的几种行政秘书——秦汉时期政府机关的“令史”、魏晋时期高级官员的“记事”、唐宋时期地方大员的“掌书记”、明清时期基层官员的“师爷”——以使大家对我国古代的行政秘书有个大体的了解。

1. 秦汉时期政府机关的“令史”

秦至西汉时期，所谓政府机关的行政秘书工作，如撰拟文稿、管理档案、汇总情况乃至参与机要等，还没有从一般的文牍事务中分离出来。因此，凡是在各级政府机关供职的“令史”（一般办事员，后来统称为文吏或书吏），都有可能处理行政秘书业务。当时的政府高级官员多为军功出身或官爵世袭，自身文化素质与文字水平都不是很高，所以行政文书往往都由令史完成，以至于在一定程度上令史成了各级政府机关的当家人。

总体而言，这一时期的行政秘书没有形成专职，其官阶地位也普遍不高，甚至可以笼统地称为“掾吏”。但是，他们在实际工作中却作用显著、身价颇高，主要原因在于他们能写一手漂亮的文章，而且下笔如神、不费斟酌，能够满足领导的需求。由此可见，文书写作技能以及文采辞章水平，是他们仕途立身之本，也是其发展晋升之阶。

2. 魏晋时期高级官员的“记事”

魏晋时期，上自中央政府的三公，下至地方州郡的长官，乃至一切有权开设官署的军事官员，都设置了“记室”，这相当于现在政府中的专职秘书机构。这时，政府机关中的行政秘书职能基本上从一般的文书业务中独立出来，而且形成了编制和职称制度。

这一时期的行政秘书不但负责文书写作、公文处理，而且还参与机要、辅助决策。高级行政秘书与其所服务的行政领导之间，除了紧密的公务关系之外，还建立起了非同一般的私人关系，不同于一般的领导和下属的关系。正因为行政秘书对领导而言如此重要，所以魏晋时期政府机关的行政秘书虽然大都有定员定薪的统一编制，但一般多由行政领导根据自己的需要与偏好自行聘任，然后往中央人事部门办理备案手续。这些高级行政秘书参与机要，因此必须机警缜密，而且还必须甘居幕后作贡献。

魏晋六朝时期，世家大族垄断大权，堵塞了寒门晋升之路。但是各种利益集团对“记室”、“主簿”、“参军”一类幕僚人才的大量需求，又给寒门士人开辟了一条由“入幕”而“从政”的另类仕途。这些行政秘书，官制品级最高不过六品，但是众多参与机要的行政秘书后来都有了“领某郡太守”、“迁散骑侍郎”等较快的提升机会，而其“记室”的本职则不变。这类似于现在的“工作岗位不变，级别待遇提升”，而且还会随着领导的升迁而不断提升。有些行政秘书甚至因参与废立大计或改朝换代，最终成为“典掌诏命”的中枢重臣。这几百年间，这种“入幕之宾”、“王佐之才”特别活跃。

3. 唐宋时期地方大员的“掌书记”

唐朝初期，除了各王府保留记室编制以外，其他政府机关的行政秘书机构基本取消；

而且王府的记室已不能自行招聘，须由中央政府指派任命。此外，“节度”、“观察”等政府机构另设“掌书记”一职，专门负责行政文书的撰拟，但也由中央统一任命。

安史之乱后，地方藩镇的权力大大加强，行政秘书聘用的权限逐渐下移。地方节度使、观察使有权自己聘用掌书记，只需在中央部门登记备案即可。当时，有许多知识分子虽已获得进士资格，但尚未通过吏部“公务员考试”而正式任官，于是就可能被地方长官先聘为行政秘书。在地方长官手下担任行政秘书，既解决了他们正式任官前的个人衣食问题，同时也是一种行政历练，对积累资历和日后报考吏部“公务员”都有很大的帮助。另外，不少未能考取进士的知识分子也可以先在地方长官手下担任行政秘书，然后由地方长官向中央政府保举做官，或者争取一个挂名的官衔。

宋朝初年，中央政府罢免了宿卫和节镇的兵权，同时也废除了各王府和各级政府自行聘用行政秘书的惯例。“书记”、“推官”等使用新职称的行政秘书，都是由上级政府任命，与本级政府行政首长之间没有私人关系，他们负责办理文书，并且在签署、用印等程序上起到牵制行政首长的作用。这与中央集权程度的不断提高形成互动，也是推行科举制度、倡导文官治国的结果。这一时期，行政首长基本都有较高的文化与出众的文采，行政文书大多由其亲自草拟，因此对文字型行政秘书的需求也相应减弱。

4. 明清时期基层官员的“师爷”

明清时期，各级地方政府长官的职责比较多，行政司法、文化教育、经济财税都要统抓，有的甚至还兼管军务。因此，在实际工作中，各级长官都有设置行政秘书的需求，以辅助其办理各种文书乃至机要事务。但是，正式的政府体制没有设置行政秘书机构，也没有行政秘书人员编制，因此各级长官自费聘请私人秘书，主要负责协办公务，有时也代办私事。明清时期的各级官员，尤其是县府一级的基层官员，自行聘用私人秘书蔚然成风。

这些政府官员的私人秘书，不占政府人员编制，不从政府财政领取工资，基本是按照市场交易规则建立聘用关系，他们受雇于官员，为长官个人服务。这些私人秘书除了沿用“记室”、“书记”等习惯称谓之外，还可以叫“主文”，即主管文稿撰拟。后人习惯将其统称为“师爷”。大约清朝中期，人们习惯上将“师爷”分为刑名、钱粮、书启等各色专业，而“主文”大致相当于书启师爷，亦即现在的文字型行政秘书。

这些行政秘书是由政府官员自费聘请的私人秘书，是为官员个人服务的，但他们又负责协办公务，接触到政府体制内的权限与事务，因此不免出现一些弊端。官员往往把私人秘书培养成个人亲信，安排他们监督下吏或者结交上下左右的“关系户”。但是，假如官员对其私人秘书疏于监督，那么这些秘书舞弊弄权的情况就可能发生，最终受蒙蔽、被牵累的反倒是官员自己。因此，当时不断有人提出要以政府编制的行政秘书取代官员的私人秘书，以期将政府机构中的行政秘书职能重新整合到体制内来。

思考题

1. 秦至西汉时期，政府机关的行政秘书统称为什么？其地位和作用如何？为什么？
2. 魏晋时期的行政秘书需要承担哪些工作？
3. 明清时期基层官员的私人秘书叫什么？其地位及与官员的关系如何？

第二篇

做事与业务能力

第 2 章

办公室事务管理

办公室是办公的场所，办公是指管理人员和文职人员的日常工作，办公室有桌、椅，有电话、电脑等设备，工作的特点主要是脑力劳动。行政秘书首要的技能要求就是办公室事务管理，主要包括办公室环境管理、办公室日常工作管理、信息管理和接待工作等。

本章学习要点

- 办公室事务管理
- 办公室环境管理
- 办公室效率管理
- 信息管理工作

2.1 办公室事务管理及其对行政秘书的能力要求

2.1.1 办公室事务管理的概念

办公室事务管理是行政秘书日常工作的重要部分，是行政秘书的基础工作。行政秘书的办公室事务管理，包括对办公室内日常程序性事务和获得授权事务的管理，如办公室环境管理、印信管理、信息管理、日常接待等。

办公室事务管理作为行政秘书的基础工作，具有重要的作用和意义。

1. 创造舒适的办公环境

办公环境对员工的工作效率有着重要的影响，有效的办公室事务管理能够创造舒适的办公环境，有利于员工的身心健康，有助于提高工作效率。

2. 形成高效的日常流程

办公室日常工作较为烦琐，有效的办公室事务管理能够使各项工作井然有序地进行，做到有条不紊，避免杂乱无章的状况。

3. 培养规范的业务操作

没有规矩，不成方圆，有效的办公室事务管理能够培养规范的业务操作，提高业务操作的准确性，实现工作预期。

4. 提供贴心的来客接待

行政秘书的工作既包括对单位内部的服务，也包括对来访客人、客户的服务，有效的办公室事务管理能够为来客提供贴心的接待，有利于单位的公关，有助于提高单位的形象。

做好办公室事务管理，是行政秘书的工作目标之一。行政秘书作为领导的得力助手，通过对办公室事务的有效管理，能够协助领导从琐碎的工作中解脱出来。随着办公自动化的出现，对行政秘书的综合素质要求也越来越高。

2.1.2 行政秘书办公室事务管理的能力要求

针对办公室事务管理方面的具体工作，对于行政秘书的能力要求主要有以下几方面：(1) 能够识别良好的工作环境的内容和作用，并掌握创造良好的工作环境的方法；(2) 能够识别、理解并掌握开展日常事务工作的方法和技巧；(3) 能够了解和掌握提高办公室效率和加强时间管理的基本方法；(4) 能够了解和掌握办公自动化的基本操作方法；(5) 能够识别和掌握进行信息管理的要求、程序和方法；(6) 能够识别、理解并掌握接待工作的一般程序、规则、礼仪规范。

表 2—1 是行政秘书在办公室事务管理方面的能力要求、能力标准与相应的知识和技能。

表 2—1　　行政秘书办公室事务管理的能力要求

能力要求	能力标准	知识和技能
能够识别良好的工作环境的内容和作用，并掌握创造良好的工作环境的方法	1. 能够识别并了解优化办公环境的内容	● 准确识别办公环境的内容 ● 了解各项环境的内容
	2. 能够合理地设计、控制办公室自然环境	● 掌握办公环境合理布局的方法 ● 了解设备优化的内容及基本要求 ● 了解办公桌必备物品的内容，掌握整理办公桌的技巧 ● 了解设计与选择合适的办公设备的基本内容
	3. 能够了解正确使用办公设备的基本要求与规范	● 掌握合理放置设备的要求 ● 了解设备规范保养的基本要求 ● 掌握常用办公设备的操作规范 ● 了解常见的干扰设备的因素
	4. 能够了解和掌握职业健康安全原则	● 掌握整洁安全的工作环境的基本要求 ● 掌握安全、恰当地处理剩余物品的要求 ● 识别工作场所可能出现的问题

续前表

能力要求	能力标准	知识和技能
能够识别、理解并掌握开展日常事务工作的方法和技巧	1. 识别并掌握对印信的管理	● 识别印章的种类和样式 ● 了解印章刻制、启用、管理与使用的要求和方法 ● 掌握介绍信的管理和使用方法
	2. 识别并掌握通信工作规范	● 了解使用电话和传真的方法，掌握接听电话的原则和流程 ● 掌握接听电话的礼仪规范 ● 了解处理邮件的方法，掌握收发邮件的要求
能够了解和掌握提高办公室效率和加强时间管理的基本方法	1. 能够掌握提高办公室工作效率的要点	● 掌握提高办公室工作效率的方法
	2. 能够掌握加强办公室时间管理的要点	● 掌握科学合理地管理时间的方法
能够了解和掌握办公自动化的基本操作方法	1. 能够掌握计算机办公软件的基本使用和网络基本操作	● 掌握计算机办公软件的基本操作 ● 掌握基本的网络操作
	2. 能够掌握办公常用设备的使用	● 掌握扫描仪的使用方法 ● 掌握复印机的使用方法 ● 掌握传真机的使用方法
能够识别和掌握进行信息管理的要求、程序和方法	1. 能够识别和掌握信息工作的内容和要求	● 准确表述信息管理工作的主要内容 ● 了解信息工作的基本要求
	2. 能够识别并理解信息工作的任务	● 掌握收集、获取信息的途径和方法 ● 了解筛选、分类信息的要求和方法 ● 掌握归纳整理信息的要求
	3. 能够掌握信息保密工作要点	● 了解信息保密的方法
能够识别、理解并掌握接待工作的一般程序、规则、礼仪规范	1. 能够识别和理解接待工作的主要任务、原则及接待规格	● 准确表述并掌握接待工作的主要任务 ● 掌握接待工作的原则 ● 准确表述接待规格，掌握确定接待规格的方法
	2. 能够识别接待准备的内容、方法和注意事项	● 能够做好接待工作的物质准备 ● 能够做好接待工作的心理准备 ● 能够掌握接待工作的注意事项
	3. 能够了解并掌握接待礼节	● 了解迎接客人的礼仪规范，掌握热情迎客的要点 ● 掌握热忱待客的要求 ● 掌握礼貌送客的要求
	4. 能够制订和实施接待计划	● 正确制订接待工作计划 ● 掌握接待工作实施的要求

2.2　办公室环境管理

办公室环境，是直接或间接作用和影响办公过程的各种因素的综合。从广义上说，它是指一定组织机构的所有成员所处的大环境；从狭义上说，办公室环境是指一定的组织机构的秘书部门工作所处的环境，包括自然环境和人文环境。

办公室环境管理，是行政秘书对办公室事务进行管理的工作要求之一。办公室自然环境是指一定的组织机构的秘书部门工作所处的自然环境，包括空间环境、视觉环境、听觉环境、空气环境等。办公室人文环境包括文化、教育、人际关系等因素。办公室人文环境将在本书的其他章节进行介绍和论述，本节主要针对办公室自然环境的管理对行政秘书的相关工作进行讨论。

2.2.1 办公室的自然环境

办公室的自然环境主要包括空间环境、视觉环境、听觉环境和空气环境四个方面，详见表2—2所示。

表2—2　　办公室自然环境

自然环境类别	具体内容
空间环境	● 办公室的空间环境包括房屋建筑与分配、办公空间的大小和家具的布置 ● 办公室的空间设计要能提供良好的工作环境，并促进行政秘书与其他工作人员的沟通与协调 ● 办公室空间管理与空间控制的目的在于对空间的有效利用，从而降低成本，提高效率
视觉环境	● 办公室的视觉环境包括办公室内的覆盖物和照明 ● 覆盖物包括墙壁、天花板、地面、门窗、支柱等上面的覆盖物 ● 照明是指为完成办公室的指定工作而提供的适当的光线系统 ● 视觉环境对工作人员的心理状态有直接影响，进而对其工作效率产生影响 ● 光线系统管理的主要目的是提供有效的、舒适的照明和安全的位置，有助于提高视觉舒适感，并建立一个从审美观点上看令人愉悦的工作区。
听觉环境	● 听觉环境指办公室所处的有益声音或有害声音 ● 声音的强度单位为分贝（db），一般来说超过70分贝即为噪声，超过130～140分贝使人耳痛，超过150分贝使内耳结构破坏，导致耳聋 ● 办公室所处的周围环境常有噪声发出，控制有害的噪声是办公室自然环境管理的一项重要任务
空气环境	● 空气环境是指由生理空气因素（温度、湿度、流通与净化）造成的办公室的整个气氛 ● 办公室的空气环境管理，又叫空气调节，是指为了减少人们的精神消耗，增强舒适性而对空气进行调节 ● 空气调节可促进脑细胞活动，提高工作效率

办公室的自然环境对提高工作效率有重要影响，具体表现在三个方面：一是作业方面。办公室自然环境对工作人员的器官功能、知觉感受、体力消耗、心理反应都有直接影响，例如光线不足可能导致人的辨别力降低、眼力消耗较大，产生疲倦，使注意力难以集中，效率降低。二是生理方面。环境变化可能会引起生理变化，办公室自然环境不适宜，会增加工作人员的体力消耗，容易疲劳，使工作兴趣降低，工作效率随之降低。三是心理方面。办公室自然环境不适宜，可能引起工作人员对工作厌烦的心理反应，容易导致人的精神苦闷、抑郁和怨怒，降低工作效率。

2.2.2　办公室的布置

办公室的布置是指办公室的家具布置和设计，必须考虑到便于沟通、确保私密、有利于心理调节和情绪转换以及休息等方面的要求。良好的办公环境，可以提高工作效率，因此行政秘书要主动了解办公室整体布置的要求，营造一个优美的办公环境，通过对办公室自然环境加以合理的设计、控制、组织，使办公环境达到最优的状态。

总体说来，办公室的布置一般需要遵循以下五项原则：

1.　空间布局的合理

办公室布局应方便工作，并使工作者的移动减至最低程度。一般说来，领导的办公区域需要保留适当的访客空间，同时又要和行政秘书保持最紧密的联系，以便于工作上的交流与沟通。其工作区域应位于后方，以便于控制和监督，而且不因主管之间接洽工作而分散其他工作人员的视线和精力。在安排整体工作空间时应注意保障公共空间和私人空间的独立，最好将两者区分开来，尽量减少彼此之间的干扰。

2.　色彩搭配的相宜

颜色可对人的心理和生理产生影响，因此色彩是影响办公环境的重要因素之一。色彩的搭配，以使人感到舒服和愉快为准则，适当地利用颜色，譬如屋顶、墙壁、地板、家具色彩自然柔和、暖冷色调搭配适当，或中间色基调统一、反差不大，要尽可能发挥色彩搭配的积极作用。

3.　办公室设备的优化

一般来讲，选择配套、方便、耐用、造型美观的办公设备也是行政秘书的工作之一。因此，有目的地设计与选择合适的办公设备十分重要。

(1) 优化办公室的照明设备。照明是影响人与人、人与物之间的沟通效果以及空间舒适程度的重要因素。在设计时，需要遵循以下原则：减少光源的强度，避免用一个发光体，宜多用几盏灯；光源宜置高处，并从后方或左侧射入等。在写字时，光源最好来自左方；而在打字时，光源最好来自两边。

(2) 优化办公室的隔音设备。办公室所处的环境可能有噪声发出，如小汽车、摩托车、卡车的喇叭声，工作人员的谈话、开会、打电话的声音等。因此，控制有害的噪声是办公环境管理的重要任务。在办公室内部可多采用一些隔间板来控制噪声，使用隔间玻璃将外界嘈杂的声音隔绝开来，避免领导和其他工作人员被外界发生的事情扰乱情绪。在一定条件下，可以适当地播放音乐，以减少噪声的影响。

(3) 优化办公室的空气调节设备。办公室的空气环境管理，是指为了减少人们的精神消耗、增强舒适性而调节办公室的空气。很多办公室都装有空调系统，在使用时要注意由送风口吹出的冷气或暖气不能直接吹向人体，要在室内放置温度计和湿度调节器，以保证有合适的温度和湿度；办公室不能长时间连续使用空调，应有一定的时间打开窗户，换取自然新鲜的空气；为减少办公室的污染和尊重所有工作人员的感受，办公室内应禁止吸烟，以保证空气的新鲜。

(4) 优化办公室的办公设备。办公设备是办公室中最基本和最重要的设备，应有独立的存放空间，以便于使用和管理。一般来说，计算机、打印机、碎纸机、传真机可直接放在办公室里，复印机等可放在其他适当的空间。

4. 办公室环境的美化

行政秘书工作的主要场所是办公室，办公室的美化程度，是衡量一个行政秘书的能力和素质的标准之一。美化办公室环境能够创造一种和谐舒适的气氛，使领导和员工感觉到处在一个温馨的大家庭里。办公室环境的美化主要可以通过绿化和装饰两种途径。

办公室的绿化是不容忽视的，不仅能点缀美化环境，而且可以调节周围的小气候。植物通过光合作用，能有效吸收二氧化碳，同时释放氧气，有效地调节室内空气。另外，绿化办公室还有助于领导和员工提高工作效率。

布置办公室，不宜采用过多的装饰品，可采用若干美术作品和工艺品进行装饰，给人们带来赏心悦目的效果，也会使员工和来访者产生办公室充满生机的印象，避免产生办公室布置过于死板的感觉。办公室的装饰，最简单的做法就是在办公室内悬挂一些装饰画，有利于改变办公室单调的格局。

◆ 情景模拟 ◆

办公环境美化

背景材料

秘书王琳今天来得比往日都早，她准备利用许总出差之际为其营造一个舒适温馨的工作环境。

她打开窗帘，打开空调，调节好办公室的温度、湿度。之后将窗台、办公桌、电脑等目光可及的地方都仔细地擦过；饮水机里的水不多了，应该和送水公司联系一下，储备的办公用品也应该再补充；应该再去买点书法绘画之类的物品装饰一下墙面……她想好好美化这里的办公环境，不仅给许总，也给来访的客人一个良好的印象。

角色扮演

假设你是办公室的行政秘书，办公环境美化时应遵循什么原则？

参考答案

秘书应该重视对办公室的设计、布局、布置及工作环境的美化。在具体的环境美化工作中，一是注意符合领导的品位，切忌使用领导反感的环境美化风格；二是要适应工作的需要；三是要有益于工作人员的身体健康。

5. 办公室安全的保障

办公环境是由多方面的因素和条件构成的，包括工作区的空间大小、采光好坏、温度高低、通风状态、噪声大小、装修与装饰情况，工作区的办公桌椅、柜架、办公设备、饮水设备和办公用品等。每一个细节都可能会涉及组织的财产安全、信息安全，涉及工作人员的人身健康和安全。因此，办公室布置需要充分考虑安全因素，保障办公室和工作人员的安全。

2.2.3　办公室安全管理

办公室的安全管理，包括对盗窃、火灾、泄密、意外事故等的防范和处理。行政秘书首先要能识别自己工作环境中有害健康和安全的隐患，了解这些潜在的危险，从而减少发生危险的可能性。通常在办公室可能遇到的潜在危险主要包括以下十个方面：（1）办公家具和设备摆放不当，阻挡通道；（2）拖拽电线或电话线；（3）家具或设备有突出的棱角；（4）绝缘不彻底；（5）电路负荷过大；（6）接线松开或有危险；（7）柜橱顶端堆放过多物品导致倾倒；（8）灭火设备已损坏；（9）在密闭容器内烧水或倒热水；（10）地板打滑。

行政秘书要定期对办公环境和办公设备进行安全检查，及时发现和排除隐患，做好风险防范工作。首先，要确定检查周期，定期对办公环境和办公设备进行安全方面的检查；其次，发现隐患，在职责范围内排除危险或减少危险；再次，如果发现个人职权无法排除的危险，有责任和义务报告、跟进，直到解决；最后，将异常情况的发现、报告、处理等过程认真记录在相关的隐患记录和处理表上。

2.2.4　办公室的整理

对行政秘书而言，办公室的整理包括领导办公室与接待室的整理，以及行政秘书自己的办公室的整理。

1. 领导办公室和接待室的整理

办公室整理最基本的原则是整洁。此外，行政秘书在对领导的办公室和接待室进行整理时，还需以尊重领导意愿为基础，进行一些必要的贴心的设计。

（1）尊重领导意愿。

行政秘书在对领导办公室和接待室进行整理时，必须以尊重领导意愿为基础。工作习惯不同、喜好不同、审美观不同、文化背景不同等，都会导致领导对办公室和接待室的整理、布置的要求有所不同。因此，行政秘书在为领导办公室和接待室进行整理之前，需要对领导的意愿和喜好有所了解，才能确保其整理工作有效，并得到领导的认可。

（2）贴心的设计。

行政秘书在整理领导的办公室和接待室时，可以有一些贴心的设计，使得领导在工作时不会因为细节问题而影响情绪或工作效率。在整理时，行政秘书应主要注意以下十个方面：

1）桌子和办公器材是否摆放平稳，有没有歪斜和灰尘。

2）时钟是否拨准，并保持走动。

3）日历上的日期是否准确。

4）办公室内的温度和湿度是否调到适宜的程度。

5）盆景、挂画的位置是否得体并整理好了。

6）花卉是否定期浇水。

7）报纸杂志是否是最新的一期。

8）书架是否归置妥当。

9）摆放在领导办公桌上的用品是否已整理好。

10）文具、便笺是否补充。

2. 行政秘书办公室的布置和整理

行政秘书的工作位置一般在领导的办公室门口处，有专用的写字台或者专用的小办公室。行政秘书在布置自己的办公空间时，应该力求简单实用，该用的物品都放在办公桌上，切忌把一张办公桌当成自己家里的化妆台。否则既妨碍工作，不利于提高工作效率，又破坏了办公室的庄重气氛，损害了公司的形象。

办公室的布置和整理可以反映出行政秘书的工作能力和工作习惯，因此，行政秘书在布置和整理办公室时，应该突出高效，显示干练，一方面便于自己开展各项工作，另一方面也给领导、来访者、同事等留下良好的印象。具体而言，行政秘书整理办公桌需要注意以下六点：

（1）行政秘书的办公桌上，电话一般放在左边，便于左手摘机，右手执笔做记录；计算机一般放在桌子的右边，或放在计算机桌上。

（2）准备一些敞开的文件夹，可以存放需要领导签署的文件；已经阅读的文件、处理完毕的文件和资料，在文件夹上贴上相应的标识条；处理完毕的文件和资料应该妥当放置，如放在带锁的抽屉或柜子中。

（3）把各种笔、胶水、剪刀等文具分门别类地放在文具用品盒内，用完后物归原处。

（4）办公桌抽屉里的物品摆放要整齐，要经常清理；存放公章、介绍信、机密文件的抽屉必须带锁。

（5）办公室里各种类型的文件柜要分门别类地安放文件、资料和物品，并贴上标识。

（6）每天下班前要整理好自己的办公桌，把文件收藏好，以免丢失和泄密；要仔细检查计算机、复印机、空调等的开关是否关上，抽屉、柜子是否锁好，确保万无一失。

2.3 日常办公

行政秘书的一般工作场所是办公室，而办公室事务繁杂，要处理好日常工作事务并不是简单的事情，除了电话接打、邮件处理、印信管理，还需应对办公效率管理、办公自动化等一系列工作的要求。这些既是工作的需要，也是行政秘书应该具备的职业技能。

2.3.1 电话接打与邮件处理

电话与邮件是现代社会中不可缺少的通信工具。行政秘书经常需要与单位内外的相关人员接洽应对。如果电话、邮件处理不好，会给人留下不好的印象，甚至可能影响单位的整体形象。

1. 电话接打

电话的接打是行政秘书的一项基本工作，看似非常简单，行政秘书要注意和考虑诸多细节问题，否则任何一个细节出错，都有可能影响到工作效率和组织形象。

一般说来，行政秘书在接打电话时要做到以下四点：第一，明确目的，行政秘书在接打电话时，要明确自己或对方的目的，以便进行进一步的沟通；第二，留存记录，接打电话时做好详细的记录是一项重要的工作，也是一种良好的工作习惯；第三，礼貌客气，接打电话时，无论对方是谁，都要做到礼貌待人，说话客气；第四，遵守习俗，行政秘书的言语习惯要做到入乡随俗，以对方为中心，尊重对方的习俗。

（1）行政秘书接听电话。

1）行政秘书接听电话的基本流程如图 2—1 所示。①

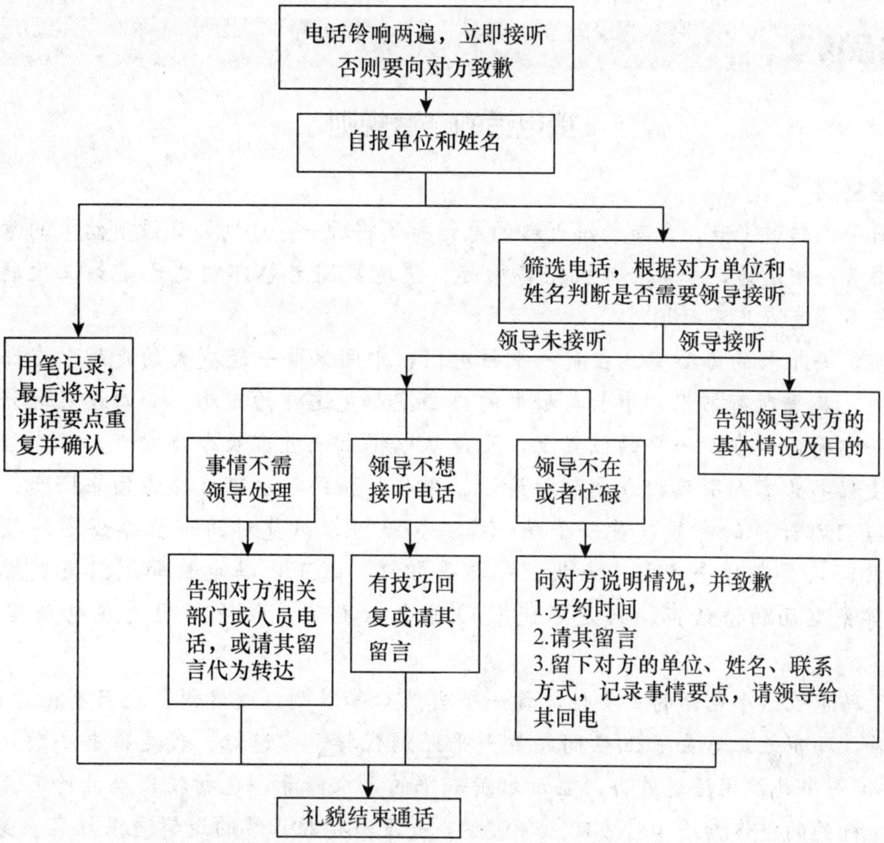

图 2—1　行政秘书电话接听通用流程图

2）行政秘书接听电话的要点。

电话铃响两遍，行政秘书应立即接听，先说出自己单位的名称或自己的姓名，使对方确定是否打对了号码，左手持话筒，右手准备记下对方的留言。

接到打给领导的电话时，应注意：确认对方的目的，不遗漏要点，如不清楚要加以确认，并用笔做记录；领导在开会或面谈中，如有紧急电话，可用便条将对方来电目的传递给领导；如领导不能立即接听，则询问对方看是否可以稍后再打过来或者留下联系方式，请领导回电；领导不在时，如对方要求留言，则需要问清留言内容、是否要回电、联系方式、联络对象等，并将内容复述一遍以便确定，并报上自己的姓名；对方问领导的联系方式时，应确认对方身份，并询问理由再决定是否告知，不可随意告知；若找领导的人是其

① 参见郭建庆主编：《秘书国家职业资格培训教程》，114 页，上海，上海交通大学出版社，2009。

朋友或者有业务关系的人，行政秘书不应该妄攀交情等。

两个电话同时响时，首先对第一个电话说“对不起，请稍等一下”，然后接起另外一个电话，并请其稍等或晚点再打过来，然后接听第一个电话。第一个电话接听完毕后，向另一个来电方表示歉意。

通话结束时，以结束语致意。等对方挂上电话后再轻轻挂上电话。

◆ 情景模拟 ◆

接电话的“潜规则”

背景材料

时针早已转过七点，副市长冯开岭的电话打了将近一个小时，还没有结束的意思。

秘书黄一平这边，手机和座机轮番响起。明达集团老总庁明达已是第三次打电话催促，语气显得有点儿不耐烦。

其实，冯市长的办公室就在黄一平斜对门，中间只隔一道宽大的走廊。在阳城市的政府机关，几乎所有书记、市长与秘书的办公室都是这样的布局。如此设置的好处显而易见：一方面，坐在黄一平的位置上，凡是从电梯上来进市长办公室者，必先经过秘书室，方便秘书为客人引路，或向领导请示、报告、预约，也可直接为领导挡驾；另一方面，两边门都开着的时候，黄一平稍一探头，就可以纵览对面市长办公室，领导有事招呼秘书，只要轻呼一声或一点头、一招手即可。眼下，冯市长那边门虽然紧闭，却依稀听得见里面的讲话声，只是不能敲门进去催罢了，即便庁明达在电话里着急也不行。

对于冯市长这个电话的重要性，黄一平当然心知肚明，或者说，也只有他才能洞察。电话响时，冯市长正好去了卫生间，黄一平照例代接。“您好，我是秘书小黄，请问您是……”，一串礼貌用语送过去，显示出黄一平的个人修养，也衬托出冯开岭乃至整个阳城市政府机关的整体素质。对方回应却淡然，并没有按照正常的逻辑通报姓名、身份，开口只说请开岭同志说话，而且声音明显压得很低。凭借多年秘书生涯历练出的听力，黄一平一下便听出是省委组织部年处长的声音，但既然对方没有通报，他就绝不会主动招呼。这样的应对，与礼貌之类毫无关系，也不关乎个人自尊，而是一个优秀秘书的必备素养。在黄一平看来，倘若秘书职业也可独立成一个行当的话，那么这个行当里除了有许多众所周知的显规则，肯定还会有若干鲜为人知的“潜规则”。不该问的不问，不该懂的不懂，何时该走在领导前边，何处当落在领导后头，诸如此类常识性的东西，大抵属于秘书应知应会的范围，是为显规则。而像年处长这样的特殊身份者，在这样一个敏感时刻，打来这样一个语气明显神秘的电话，偏偏市长不在，由他代接了，到底是否应当积极地显示自己的热情，主动介绍自己、称呼对方，却不是所有秘书都能像黄一平这般拿捏得准的。正扬扬自得间，冯市长刚好小解完进来，黄一平只说了声请稍等，便把电话递给领导，离开时又悄悄把门反锁了。

资料来源：丁邦文：《中国式秘书》，天津，天津人民出版社，2010。

角色扮演

假设你是秘书黄一平，在替领导接听电话时应注意什么？哪些电话要送？哪些电话要挡？

参考答案

行政秘书在替领导筛选电话时，需要遵循以下两个原则：一是根据领导平时的工作习惯；二是根据事情的重要程度。

（2）行政秘书拨打电话。

行政秘书要掌握常用电话号码，如急救电话 120、火警电话 119、报警电话 110 及市政府电话、举报电话、监督电话、投诉电话等，以便需要时及时拨打。

1）行政秘书拨打电话的基本流程如图 2—2 所示。[1]

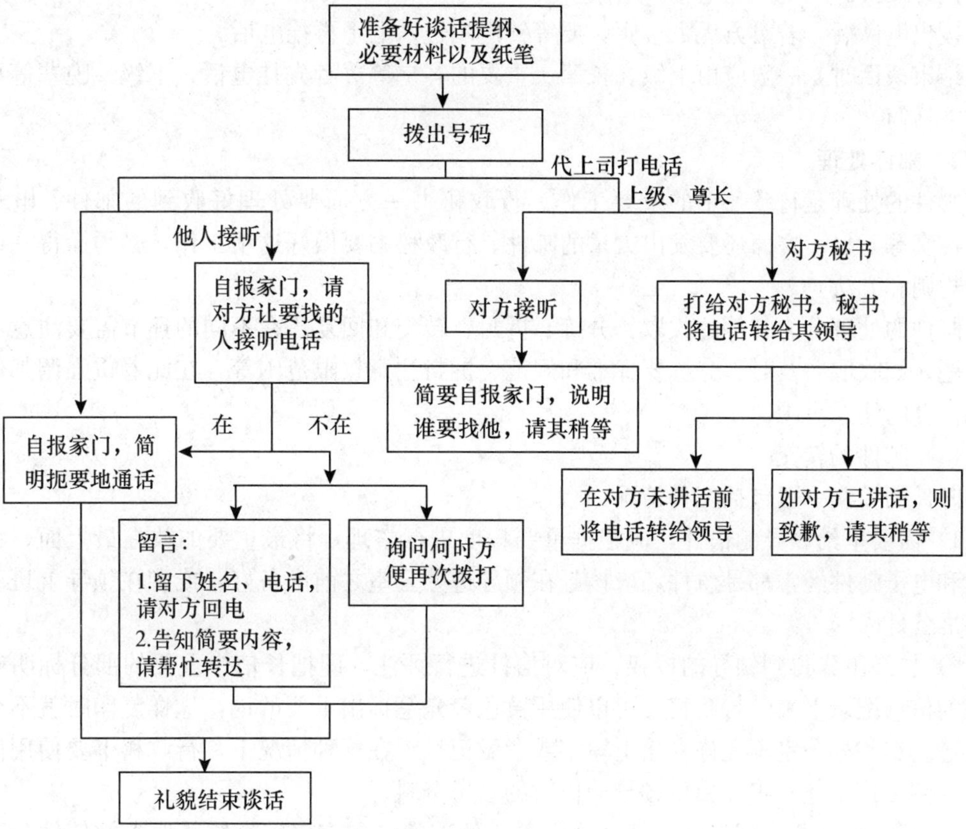

图 2—2　电话拨打通用流程图

2）行政秘书拨打电话的要点。

行政秘书拨打电话前要做好三点准备：

首先，考虑打电话的时间是否合适，一般在节假日、对方单位的休息日、用餐时间、刚上班和即将下班时不宜打电话，如果是国际电话，还要考虑时差因素；其次，打电话前

[1] 参见郭建庆主编：《秘书国家职业资格培训教程》，112 页，上海，上海交通大学出版社，2009。

先计划好谈话的内容，理清想说的要点，有必要的话准备一个提纲，同时准备好相关的文件和材料；最后，查清并仔细核对对方的电话号码，确保一次就能成功通话。

当对方接听电话时，先问好，接着告知自己的单位名称、姓名，并请问对方姓名。接着将要讲的话简明扼要地告知。谈话结束，将重点部分再确认一遍，或请对方复述一遍。最后，礼貌地结束谈话，轻轻挂上电话。注意说话的音量，不要太靠近话筒，声音不要太大，也不要太低沉。

代领导拨打电话时，如果找的是领导的平级或下级，可以让要找的人先接电话，简要自报家门，然后请对方稍等，把话筒交给领导，或将电话转接进领导办公室；如果找的是一位地位较高的人或尊长，与对方的秘书简要说明情况之后应该请领导接过电话，告诉领导要找的人马上就会接听电话。一般而言，领导会亲自给上级或尊长拨打电话，而不是由秘书代为拨打。

拨出电话后，若对方无人接听，要等铃声响过六七下再挂电话。

结束谈话时，一般应由上级、长辈、重要的客户等尊者先挂电话，下级、晚辈等再轻轻放下话筒。

2. 邮件处理

邮件的处理是行政秘书的重要工作。行政秘书一方面要处理好收到的邮件、电子邮件、传真等，另一方面还要发出大量的邮件。行政秘书要做好这项工作，必须懂得一些基本的规则和方法。

邮件的处理分为邮件的收取、分拣、拆封、转交和回复。在不同的环节需要注意不同的问题，如收取要及时、分拣要标准和规范、拆封注意权限范围等，在此着重强调邮件转交和回复的注意事项。

（1）邮件的转交。

邮件的转交一般包括三种情况：

1）需要呈给领导的信件，应根据重要程度进行整理，将最重要的放在最上面。特快专递和电子邮件经常都是急件，应该赶在领导进办公室之前准备好，或者在领导上班不久就要准备好。

2）如果事先得到领导的授权，应对信件进行评注，即把长信中重要的部分标明或把有用的信息记录下来。行政秘书可以使用黄色荧光笔标出重要的词，这样复印时就不会留有痕迹。有些办公室不允许在信上写字或者做记号，在这种情况下，行政秘书要使用便笺进行标注。秘书还有责任提供领导回信时的参考资料。

3）行政秘书要审阅信件，把办公室无法处理的信和应该转交给其他人的信件分开放好。对于这些信件，行政秘书可以用便笺来处理，如有必要，附上有关材料或者以前的信件等。

（2）邮件的回复。

一般而言，在现代社会的邮件往来中，主要使用的是信件、电子邮件、传真三种回复方法。

1）信件。信件打印完毕、寄发之前，要做好以下四件事情：第一，根据信件的重要程度，请领导确认，并把有关信件复印、存档；第二，填写信封，检查核对收信人的姓名、地址，确保准确无误；第三，检查邮寄标记是否准确，如挂号信、保价信、机密信等的特殊标记；第四，信件中如有附件，应对照信纸上列出的附件名称和数量，一一予以仔细检查，确保准确无误。

2）电子邮件。电子邮件是一种以计算机为基础的信息传递形式，信息被编成程序并且可以在任何时候传递给任何一个有联网计算机的人，信息可以同时传送给多个目的地。作为一种快速、经济的传递方式，其优势体现在比长途电话、快信更便宜，比电传更精确。在对电子邮件进行回复时，行政秘书要注意邮箱地址准确无误，邮件标题言简意赅，确保邮件格式正确、内容明确，并使用礼貌用语，充分体现对对方的尊重。

3）传真。在传真过程中，文件被转换成信号，可以通过电话线传送到一个接收终端，在目的地，传真机又把信号转换成一种与原件一致的可读形式。无论是什么样的文本和图表几乎都能通过传真发送，对传送手工制作的图表和手工签名的文本尤其有优势。在使用传真时，同样要确保号码、内容的正确，以及在接收或发送传真的过程中的沟通态度和礼貌。

2.3.2　印信管理

印信管理是指印章及介绍信的制发、保管和使用工作。印章和介绍信是各级党政机关、企事业单位、组织团体等对外联系的标志和行使职权的凭证。加强对印信的管理，严格使用印信，是行政秘书的重要职责。

1. 印章的管理和使用

秘书部门保管的印章主要有单位公章、领导名章以及各种专用章。机关单位的公章代表着一个单位的正式署名，是单位权力和职能的标志，具有法定的权威性。任何单位对内对外发出的文件，一经加盖单位公章，即具有法律效力，否则将不被社会所承认。领导名章是单位领导因机关工作需要而制的姓名章，属公务专用章，不同于一般私章。专用章则是根据某一特定工作的需要，为减少正式公章的盖用次数而制的公章，如会议专用章、文件收发专用章、文件密封章等。

（1）印章的保管。

机关、企事业单位的印章由该部门的主要领导指定专人负责保管，以保证印章的安全和正常使用。一般而言，印章的保管必须做到以下三点：

1）专人保管。印章是代表机关或单位的信物，必须由专人保管。机关或单位必须指定政治上绝对可靠、工作上责任心强、了解本单位情况的行政秘书保管印章，未经领导批准不得擅自委托他人代管。印章的保管必须有严格的制度和纪律，保管人员接到印章后，必须进行登记。登记项目包括印章名称、颁发机关、收到枚数、日期、领取人和保管人姓名、启用时间等。

2）安全放置。印章的放置必须安全可靠。所有的印章存放处都应该加锁，或者置于牢固的柜中，以免发生意外。一旦发现印章有异常现象或丢失，应该立刻保护现场，及时报告领导，迅速查明情况，妥善处理，必要时报告保卫、公安部门协助调查。印章要在办公室内使用，不得擅自拿出办公室，更不准未经领导同意擅自交由他人保管。如有值班，应当做好交接工作。

3）定期清洁。印章需要保持清晰。保管人员应注意对印章的保养，对所保管的印章应定期做好清洁工作，以确保印章耐用、清晰。

（2）印章的使用。

印章的使用是一项严肃的工作，它关系到单位的声誉和责任，必须建立严格的用印制度，防止事故发生。一般而言，印章的使用必须遵循以下四点：

1）领导批准。凡使用印章，必须经有关领导批准，方可盖印。其权限可分级掌握，属于哪一级的印章，就由哪一级的领导批准。行政秘书在具体操作时，必须检查有无领导人批准用印的签字，认真阅读和核对用印的文件内容与出示证明用途，检查材料是否齐全，不可盲目盖章。

2）禁止私自用印。任何人不得私自动用公章，包括管理印章的人员和领导自身。对于非法用印者，应根据情节轻重予以惩罚。此外，不得在空白介绍信或信纸上盖印，以防产生弊端。文件和信件用章，盖印人还应对所盖印的文书内容、手续、格式进行认真检查，尤其是对待一些特殊情况的用印，一旦发现问题，要及时请示领导，妥善解决。

3）用印登记。用印都要进行详细的登记，包括用印时间、用印编号、用印单位、用印事由、批准人、经办人、盖印人姓名等。

4）盖印端正、清晰。任何文件与信函的盖印，必须位置恰当。为确保印章的印记清晰，使用的印油要均匀，颜色要正红，用力要适度，使盖出的印章端正、清晰。此外，还应注意印章要盖在落款的单位和日期之上，不压正文。

2. 介绍信的管理和使用

介绍信是机关、团体、企事业单位因对外联系工作、商洽事务而由派出人员所携带的凭证性信函。介绍信在某种程度上是一个单位的权力和义务的象征，在身份证制度不完备的情况下，它往往也是个人的身份证明。在介绍信上加盖单位印章，就是单位对文件的内容完全认同；出具介绍信，就意味着要对被介绍人的行为负责。单位的介绍信，一般按固定格式印刷，装订成册。

（1）介绍信的保管。

正式介绍信通常是专门印制并有编号，如联系一般事务也可以单位信笺代替。介绍信和公章一般由同一人保管并使用，须与公章同等重视，不可缺页或丢失。

（2）介绍信的使用。

介绍信的使用要建立严格的制度，行政秘书在具体的介绍信使用过程中，应注意以下五点：

1）领导批准。介绍信应由专人进行掌管，开具介绍信必须经过主管领导的批准。

2）按要求填写。开具介绍信时应该由行政秘书自己填写领用人的姓名、身份、去往何单位、联系何业务、领用日期、有效期限等，于落款处及骑缝章上应加盖两次公章，同时注意核查介绍信的有效期。

3）妥善保管存根。介绍信包括信文和存根两部分，信文交持有人携带，存根留在本单位存查。介绍信的存根要妥善保管，并加以归档。介绍信开出后，如因情况变化而没有使用，持信人应将介绍信退回给管理人员；未及时退回的，应主动将其收回，贴在原存根处，并注明未使用的情况，以备查考。介绍信应妥善保管，如发现丢失，应及时采取补救措施。

4）废信处理。填写错的介绍信，应在其上画一斜线，注明“废”字，并保留在原处，不得随意撕下丢弃。

5）禁止事项。行政秘书不得擅自开具和发放介绍信；不得委托他人或者领用人自己填写或盖章；不得开具盖有印章的空白介绍信等。

2.3.3　办公效率与时间管理

行政秘书工作综合性与多样性的特点要求秘书必须具备较高的办公效率，养成合理管理时间的习惯。

1. 提高办公效率

行政秘书办公效率的提高至关重要，主要有以下三种方法：

（1）培养有利于工作的好习惯。

行政秘书要在工作中逐渐学习和养成一些好习惯，以提高工作效率。以下五点是一名合格的行政秘书所应有的习惯。

1）完成“例行公事”。行政秘书每天定时完成日常工作是一种很好的习惯，如查看电子邮件，与同事或领导进行沟通、交流，浏览必须访问的网站，打扫卫生等。集中完成琐碎的日常工作，能更有效地处理更重要的事情。

2）在工作时间不做与工作无关的事，尤其是私事。有些工作人员往往在工作时间与同事或认识的人聊天，聊天的内容可能完全与工作无关，当再回到工作中来时就不能马上理出头绪来，从而导致工作效率降低。

3）做事有前瞻性，未雨绸缪，防患于未然。在行政秘书的日常事务中，经常要为各种会议或活动做好准备工作。这些工作重要且通常有较长的时间做相应的准备，如果不提前做好相关工作，这些工作就有可能变成重要且紧急的事务。行政秘书在工作中做任何事情都要有计划性和前瞻性，保证工作效率和质量。

4）不将情绪带到工作中。情绪好坏往往会影响到工作状态，行政秘书应该要求自己尽量不把一些不好的情绪带进工作中，要学会控制调整自己的情绪，以最好的精神状态投身到工作中去，避免影响工作效率。

5）工作中学会说“不”。当行政秘书正专注于手头的工作时，遇到有同事需要帮忙，处理一些不太重要的工作和文件，应注意委婉地拒绝，否则长期纠缠于帮助别人处理事情当中，不但会影响本职工作，还有可能出现出力不讨好的情况。

◆ 情景模拟 ◆

任务的轻重缓急

背景材料

某公司詹秘书在接受了徐总经理一份材料写作的紧急任务之后，急匆匆地往自己的办公室走时，在走廊上被副总经理柴蓝春叫了过去。柴副总要詹秘书赶紧为他找全有关市场经济的重要论文。詹秘书此时一心只想到完成徐总布置的任务，对柴副总说的什么似乎心不在焉。柴副总见他有些走神，又重述了自己的话。詹秘书听后，觉得有如下方法可作选择：

(1) 以已经接受了总经理布置的任务为由，推脱了事；

(2) 接受柴副总的交办事项，按受理任务先后顺序完成；

(3) 接受任务，与其他秘书协商，由他人完成柴副总的交办事项。

角色扮演

假设你是詹秘书，应该怎么办？

参考答案

方案一，尽管对领导服务有先有后，有主有次，但秘书或秘书部门应对领导层每位领导的服务一视同仁。作为秘书，不能拒绝任何领导交办的任务。所以，“推脱了事”不可取。

方案二，不拒绝领导交办的事项，这是秘书的职责，柴副总索取的资料也相当紧急，如果按部就班，依次办事，就会造成对领导服务的失时。

方案三，是相对较好的选择。如果詹秘书是一般秘书，他应将接受的任务向办公室主任报告，由办公室主任协调其他秘书完成。一般来说，接受徐总任务，办公室主任应会知道，而柴副总经理临时交办的任务办公室主任不一定知道。如果詹秘书是办公室负责人，他可以指派其他人迅速完成柴副总交办的事项，这样做比较稳妥可靠。

(2) 抓主要矛盾。

行政秘书在为领导服务的过程中，由于事务纷繁，范围广泛，若安排不当，容易陷入忙乱之中，影响工作质量和效率。因此，行政秘书在工作中要抓住主要矛盾的主要方面，做到忙而有序。

行政秘书经常要同时处理好几件事情，如果完全按照事情发生或任务下达的时间先后顺序去做，就可能顾此失彼，力不从心，会出现赶任务、应付工作，忽视工作质量或贻误急事要事等情况，给工作带来不可估量的损失。因此，根据事情的轻重缓急安排好处理事情的先后顺序就显得十分重要。根据事情的紧急与重要程度，可将它们分别划入四个象限，如图 2—3 所示。A 类代表紧急且重要的事情，B 类代表紧急但不重要的事情，C 类代表不紧急但重要的事情，D 类代表不紧急也不重要的事情。那么处理时，就应该按照 A、B、C、D 的顺序处理。

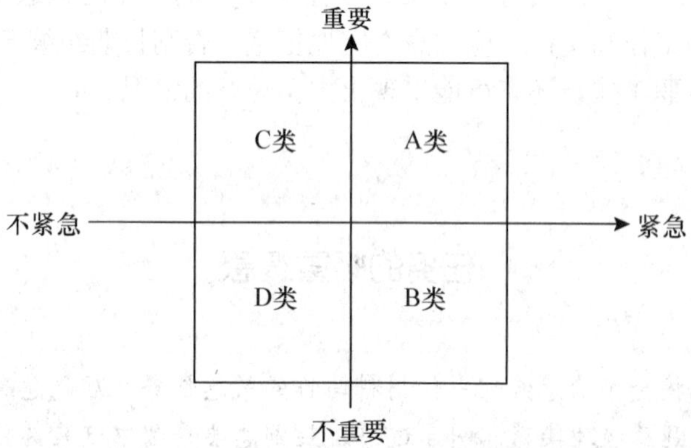

图 2—3　任务分类图

◆ 情景模拟 ◆

多任务的处理

背景材料

小张是某集团公司新来的秘书，这天早上一进办公室，办公室主任就叮嘱他整理一份材料，下班之前交，说是第二天开会要用。他看了一下，共有 20 页，3 万多字。他还没来得及坐下，周总就来电话说下午 2 点他要与财政部总监、市场部和销售部总监一起开会，让秘书通知他们。刚放下电话，秘书室又给小张送来一份传真，这份传真是一个代办商发来的，说他们一个副总过几天要来当地，请招呼一下。

小张刚看完传真，办公室主任又来电话，说田副总原定下月初到电视台为某节目做嘉宾，如今由于工作时间的安排不能前往，让小张打个电话告诉电视台。这时，人力资源部门的人又过来告诉他，让他填写一份讲座的报名表，当天下班前为报名的最后期限。

一上班就遇到这么多事，小张感觉头都大了，一下子不知从哪里下手。

角色扮演

假设你是小张，应该按怎样的顺序处理上述任务？

参考答案

小张首先应分析上述几件事情的紧急和重要程度：

第一项工作是整理材料，当天下班前要交，属于较紧急且重要的工作；

第二项工作是会议通知，非常紧急，最好立即完成；

第三项工作是安排几天后的接待，需要提前做一些准备工作；

第四项工作是通知电视台，相对来说紧急程度和重要程度都较低；

第五项工作为报名，重要程度不高，当天下班前完成即可。

基于上述分析，小张应马上着手第二项工作，通知财政部总监、市场部和销售部总监开会事宜；重点开展第一项工作，在当天下班前完成材料整理；利用琐碎时间完成第四项工作和第五项工作；同时着手准备第三项工作。

(3) 井然有序地存放文件和物品。

文件和物品一般是放在办公桌上、抽屉里或者文件柜里，井然有序地放置有利于提高工作效率。办公室文件和物品存放无序，一方面容易误事，另一方面容易泄密，造成不良的后果。因此，行政秘书应该把办公桌上、抽屉里、文件柜里的文件和物品分类，整理存放。文件和物品的存放看起来是小事，却可以反映一个行政秘书的工作责任心、组织能力、处事态度、办事效率等，甚至可以从中看出性格和为人。

2. 合理管理时间

有效地管理时间是提高秘书工作效率的关键。

首先，行政秘书要有计划地使用时间，就是要在时间资源的使用上，做到有计划、有标准、定量使用。具体包括以下三点：

（1）要对时间利用作出计划，并按计划的安排合理地使用时间，以消除使用时间的盲目性和随意性，行政秘书使用时间的计划，应与领导工作的时间安排相切合。

（2）要根据工作任务的复杂程度和重要程度，预测每项工作需要的时间，对工作时间预先进行大体的分配。

（3）在从事每一项工作时，按预定使用时间的标准进行有效的控制，在预定的时限内完成，并保证工作的质量。

其次，行政秘书要合理使用零碎时间。所谓零碎时间，是指不构成连续时段的某项工作与另一项工作衔接之间的空余时间。这种空余时间，一种是不可预计的零碎时间，事前没有思想准备，如接待某个预先约定好的来访者，但由于对方出现意外情况而不能赴约，因而秘书要白白等待一段时间；另一种是可以预计的零碎时间，事前知道的大致有多长的空余时间，如公务出差的候车时间、等待会谈代表到来的时间等。对于零碎时间，若能合理利用，也能发挥重要的作用，如可以利用零碎的时间看报、看书，也可以用来处理信件、整理办公室、思考问题、打腹稿、打电话联系工作等。充分利用零碎时间去处理那些琐碎事务，有助于利用整块的工作时间集中精力处理工作中较重要的事务。

行政秘书在有效管理自己的工作时间之外，还需要合理地替领导管理时间、安排日程等。对领导的时间管理，既有一年或者几年的宏观计划，也有某一天内的详细日程安排。因此，行政秘书既需要能够宏观把握组织的工作阶段、进度和领导的工作安排，又需要周密、细致地对领导的详细日程进行安排。行政秘书只有同时管理好领导和自己的时间，才能保证领导和自己的工作得以顺利开展。

◆ 情景模拟 ◆

领导的时间管理

背景材料

某公司的吴经理正在对外通话，突然停了下来，捂住话筒问秘书："后天上午10点以后，有没有一个小时的空闲时间？我要约见一位重要客商。"

石秘书查了查时间计划表后，对吴经理说："星期四（即吴经理所说的后天，这是经理的习惯。他平常不喜欢用星期几的说法，秘书们对经理的习惯早就摸准了，能迅速反应出经理所问的是星期几。）上午9—10点钟要召开业务汇报会，之后没有其他安排。但是，会议在10点钟能否准时结束呢？"

吴经理考虑了一下，便在电话中约客人于星期四10点30分来公司会谈。

替经理管理好时间，是秘书工作的重要环节。经理工作繁忙，事务缠身，会议、会谈、约见、出差、出访、公司例行事务、考查公司发展、人员调配、商务活动评估……数不胜数。秘书必须对经理的工作及时间做出合理的安排，用一张纸设计好日期、时间、预定进行事项、备注等栏目，在一周、一月之前，做好下周、下月的安排。一般情况下，经理的时间安排得非常紧凑，许多临时事务只能穿插其中，而且有时需要根据事情的轻重缓急对原预定计划做出调整、变动。

秘书除根据工作性质、经理意见，安排好时间，做好必要调整外，还必须在前一天、前一周、前一月，对未来一天、一周、一月的工作时间和内容，同领导“对表”，提前提醒领导准时参加会议、会谈和约见。

石秘书在回答经理询问时，非常得体。她提醒经理：会议能否按时结束，由经理酌定。因为经理很忙，对有些琐事无暇顾及，如果对此处理不当，会造成不小的影响。比如，石秘书如果不提醒经理，经理马上决定请客商星期四上午10点来公司。到时如果会议没结束，经理抽不开身，客人来了见不到主人，造成的影响就不好，有损领导形象和公司声誉。

秘书为领导安排的时间计划表如有临时变动，秘书必须迅速联系有关方面做出调整、变动。比如，原定星期三上午9—12点，经理去市财办开会。现市财办临时通知，会议改在下午1—4点召开。而这段时间，经理原先是安排好要和中原公司的经理洽谈业务，之后拜访科龙公司总经理的。这样，由于上级会议变更，经理的洽谈和拜访的时间，就必须做出调整。

星期三上午，经理有空，可将原定下午的安排调到上午进行。这时，秘书应当主动向经理报告原定星期三的时间安排必须变动的理由，说明更改后所产生的影响，提出处理意见。在取得经理同意后，再考虑对事务安排先后顺序，重新做好时间调配。

秘书做好这一切之后，即可与中原公司经理联系，耐心解释变更时间的原因，在表示歉意之后，说：“当天上午9点，我们经理有空，如果您方便，业务洽谈可改在那段时间进行，您认为如何?”如果对方同意，则可将业务洽谈正式列入计划，再向经理报告。假如对方不同意，还须另作进一步协商，待双方达成一致意见时，再正式列入计划。经理去科龙公司拜访，亦可依此法去处理。

角色扮演

假设你是领导秘书，管理领导时间时需要注意哪些要点?

参考答案

领导秘书在管理领导的时间时应注意以下三个方面：

(1) 熟悉领导的工作习惯。

(2) 熟悉领导的日程安排。

(3) 及时与领导沟通，适时提醒领导。

2.3.4　办公自动化

办公室的业务主要是进行大量文件的处理，起草文件、通知和各种业务文本，接受外来文件存档，查询本部门文件和外来文件，产生文件复件等。办公自动化，是指有效地将计算机技术、通信技术、系统科学和行为科学应用于数据信息和非数据信息的办公活动。随着社会的发展和科技的进步，办公自动化也对行政秘书提出了相应的职业能力要求。采用计算机文字处理技术生产各种文档，存储各种文档，以及采用其他先进设备，如复印机、传真机等复制、传递文档，或者采用计算机网络技术传递文档，是办公室自动化的基本特征。

1. 计算机的使用

办公自动化离不开计算机的使用，作为行政秘书，熟练使用计算机是其必备的能力，尤其是相关办公软件的操作和基本的网络应用。目前，在办公软件中占据垄断地位的是微软公司的 Office 软件，主要由文字处理软件 Word，电子表格软件 Excel，演示文稿制作软件 PowerPoint，数据库软件 Excess 及网页制作软件 FrontPage 组成。

随着计算机的应用，信息资源共享与信息的传递和沟通已成为发展的趋势。在办公自动化环境下，因特网、内联网和外联网三种计算机网络的应用日益普遍。从广义上讲，因特网是遍布全球的联络各个计算机平台的总网络，是成千上万个信息资源的总称；从本质上讲，因特网是一个使世界上不同类型的计算机能同时交换各类数据的通信媒介。内联网是用因特网技术建立的可支持企事业内部业务处理和信息交流的综合网络信息系统，通常采用一定的安全措施与企事业单位外部的因特网用户相隔离，对内部用户在信息使用的权限上也有严格的规定，这种技术在政府机关最为常用。外联网是不同单位间为了频繁交换业务信息，基于互联网或其他公网设施构建的单位间专用网络通道。因为外联网涉及不同单位的局域网，所以不仅要确保信息在传输过程中的安全性，更要确保对方单位不能超越权限，通过外联网连入本单位的内网。

2. 常用办公设备的使用

办公自动化除了包括计算机和网络以外，还包括相关的办公室常用设备，如扫描仪、复印机、传真机等。

（1）扫描仪。

扫描仪是除键盘和鼠标之外被广泛应用的计算机输入设备，办公人员可以利用扫描仪输入照片建立相关影集；输入各种图片建立网站；扫描手写信函再用 E-mail 发送出去以代替传真等。

扫描仪是图像信号输入设备。它对原稿进行光学扫描，然后将光学图像传送到光电转换器转变为模拟电信号，又将模拟电信号转换为数字电信号，最后通过计算机接口送至计算机中。

（2）复印机。

复印技术是随着现代科学技术的发展而产生和发展起来的一门新技术，集电子、光学、微机及精密机械传动于一体。复印机具有操作方法简便、效率高、复印效果清晰、保真度好、成本低及对原稿的纸质无特别要求等优点。

复印机的使用步骤主要包括预热、放置原稿、选择纸张、选择倍率、设定复印浓度、输入复印份数和开始复印。

（3）传真机。

传真机作为一种信息传输工具，具有方便、快捷、准确和通信费用低等优势，在办公自动化领域占据十分重要的地位。

传真机按记录方式可分为：热敏纸记录方式和普通纸记录方式。目前采用热敏纸记录方式的传真机较多，但采用普通纸记录的传真机是发展趋势。普通纸记录方式又可分为热传导方式、激光静电复印方式、喷墨记录方式及 LED 方式。采用热敏纸记录方式的优点是费用低，缺点是文件保存时间不长，因此，用热敏纸接收到需保存的重要文件时，务必要复印备份。采用普通纸记录方式的成本稍高，但文件可长期保存。

2.4 信息管理

在高速发展的现代社会，信息越来越被人们所重视。信息、物质、能源被称为现代文明的三大支柱。行政秘书的信息管理是对信息的发布、收集、筛选、集中、分析、综合、汇报、利用和反馈等活动的总和。[①]

2.4.1 信息的内容与分类

信息的数量浩如烟海，无穷无尽，随着知识经济的到来，大量的信息渗透到我们每个人的生活中。政府机关和企事业单位需要的信息在内容、性质、层次、要求等方面都有特定的要求。

行政秘书应收集的信息包括政策法规信息、指挥性信息、本单位信息、社会反馈信息、可比信息、相关信息和未来信息等。但很多时候，行政秘书只重视收集前三种信息，它们大都是送上门的，行政秘书坐在办公室里只要花很少精力就可获得。后四种信息出现在报纸、杂志、广播、电视中，出现在人们的交谈中，出现在社会每一个角落里，这些信息无处不在，稍纵即逝，需要行政秘书随时留心，随时记录，并且花一定的精力才能获取。

信息资料的分类是根据资料的特点来进行的。特点相同的信息资料归为一类，通常称为母类。在母类下又划分出不同的类别，即子类。在子类下面还可以根据具体情况划分出若干小类，从而形成有秩序、有层次的一个分类体系。

1. 分类方法

信息资料的分类可以有多种方法，通常包括按对象、主题、形式、来源、信息内容和通用分类表分类。按对象分类常用于对书信等往来文书的分类；按主题分类是一种根据信息资料所反映的主题进行分类的方法；按形式分类是将单据、合同、广告稿、新闻稿、报告书、建议书、信函、文件、调查记录、报纸和期刊文章等形式区分，相同形式的信息资料再按时间细分；按来源分类是将资料根据来源做出分类，把相同来源的信息资料归在一起；按信息内容分类是根据信息资料所反映的内容进行相应的区分；按通用分类表分类是根据信息资料的情况，借助于“图书资料分类法”或“档案分类法”进行分类。一般而言，对于综合性强、涉及面广、有用信息资料数量较多的公共关系咨询公司的信息中心，可采用按通用分类表分类；而对于信息资料较少的部门，则可以采用自编分类的方法分类。

① 参见郭建庆主编：《秘书国家职业资格培训教程》，148～152页，上海，上海交通大学出版社，2009。

2. 分类原则

为了确保信息资料的分类做到准确、适用，分类工作应遵循一定的原则，包括适用性原则、综合性原则、渐进性原则、相斥性原则和并置性原则。信息分类的主要目的是应用，因此信息资料的分类必须遵循适用性原则，即分类要本着以用为主的原则来进行。分类的目的不在于对信息进行详尽的区分，而是要进行分类综合化，也就是使相应的信息资料得以集中，因此分类要贯彻综合性原则。渐进性原则即分类不能从细微之处开始，应该由上位概念到中位概念，再到下位概念，只有这样才能保证分类工作的正常进行。相斥性原则即经过分类而形成的类别都应有明确的定义，类别间不能有概念的重复和欠缺，还应用说明等其他方法加以限定和补充。并置性原则是指经过分类而形成的类别是相似或者关联的概念在分类体系中应该排列在相近的位置，而关联性较小的应排列在较远的位置，以便于对信息的查取和合理开发利用。

2.4.2　信息管理工作的基本程序

信息管理工作的内容是多种多样的，信息管理工作的形式也是多种多样的。在信息管理工作中，行政秘书既是信息的搜集者，又是信息的传播者。信息管理工作的程序主要包括收集、审核、整理、利用和存储五个环节，这五个环节的运行和循环，是行政秘书信息工作的基本程序，如图 2—4 所示。

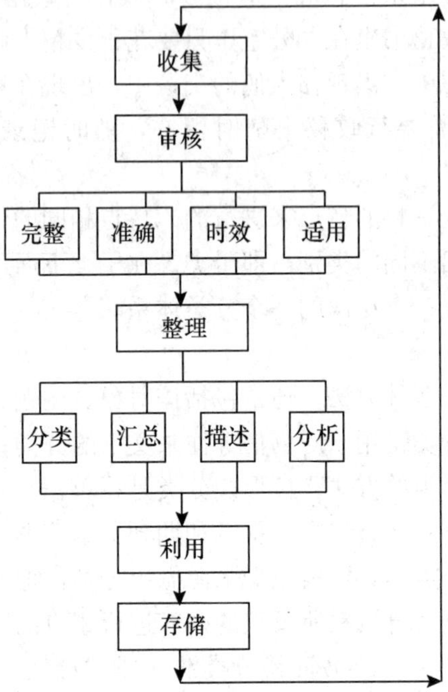

图 2—4　信息工作基本程序图

1. 收集信息

行政秘书应根据所要收集的信息内容及存在的形态，通过多种方法，多方位、多渠道地收集有用的信息。

◆ **情景模拟** ◆

会议的信息工作

背景材料

某企业协会举办了“公司融资操作研讨会”，此次会议邀请了国内一批顶尖的经济学家、管理学家到场发表演说，各大媒体闻风而动，齐聚会场。秘书邓林负责会议的信息宣传工作。她因事先对情况估计不足，当许多记者向她索要新闻稿、宣传资料、专家讲座大纲时，无法满足对方的要求；协会领导向她询问各大媒体对会议的报道情况时，她也没有做好简报收集、留齐各种资料，无法为领导提供适用的信息。

角色扮演

根据材料，假设你是会议秘书，会议期间应做好哪些工作？

参考答案

作为会议期间负责信息工作的秘书，应该做好以下工作：

(1) 在会前为记者准备好新闻稿、宣传资料、专家讲座大纲等材料；

(2) 在会议期间，要及时做好简报收集，留齐各种资料，为领导提供适用的信息。

2. 审核信息

为了保证信息的质量，在整理汇总之前必须对搜集到的各项信息进行严格审核，发现问题需要及时进行必要的修正和补充。信息的审核主要包括审核信息的完整性、准确性、时效性和适用性，其中准确性是审核的重点。

3. 整理信息

信息的整理主要包括信息的分类、汇总、描述与分析。对审核无误的信息进行科学归类分组，这是整理的关键。应选择适当的汇总形式和方法，对分组资料进行汇总，通过文字、表格、图形等形式对信息进行描述。最后对信息进行分析梳理，以备使用者参考。

4. 利用信息

这是信息工作的核心阶段。如果信息得不到利用或者利用价值较低，那么围绕信息的一切工作都将毫无意义。领导和有关部门可利用行政秘书提供的信息辅助决策、参考制定政策、了解基层情况。信息的利用还包括将信息保存到信息中心或信息库中，供有关组织和人员浏览查阅。

5. 存储信息

使用完毕的信息或有待于将来使用的信息应有序存储，以备随时调出使用。存储信息，简单说就是建立信息库。它不同于存储一般的物质，需要进行严格的登记、科学的编码和有序的排列，以便于将来的检索使用。

2.4.3　信息保密工作

信息按其存在形式分为口头信息、书面信息、电子信息三种形式。行政秘书首先要认识到保密的重要性，加强保密意识。做好信息的安全工作，需要对不同的信息载体采用不同的措施。

1. 做好口头信息的保密

对于行政秘书而言，要做到防止外人窃取本单位或本公司的机密并不难，难的是要防止平时的无意识泄密，特别是与朋友聊天的时候。说者无意，听者可能有心，他人也许会从这些信息中寻找到对自己有用的信息，这有用的信息对于听者来说就是情报。所以，作为行政秘书，平时要养成“嘴紧”的习惯。

行政秘书要做好口头信息的保密工作，需要注意以下四点：

(1) 行政秘书在岗前培训时应被告知不要在组织内部或外部谈论有关单位的保密信息，包括不对其他工作人员、客户、朋友或亲属等谈论保密信息。

(2) 在没有确认对方身份和不知对方是否被授权获得信息之前，不要通过电话、手机、答录机等给出保密信息。

(3) 只向来访者提供组织允许提供的信息，若超出范围，应向上司汇报。

(4) 遵照会议的要求传达会议信息等。

情景模拟

口头保密

背景材料

A贸易公司总经理办公室的秘书李丽聪明能干，在公司深受重用。李丽经常与B公司的总经理秘书陈珍妮一块聊天，两人所在的公司都是做皮革出口贸易的。两人的性格完全不一样，李丽热情开朗，乐于助人，陈珍妮温柔沉静，内向含蓄，但是两人几乎是无话不谈的好朋友。

一次闲聊时陈珍妮说最近的心情不太好，因为公司的生意一直不佳，总经理急得茶饭不思，并且常常把气出在她身上。李丽说：“你也不要太在意，我们做秘书的要自己调节情绪。我们公司的成绩倒不错，我们经理在今天早上就签订了一个合作意向书，有上千万元。如果这笔生意做成，可以赚进一百多万元。我没法告诉你详细情况，但这次谈判确实非常顺利。”李丽一边说，一边沉浸在谈判成功的喜悦之中。

过了几天，李丽跟随总经理去与德国某贸易代表团签订正式合同时，过了约定时间，还不见代表团的影子。后来德国某公司长驻中国的代表打电话过来说：“代表团已于昨天回国，就在昨天上午与贵市的B公司签订了购货合同，价格低于贵公司百分之十。”

A贸易公司上上下下都非常沮丧，李丽更是懊悔无比，她懊悔没有提醒总经理及时采取快速行动，也责怪自己没有时时注意德国代表团的动向。

角色扮演

假设你是秘书李丽，应如何做好口头保密？

参考答案

行政秘书平时要养成“嘴紧”的习惯，特别是与朋友聊天的时候，应注意避免与公事相关的话题，不随便提供本单位内部的信息，注意防止平时的无意识泄密。

2. 做好书面信息的保密

书面信息是一种最为常见的信息形式，其保密工作需要做到以下六点：

(1) 接收任何保密文件、资料等都要签收并登记。

(2) 文件或其他书面保密信息只发给或传阅给被授权的人员，并要注意接收人签收。

(3) 传递保密文件或资料时，要放在文件夹、文件盒中携带，以防泄密或散落丢失。

(4) 所有保密的信息应归类在专用的文件夹中，并清楚标明“机密”，保存在带锁的、防火的柜子中。

(5) 用邮件发送保密信息时，信封要贴封口，并标上“秘密”或“保密”字样。

(6) 对不再需要的保密文档进行粉碎等。

3. 做好电子信息的保密

随着办公自动化的发展，电子信息的作用越来越突出，其保密工作也十分重要。在日常工作中，行政秘书应注意以下六点：

(1) 计算机显示器应放置在他人看不到屏幕的地方，如果来访者走近，应迅速滚动页面或关小亮度，或保存信息后关闭显示器。

(2) 计算机打印保密材料时要人不离机，并有专人负责保存和传递。

(3) 在提交电子信息给他人之前，应与上级核对，不能给未被授权的人。

(4) 使用电脑时，应该有自己的识别码，密码必须保密，经常更换。

(5) 有保密信息的移动硬盘、光盘等不应带出单位，以防止数据落到不应得到这些信息的人手中。

(6) 如条件允许，计算机应安装警报系统，防止信息被盗等。

2.5　接待工作

行政秘书热情、礼貌、耐心、细致的接待能使客人有宾至如归的感觉，对公司留下美好的印象。来访客人由此观察到单位认真严谨的工作作风和蓬勃向上的精神风貌，在无形中提高了本单位的知名度和美誉度，扩大了单位的影响。反之，则会给来访的客人留下不好的印象。因此，做好接待的相关工作是行政秘书的重要职责，也是一项基本的职业技能。

2.5.1　接待的准备工作

行政秘书要做好接待工作，前期的准备工作是非常重要的，它是做好接待工作的前提条件。秘书应该从以下五个方面进行准备：

1. 自然环境

公司的前台、会客室、办公室是展示公司形象的窗口，行政秘书应当使这些地方保持清洁、明亮、整齐、美观，让来访者一进门就能感到这里工作规范有序。办公室和会客室的空气、光线、颜色、办公设备等都是自然环境的重要组成因素，行政秘书在做准备工作时应当考虑周全。

2. 人文环境

在做好接待的自然环境准备的同时，人文环境准备也十分重要。办公室里要有良好的工作氛围，工作人员之间也应该大方地互相配合，让客人感受到这个团队是有凝聚力的，给来访者留下良好的印象。

3. 必备物资

会客室应该准备好座位，桌椅要摆放整齐，桌面要清洁，没有水渍、污渍；桌上可放一些介绍公司情况的资料和文具；茶具、茶叶、饮料要准备齐全；一般客人可以用一次性纸杯，重要客人可用正规茶具；会客室应有一部电话；如有条件，还应该准备复印机、传真机，供需要时使用。

4. 辅助物品

行政秘书还应做好辅助用品的准备。如在进门处放置衣帽架，以方便来客挂衣帽；为了使来访者排解等待的焦虑，还应放置书报架，摆放一些书本杂志、单位介绍等材料。

5. 接待礼仪

行政秘书应具备良好的待客礼仪和心理，其核心就是要求行政秘书事事处处有强烈的“角色意识”、“服务意识”，体现出一个“诚”字，即行政秘书应站在对方的角度，将心比心，以诚相待。具体表现在待人接物上应该热情开朗、彬彬有礼、和蔼可亲、举止大方，这样有助于赢得对方的好感，缩短彼此的心理距离。无论来访的客人是预约的还是未预约的，是易于沟通的还是脾气急躁的，都要让对方感到自己是受欢迎和重视的。当客人很多或难以应对的时候，仍要有礼有节地处理，不能因客人发火或急躁而有失礼节，一定要沉着冷静，态度友善。

2.5.2 接待规格的确定

接待规格主要由来宾和陪同领导的级别确定。接待规格决定了陪同人员的级别、日程安排及经费开支，包括机场或车站的迎接、送别人员，全程陪同人员，宴请的规格、地点，住宿的宾馆等级、房间标准等，这些都受到接待规格的制约。接待规格过高，影响领导的正常工作；接待规格过低，影响与交往对象的关系，所以确定接待规格时要慎重而全面地考虑。

接待规格的最终决定权在领导，行政秘书仅提供参考意见。当接待规格定下来以后，行政秘书应当把我方主要陪同人员的姓名、身份以及日程安排告知对方，征求对方意见，得到对方认可后确定。

接待规格分为高规格接待、对等接待和低规格接待。高规格接待是指主要陪同人员比主要来宾的职位高的接待，表明对被接待一方的重视和友好；对等接待是指主要陪同人员与主要来宾的职位相当的接待，是最常用的接待规格；低规格接待是指主要陪同人员比主要来宾的职位低的接待，常用于基层单位，如某部级领导到下属企业视察，其企业最高领导的职位也不会高于部级领导。

2.5.3 接待计划的制订

接待来访者，特别是接待重要宾客或来访团体的全局性工作，需要拟定一个接待方案，也就是通常所说的接待工作计划。

1. 接待工作计划要有针对性

接待工作计划要针对来访人员的具体目的和任务，同时要切实可行，即应符合当时具体的主客观条件，具体流程和接待事项详见图 2—5、图 2—6。

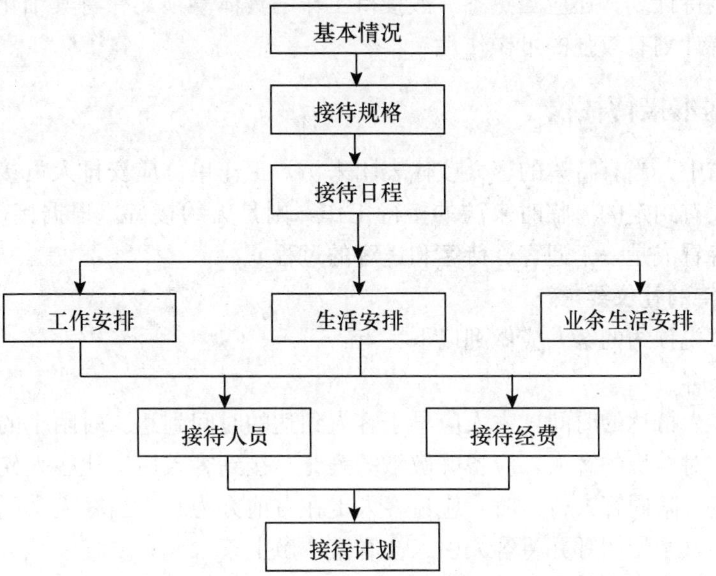

图 2—5　接待计划通用流程图

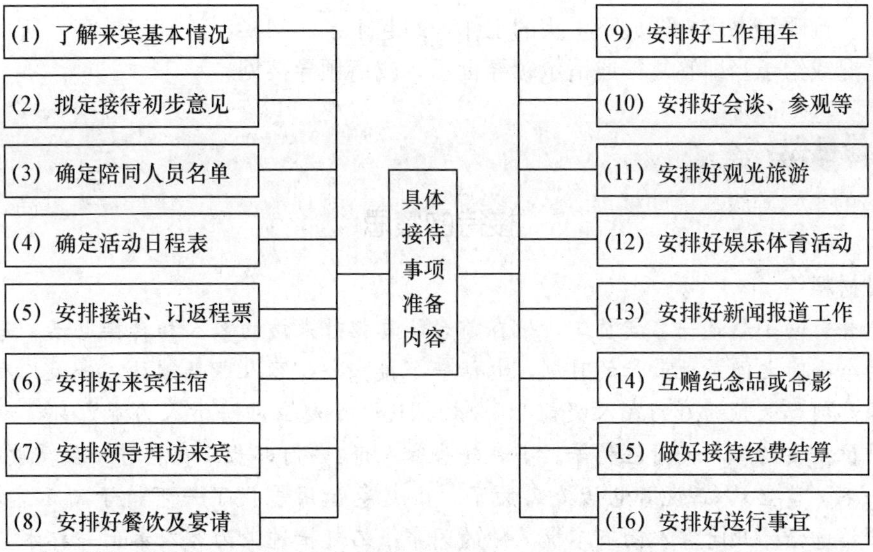

图 2—6　具体接待事项计划内容汇总图

2. 接待工作计划要具有全面性

接待方案主要包括接待方针、接待规格、接待形式、接待日程安排和接待经费开支。接待方针即接待的指导思想；接待规格反映出本单位对来宾的重视程度和欢迎的热烈程度，依据主要来宾的身份和实际需要来确定；接待形式是指具体的接待方式、方法；日程安排包括工作安排、生活安排、业务安排，即要安排好来宾的有关工作事宜、日常生活、文化娱乐活动等；接待经费开支则是指做好接待经费的预算工作等。

3. 接待工作计划要做到具体化

要拟定好接待计划，还应当熟悉一般接待工作的具体事项，并将其细化，这样才能使制订出来的接待计划有较强的可操作性。

2.5.4 基本接待礼仪

在接待来访中，当有特邀的客人或代表团来访，工作单位应安排人员接待，这是有约接待。而事先没有约定的、临时来访的接待工作，则是无约接待。根据接待客人的程序，一般可以把接待看成是一个迎客、待客和送客的过程。

1. 有约接待的礼仪要求

礼貌接待事先预约的客人应做到以下三点：

（1）亲切迎客。

准确把握客人抵达的时间，主人应早于客人到达的时间到达。对陌生的客人，应准备好接站的牌子；对尊贵的客人，应备好敬献的鲜花。接到客人后，让客人先上车，安排其坐在后排右座上。陪同客人行走时，应让客人走在右前方为宜。当客人来到办公室时，应记得对方的名字，亲切招呼并将客人引入会客室，敬上茶水。

（2）热忱待客。

远方的客人到达后，应让客人稍作休息，再安排客人与主人见面、会谈等活动。当客人来到时，行政秘书应立即放下手头的工作，站起来亲切问候，认真记录客人所反映的问题，视情况或给予当即答复，或请示领导批示，或请领导接见。

◆ 情景模拟 ◆

接待的禁忌

背景材料

正惠公司的小赵是一名新员工，她在前台认真招呼来访的客人和转接电话。每天上班后一到两个小时之间是她最忙的时刻，电话一个接一个，客人熙来攘往。一天，有一位与人力资源部何部长预约好的客人提前20分钟抵达。小赵立即告诉人力资源部，部长说正在招呼一位重要的客人，请他稍等。小赵转告客人说："何部长正在招呼一位重要的客人，请您等一下。请坐。"正说着电话铃又响了，小赵急忙用手指了一下椅子暗示客人坐下，然后急忙接电话。此时客人面有不悦。她的同事小石赶忙过来为客人奉上一杯水，与客人闲聊了几句，缓解了客人的情绪。

角色扮演

假设你是小赵，在接待客人时应该怎样做？材料中小赵有什么不恰当的地方？

参考答案

行政秘书应该清楚地认识到，所有的客人都会认为自己是很重要的，因此不能怠慢任何一位客人。首先，小赵不应该对客人说何部长正在接待一位重要的客人，这似乎在暗示客人“你不重要”。其次，小赵应该对不能及时接待他表示抱歉，并恭敬地请他坐下等待，而不是随意用手指一下椅子，然后继续忙自己的事情。

(3) 礼貌送客。

通常，当客人起身告辞时，行政秘书应马上站起来，主动为客人取下衣帽，帮他穿上，与客人握手告别，同时选择最合适的言辞送别，若是远方的客人，送行时主要陪同人员应在客人离去前抵达。当飞机、车船离去时，送客人员应挥手告别，直到客人看不见我方人员时再离去。对初次来访的客人尤其应该热情、周到和细致。

2. 无约接待的礼仪要求

无约接待是指对事先没有进行预约、突然来访的客人进行接待。在无约接待中，行政秘书应当随机应变，灵活处理，既要不失礼貌和风度，又要使自己和领导的正常工作不受到影响。

行政秘书迎客时，要做到微笑亲切、以礼相待，客人敲门时应热情起身开门，请客人进来，给客人让座，并顺手将有关文件妥当收好；待客时，态度要热情大方、彬彬有礼，根据客人喜好及时递上茶水或饮料，语言要亲切得体，音调要柔和委婉，始终要有礼有节；客人起身告辞时应马上起立，与客人握手告别，送客人到门口，并说一些礼貌话语等。

◆ 情景模拟 ◆

秘书与客人争吵

背景材料

某公司的林平山是一位刚从大学经济管理专业毕业的学生，因他毕业前在该公司实习，而且他针对该公司管理撰写的毕业论文中的某些观点很得指导教师赏识，他本人也认为对该公司改革有一定作用。来到该公司工作后，他对论文中的一些观点和看法更加成熟，因此，小林很想找总经理谈谈。但他去找经理那天，恰好经理外出开会，只有经理办公室的张秘书在看当天准备上报的统计表。张秘书很客气地让小林坐下，并告诉小林：“经理不在，有何意见，我可以代为转达。”于是，林平山就滔滔不绝地讲了起来。张秘书一边看报表，一边听对方侃谈，但精神却集中在报表上。小林言谈中常带有“像我们这样的小公司”，张秘书越听越不高兴，结果，没等这位大学生把话说完，他便满脸怒气地说道：“公司小是否埋没了你的才能？你是大学生，大材小用，何不去大公司呢？……”张秘书的冷嘲热讽激怒了小林，双方激烈地争吵起来。最后，林平山非常气愤地离开了办公室。

角色扮演

假设你是张秘书，面对小林来访应该怎么做？材料中的张秘书在接待小林的来访时存在哪些问题？

参考答案

首先，作为秘书，张秘书只能起到一个上传下达的作用，而不能代表领导对来访者的意见进行评论，更不能针锋相对地进行争吵。其次，对于突然来访，秘书的确要在保证正常工作的前提下进行接待，但不代表可以一边接待一边做自己手头上的工作，这样一方面对来访者不够尊重，另一方面工作质量也不高。

本章小结

本章内容旨在介绍行政秘书的办公室事务管理技能，包括办公室环境管理、办公室日常工作管理、信息管理、接待工作等。行政秘书不仅需要了解相关工作的基本要求，更要在实践中积累经验，熟练掌握各项办公室事务的技能和流程。通过本章的学习，希望读者能够对办公室事务管理有基本的把握，并不断地进行自我能力的提升。

关键术语

办公室事务管理　　办公室环境管理　　信息管理　　办公效率

复习思考题

1. 办公室事务管理包括哪些内容？
2. 办公室环境管理指的是什么？
3. 办公室效率管理包括哪些具体内容？
4. 信息管理工作包括哪些环节？

阅读材料

办公室其他日常事务管理

1. 办公用品管理制度

为加强单位办公经费的管理和控制，保证单位职能部门业务工作的正常开展，本着勤俭节约的精神，应对公司办公用品的管理作相关规定。

行政秘书应该熟悉相关的办公用品管理制度和规范，以确保办公用品的使用符合程序，便于相关负责人或负责部门的管理。办公用品的管理是比较烦琐的，其相关制度也应该做到具体、易于理解和操作，如单位的办公用品、设备、消耗材料等由办公室负责统一购买登记、保管和发放；因工作需要领取办公用品的应按实际所需领取，领取人必须在领用登记单上签字；因工作急需而库存又没有的办公用品，需经办公室主任同意方可购买，如需添置金额较高的或批量较大的办公设备，要填写办公用品申请单报领导批准；复印机、传真机、电脑、打印机、电视机等价值贵重的办公设备由实际使用人负责管理；加强办公用品的管理和维护，不得挪为私用或人为损坏；工作岗位调整或离岗时，应按规定及时办理移交手续等。

2. 车辆使用管理制度

行政秘书在日常工作中需要对单位车辆进行安排和使用，因此，必须了解车辆使用管理的相关制度和规范，以确保具体操作符合程序。各单位为加强车辆管理，提高工作效率和服务质量，应根据单位实际情况，对车辆管理作出规定。如单位车辆和驾驶员由办公室统一负责管理，日常工作由行政主管负责，根据各部门工作需要，按照轻重缓急、先后远近的原则，合理安排车辆使用。在优先保障单位领导的前提下，各部门因工作需要用车，除特殊或紧急情况外，都应事先报办公室申请预约，经办公室主任批准后方可派车。因工作需要申请用车时，应先填好车辆派遣单，写明用车事由、去向、时间、使用人等内容，用车人在经部门负责人同意后凭办公室批准过的车辆使用单通知驾驶员出车。单位员工不携带贵重物品或仪器设备外出工作或采购零星小件物品，应坚持勤俭节约的原则，尽量乘坐公共交通工具，严格控制使用出租车。凡因工作需要到外省市去的，在申请用车时应向办公室说明情况，报领导审批。单位车辆原则上不允许职工私用，对未经批准的公车私用情况一经查实将从严追究当事人责任。驾驶员有责任做好车辆的清洁卫生、完好安全和维修保养等工作。

3. 值班工作制度

值班工作是单位所有工作人员的常规工作之一，行政秘书也不例外。为了做好相关的工作，确保工作顺利进行，行政秘书必须熟悉单位的值班工作制度。

一般而言，值班工作制度对值班人员可做出如下规定：坚守工作岗位，不得擅离职守，不做与值班无关的事项；熟悉业务，认真钻研，提高业务水平；文明值班，积极妥善地处理好职责范围内的一切业务；重大、紧急和超出职责范围的业务，应及时地向上级业务指挥部门、单位领导汇报和请示，以便把工作做好；加强安全责任，保守机密，不得向无关人员泄露有关单位内部的情况；维护好室内秩序，做到整洁卫生，禁止在工作时间大声喧哗；无关人员不得随便进入办公室；遇有特殊情况需换班或代班者必须经办公室主任或值班主管同意，否则责任自负；按规定时间交接班，不得迟到早退，并在交班前写好值班记录，以便分清责任等。

值班员工收到电文应分别依下列方式处理：属于职权范围内的可即时处理；非职权所及，视其性质应立即联系有关部门负责人处理；密件或限时信件应立即原封保管，于上班时呈送有关领导。值班员工应将值班时所处理的事项填写报告表，于交班后送主管领导转呈检查，报告表另定。

思考题

1. 办公用品管理有哪些要点？
2. 车辆使用管理有哪些要点？
3. 值班人员应遵守哪些规定？

第3章

文书与档案工作

文书和档案工作是行政秘书工作的重要内容之一，对文书和档案的处理和管理的能力是行政秘书的重要基本技能。本章主要从文书拟写、文书处理、档案工作的基本原则、档案整理、电子档案管理等方面进行论述。

本章学习要点

- 公务文书的拟写
- 文书处理
- 档案管理

3.1 文书与档案工作及其对行政秘书的能力要求

文书与档案工作是行政秘书工作的重要组成部分，理解文书与档案工作的概念、明确文书与档案工作的具体能力要求有助于行政秘书不断调整和提高自身的能力，更好地完成相关工作，满足其职位要求，实现文书与档案的最大价值。

3.1.1 文书与档案工作的概念

所谓文书，是人类社会活动中由于处理事务的需要，直接形成并使用的具有规范格式和法定效用的信息记录。文书工作就是以文书为工作对象的公务活动，行政秘书的文书工作主要包括文书的拟写和文书的处理。文书工作是公务活动的重要组成部分，它使文书得以形成并产生实际的效用，同时，它为档案积累提供了赖以生存和发展的条件。

所谓档案，是国家机构或其他社会组织、个人在社会活动中直接形成的，保存备查的文字、图表、音像等各种形式的历史记录。由于档案具有特殊的作用和价值，行政秘书需要掌握档案回收、档案整理、档案分类、档案保管、档案检索等档案管理工作，以提高档案的利用率，实现档案的利用价值。档案工作，又称档案管理，是档案馆（室）直接对档案实体和档案信息进行管理并提供服务的各项业务工作的总称，也是国家档案事业的基础。

3.1.2　行政秘书的文书与档案工作能力要求

行政秘书在文书拟写和处理、档案管理方面的具体工作，主要有以下几方面的要求：一是要能够识别并理解文书；二是要能够识别文书处理流程并完成简单的办文任务；三是要能够识别并运用行文规则；四是要能够识别并运用公文格式；五是要能够识别并表述文书的基本知识、基本结构与写作要领；六是能够完成文书起草任务；七是要能够理解档案和档案管理；八是要能够掌握档案管理原则；九是要能够基本掌握纸质档案与电子档案的管理。

表3—1是行政秘书在文书拟写和处理、档案管理方面的能力要求、能力标准与相应的知识和技能[①]：

表3—1　　行政秘书文书拟写和处理、档案管理的能力要求

能力要求	能力标准	知识和技能
能够识别并理解文书和公文	1. 能够识别和理解文书	● 准确表述文书的含义 ● 识别文书的分类
	2. 能够识别和理解公文	● 准确表述公文的概念及基本含义 ● 理解公文的特点
	3. 能够识别公文文种	● 准确表述现行公文文种的用途 ● 判断文种是否使用正确
能够识别文书处理流程并完成简单的办文任务	1. 识别文书处理流程	● 准确表述公文处理程序及各个环节的含义 ● 完整、准确地列出发文、收文办理流程的基本环节
	2. 了解文书办理环节	● 了解文书处理流程的整体构成情况 ● 识别文书处理流程各环节的工作职能和操作方法
	3. 能够完成文书处理任务	● 能够完成收进、发出、登记等文书办理工作
能够识别并运用行文规则	1. 能够识别行文规则	● 准确表述行文规则的概念 ● 准确表述行文规则的各项内容并理解其含义
	2. 能够运用行文规则	● 根据行文规则，判断行文是否妥当
能够识别并运用公文格式	1. 能够识别公文格式	● 准确表述公文格式的概念 ● 了解公文格式要素的规范名称及各要素的应用规范
	2. 能够运用公文格式	● 明确公文排版和用纸规格 ● 能够按照文种特点确定公文格式的相关要素 ● 能够根据公文格式完成公文的录入排版任务

① 根据《中国秘书岗位资格证书考核大纲》（中国人民大学出版社2006年版）改编、整理。

续前表

能力要求	能力标准	知识和技能
能够识别并表述文书的基本知识、基本结构与写作要领	1. 识别公务文书知识并掌握相应能力	● 了解请示、报告、通知、通报、批复、公函、会议纪要的行文背景 ● 识别并理解请示、报告、通知、通报、批复、公函、会议纪要的知识提要、结构模式 ● 掌握请示、报告、通知、通报、批复、公函、会议纪要的写作方法和写作要求
	2. 识别事务文书知识并掌握相应能力	● 了解简报、会议记录、大事记、计划、总结的行文背景 ● 识别并理解简报、会议记录、大事记、计划、总结的知识提要、结构模式 ● 掌握简报、会议记录、大事记、计划、总结的写作方法和写作要求
	3. 识别商务文书知识并掌握相应能力	● 了解商情调研文书、商务契约文书、商务信函的行文背景 ● 识别商情调研文书、商务契约文书、商务信函的知识提要、结构模式 ● 掌握商情调研文书、商务契约文书、商务信函的写作方法和写作要求
能够完成文书起草任务	1. 能够起草公务文书	● 能够起草、修改请示、报告、通知、通报、公函等公务文书
	2. 能够起草事务文书	● 能够完成简报、会议记录、大事记等事务文书的拟写
	3. 能够起草商务文书	● 能够起草商务信函、合同等商务文书
能够理解档案和档案管理	1. 能够识别和理解档案	● 准确表述档案的含义 ● 准确表述档案的特点
	2. 能够理解档案管理	● 准确表述档案管理的含义 ● 准确表述档案管理的特点
能够掌握档案管理原则	能够掌握档案管理原则	● 准确表述档案管理的三大基本原则 ● 理解三大基本原则的关系
能够基本掌握纸质档案与电子档案的管理	1. 能够掌握纸质档案管理	● 准确表述文档分类的概念 ● 掌握文档分类的方法 ● 掌握文档分类的要求 ● 掌握立卷方法
	2. 能够掌握电子档案管理	● 掌握电子文件的归档和管理

3.2 文书的拟写与处理

文书工作是行政秘书的主要工作内容之一，信息的上传下达、信息的保存、工作和活动的协调等都需要用到文书。文书工作主要包括文书的拟写和处理。

3.2.1　常用文书拟写

文书拟写是行政秘书必备的重要职业技能。文书的格式和用途多种多样，常用的文书主要包括公务文书、事务文书、商务文书、公关礼仪文书、新闻文书和日常文书等，其中公务文书、事务文书和商务文书是三种最为重要的文书。

1. 公务文书

一般而言，只要是政府部门在公务活动中所形成的文件都可以称为公文，包括党、政、军、人大、政协等各类国家机关所形成的文件。《国家行政机关公文处理办法》规定："行政机关的公文，是行政机关在行政管理过程中形成的具有法定效力和规范体式的文书，是依法行政和进行公务活动的重要工具。"目前我国通用的国家行政机关公文共有13种：命令、决定、公告、通告、通知、通报、议案、报告、请示、批复、意见、函、会议纪要。中共中央办公厅1996年5月3日发布的《中国共产党机关公文处理条例》则规定了党的各级机关的正式公文有：决议、决定、指示、意见、通知、通报、公报、报告、请示、批复、条例、规定、函、会议纪要14种。不同的公文种类有不同的行文目的和要求，同时也反映着行文机关之间的关系和发文机关的权限范围。公文根据作用的不同，一般可以分为指导性公文、告知性公文、报请性公文、商洽性公文和记录性公文。

（1）指导性公文。

指导性公文是由领导或指导机关制发的用于颁布法律、法规，指导、布置工作，阐明领导指导原则的公文，如命令、决定、批复、意见等文种。下面以决定和批复为例，说明指导性公文的拟写规范。

1）决定。

"决定"适用于对重要事项或重大行动做出决策安排、奖惩有关单位及人员、变更或撤销下级机关不适当的决定事项等。"决定"中的"决"字，反映了它产生于决策之中，直接为决策服务，属于决策性文种。它可以是会议集体讨论通过的，也可以是领导机关在自己的职权范围内直接做出的。

决定按其内容和使用情况，可以分为四类：一是用来统一对某一方面或某类带有普遍性的重大问题的认识，确定大政方针的，一般将这类决定称作"方针政策性决定"；二是用来部署某一重要工作或安排某一重要活动的，一般将这类决定称作"部署指挥性决定"；三是用来解决具有特殊意义的重要事项，一般将这类决定称作"决策知照性决定"；四是"表彰处分性决定"，是指某一级的党、政组织，按照有关政策、章程、规定对有功人员或有过人员所做的表彰或处分的正式书面决定。

决定的拟写方法依据类型的不同而有不同的写法。方针政策性决定和部署指挥性决定由决定缘由、决定事项、执行要求三部分组成，其中决定缘由要明确阐明做出决定的原因、目的和依据；决定事项要具体明确，如内容较多，可分条开列；最后提出执行要求。决策知照性决定，内容比较单一，只需要将决定的事项写清楚就可以了，有的知照性决定是篇段合一的。表彰处分性的决定，由主要事实、对事实的分析定性、所做出的奖惩决定、希望与号召等几部分组成。

范例：

国务院关于表彰全国劳动模范和先进工作者的决定

国发［2010］11号

各省、自治区、直辖市人民政府，国务院各部委、各直属机构：

2005年全国劳动模范和先进工作者表彰大会以来，各行各业涌现出一大批在全面建设小康社会、加快推进社会主义现代化伟大实践中取得显著业绩的先进模范人物，他们是继续解放思想、锐意改革创新的时代先锋，推动科学发展、促进社会和谐的行动楷模。为表彰他们的突出贡献，弘扬他们的先进思想，进一步激励全国各族人民积极投身建设中国特色社会主义伟大事业，推动经济社会又好又快发展，国务院决定授予2 115人全国劳动模范荣誉称号，授予870人全国先进工作者荣誉称号。

国务院希望获得全国劳动模范和先进工作者荣誉称号的同志，谦虚谨慎，再接再厉，继续发挥模范表率作用，不断作出新的更大贡献。国务院号召全国各族人民，以全国劳动模范和先进工作者为榜样，学习他们信念坚定、胸怀大局的崇高思想，艰苦奋斗、勇于奉献的高尚品质，求真务实、纪律严明的优良作风，开拓创新、自强不息的进取精神，在以胡锦涛同志为总书记的党中央坚强领导下，高举中国特色社会主义伟大旗帜，以邓小平理论和“三个代表”重要思想为指导，深入贯彻落实科学发展观，同心同德、奋发图强，为夺取全面建设小康社会新胜利、谱写人民幸福美好生活的新篇章而不懈奋斗！

附件：全国劳动模范和先进工作者名册（共2 985名）

国务院

二〇一〇年四月二十四日

资料来源：《国务院关于表彰全国劳动模范和先进工作者的决定》，见 http://www.gov.cn/zwgk/2010-04/27/content_1593547.htm，2010-04-27。

2）批复。

“批复”用于答复下级机关的“请示”事项，它与“请示”是一上一下，一来一往，缺一不可。

批复按其内容不同，可分为以下三类：第一类是核准性的批复，主要用于审批应由上级机关批准的具体问题，完成某一事项法定的组织程序，其内容一般都很简单，大都是表态性的；第二类是指示性的批复，在审批某一问题的同时，就此进一步提出一系列相关的指示，要求下级机关照此执行，此类批复一般篇幅较长；第三类是答复性的批复，就法规政策方面的事宜做出批复性的回答。

批复的标题一般要用完全式标题，如“国务院关于组建中国航空油料集团公司问题的批复”；有的批复还可以在标题中表明批复的态度，如“国务院关于同意将秦皇岛山海关区列为国家历史文化名城的批复”。标题一般只写来文事由，不引用来文标题。

批复的正文由批复引据、批复内容和批复结语组成。批复引据即正文的开头，要引述下级机关的来文标题、日期或发文字号作为批复的依据，必要时还要引述请示的要点，然后可用“现批复如下”等句式过渡。批复内容要针对下级请示所提的问题或要求给予明确的答复或表态，如“同意”或“不同意”。同意时，必要的话还可提出希望和执行要求；如不同意，则要简要地说明理由或依据。批复结语，可用“此复”或“特此批复”。

范例：

国务院关于长沙市城市总体规划的批复

湖南省人民政府：

你省《关于审批〈长沙市城市总体规划（2001—2020）〉的请示》（湘政［2001］37号）收悉。现批复如下：

一、原则同意修订后的《长沙市城市总体规划（2003年至2020年）》（以下简称《总体规划》）。

二、长沙市是湖南省省会，长江中游地区重要的中心城市，国家历史文化名城。长沙市的城市建设与发展要遵循经济、社会、人口、资源和环境相协调的可持续发展战略，通过科技进步和产业结构优化，提高经济整体素质和效益，不断完善城市功能，把长沙建设成为经济繁荣、社会文明、布局合理、设施完善、环境良好、风景优美的现代城市。

三、同意《总体规划》确定的2 893平方公里的城市规划区范围。在城市规划区内，实行城乡统一规划管理。合理利用山体和河流等自然分隔，形成由主城区（包括中心城区、河西新城、星马新城）和暮云、捞霞、高星、含浦等组团组成的“多中心、分散组团式”城市布局。要控制中心城区发展规模，有序引导人口和产业向周围组团转移，疏解人口密度，促进城市平衡发展。

要发挥长沙市对区域经济的辐射、带动作用，合理分布市域人口和各类产业。编制市域城镇体系规划，在市域城镇体系规划指导下做好县（市）域城镇体系规划，促进城乡协调发展。

四、严格控制人口和建设用地规模。在城市发展中要节约用地，合理用地，保护耕地。到2005年，主城区实际居住人口要控制在190万人以内，建设用地控制在170平方公里以内；到2010年主城区实际居住人口要控制在228万人以内，建设用地要按照国土资源部核定的面积进行调整；到2020年，主城区实际居住人口要控制在264万人以内，建设用地控制在253平方公里以内。长沙经济技术开发区建设用地按照《国务院办公厅关于湖南长沙经济技术开发区的复函》（国办函［2000］21号）有关规定执行。

五、加强城市基础设施规划建设。重视城市道路交通设施建设，大力发展以公共交通为主、多种交通方式有机结合，各种交通枢纽相互衔接的综合运输体系。要统筹规划和建设给水、排水、生活垃圾处理等基础设施，加快城市污水处理厂的建设，提高污水处理率、水的重复利用率和垃圾无害化处理率。要充分重视城市防灾工作，加强城市重点防灾设施和灾害监测预警系统建设，建立包括消防、人防、防洪和抗震等内容的城市综合防灾体系。

六、保护生态环境和城市风貌。要严格按照规划提出的各类环保标准限期达标，保护好城市的水、大气和声环境。要加强湘江长沙段水环境保护，严禁工业废水非达标排放。对污染严重又无法治理达标的企业，坚持实行"关、停、并、转、迁"。对规划确定搬迁的污染企业，要制订切实可行的搬迁计划和措施。要以岳麓山风景名胜区等为重点，加强城市绿化建设，提高绿化覆盖率。充分发挥长沙融山、水、洲、城于一体的优势，通过规划控制和城市设计，从整体上保护山水城市风貌。

七、做好历史文化名城保护工作。长沙市作为国家历史文化名城，要切实处理好名城保护与城市建设的关系。要在《总体规划》指导下，对岳麓山等历史文化街区，岳麓书院等文物保护单位及其周围环境进行严格管治，不得进行与环境和风貌不相协调的建设活动。针对长沙市地下文物遗存特别丰富的实际，要在做好相关勘探工作的基础上，划定保护范围和建设控制地带，确定保护措施并严格施行。

八、严格实施《总体规划》。《总体规划》是长沙市城市发展、建设和管理的依据，城市规划区内一切建设活动必须符合《总体规划》的要求。要进一步完善城市规划、建设和管理的各项法规，抓紧编制详细规划，强化全社会遵守城市规划的意识。城市规划行政主管部门要依法对城市规划区范围，包括各类开发区在内的一切建设用地与建设活动实行统一、严格的规划管理，切实保障规划的实施。市级规划管理权不得下放。驻长沙市各单位要遵守有关法规及《总体规划》，服从规划管理，支持长沙市人民政府的工作，共同努力，把长沙市规划好、建设好、管理好。

长沙市人民政府要根据本批复精神，认真组织实施《总体规划》，任何单位和个人不得随意改变。你省和建设部要加强对《总体规划》实施工作的指导、监督和检查。

国务院

二〇〇三年十一月十日

资料来源：《国务院关于长沙市城市总体规划的批复》，见 http://www.gov.cn/xxgk/pub/govpublic/mrlm/200803/t20080328_31792.html，2003-11-10。

（2）告知性公文。

告知性公文用于公布应当周知、遵守或办理事项的公文，如公告、通告、通报、通知等。以通知为例，说明告知性公文的特点和拟写规范。

通知是法定公文中使用频率最高的一个文种。它适用于批转下级机关的公文、转发上级机关和不相隶属机关的公文、传达要求下级机关办理和需要有关单位周知或者执行的事项、任免人员等。

通知的标题可以是完全式标题，也可由事由和文种组成。有些事务性的通知，根据需要，在"通知"前可加程度词，如"紧急"、"重要"等，批转、转发和发布性通知，应在标题中注明其性质。

通知的类型多种多样，主要有转发性通知、批转性通知、发布性通知、指示性通知、任免性通知和事项性通知。不同类型的通知，其正文所包含的内容有所不同。

1）转发性通知。

一般由转发上级机关的公文标题和转发要求两部分内容构成，只有一两句话，目的只是引出所要转发的公文；也有的另加一段，说明被转发文件的重要性或者提出贯彻执行的具体要求。但要注意被转发的发文机关为上级机关、平级机关或无隶属关系的机关。

2）批转性通知。

批转性通知的结构与转发性通知相似。是指由上级机关针对下级机关所制定的具有普遍意义或能解决共性问题的方法或措施，通过批转性通知下发到所属单位去贯彻执行。文件的制作者是下级的职能部门，而发文单位为上级的主要机关，所发的文件具有指导性的意义。批转性通知的正文由发文的意图、对批转文件的评价、具体的执行要求等部分组成。

3）发布性通知。

发布性通知用于发布有关的规章和规定。对于行政机关制定的规章或规定，需要使用通知的形式发布出来，以便明确执行的单位和提出要求。发布性通知的结构较为简单，只要写明所颁布的规章或规定名称，提出实施时间或执行要求即可。

4）指示性通知。

指示性通知是通知类型中最为复杂的一种，一般是针对重大问题或普遍性问题而发的，带有一定的原则性和指导性，但又不适合用指示行文，只能采用通知的形式来发布。指示性通知的结构由工作背景、工作内容、工作要求三个方面组成。工作背景主要包括发生的问题是什么，危害性有哪些。工作内容是指示性通知的重点，一般采用分几个方面或几条说明的方式，有的是并列式的，有的则是递进式的。与指示一样，主要说明解决问题的原则和指导性意见是什么，不做具体的安排，具有宏观指导的作用。工作要求一般与工作内容是连在一起的，既说明原则，又提出执行要求，也有专门提出执行要求的。

5）任免性通知。

任免性通知一般包括任免依据和任免事项两部分内容，应注意的是，在表述时要遵从先免后任的规范顺序。

6）事项性通知。

事项性通知包括的内容相当广泛，涵盖以上几种通知以外的所有事务性的内容，主要特点是大多为单一的某一件事，或具体的某项工作，侧重要求怎样落实和执行，内容非常具体、可行，时效性很强，其结构一般包括缘由、事项、要求等几个部分。

范例：

国务院办公厅关于禁止非法买卖人民币的通知

各省、自治区、直辖市人民政府，国务院各部委、各直属机构：

目前，非法倒买倒卖人民币的问题比较严重，影响了人民币的正常流通，破坏了人民币的信誉。为加强对人民币的管理，打击非法买卖人民币的行为，根据《中华人民共和国中国人民银行法》有关规定，经国务院批准，特作如下通知：

一、禁止非法买卖流通人民币（包括纪念币，下同）；经营已退出流通的人民币，必须经中国人民银行批准。

二、未经中国人民银行批准，任何单位和个人不得装帧和经营装帧的流通人民币。

三、违反以上规定的，视情节轻重，由工商行政管理部门没收实物及非法所得，并按有关规定予以处罚。

四、各金融机构及其从业人员不得利用职务之便支持、参与人民币的非法买卖活动，对违反规定的要从严惩处。

五、对在中国境内非法买卖外国货币的，比照上述规定办理。

国务院办公厅

一九九七年七月四日

资料来源：《国务院办公厅关于禁止非法买卖人民币的通知》，见 http://govfile.beijing.gov.cn/Govfile/ShowNewPageServlet? id=4033,2011-07-01。

（3）报请性公文。

报请性公文主要用于汇报工作、反映情况、提出建议、请求指示或批准等，如报告、请示、意见、议案、函等。下面以请示为例进行说明。

“请示”是向上级机关请求指示、批准时使用频率极高的一个上行文种。它虽与“意见”（上行的）同属上行文，但两者之间“同轨不同迹”。“请示”与上行的“意见”非常近似，具有一定的交叉性，它们都是要求上级机关对自己所提的事项或问题，或给予批准，或给予指示，或予以认可，即这两个文种的行文方向与目的在某种程度上有着同一性，但是两者之间也有区别，主要表现在所提的事项与内容不尽相同。“请示”的内容较多涉及的是“人、财、物、机构、编制、出境出国”以及工作中遇到的需要上级做出决定的重大问题或应由上级加以审批的事项等具体问题，亦即人们通常所说的“硬件”；而上行“意见”的内容则多是对工作中一些重大问题提出见解和处理办法以及所遇到的困难等，要求上级给予指示或支持，这就是人们通常所说的“软件”。

“请示”按其行文目的、作用的不同，基本分为两类：一是直请性的请示，即直接向自己的上级领导或指导机关请求指示或批准事项；二是批转性的请示，即把有关某一方面工作的意见，以“请示”上报给上级机关，要求批转给有关单位予以办理，例如国家国有资产管理局于1992年1月27日上报给国务院的《关于1992年在全国范围内开展国有资产产权登记工作的请示》（载《国务院公报》，1992（9））就是这样一份文件。

请示的正文由请示理由、请示事项、请示要求三部分组成：

1）请示理由是正文开头，要开门见山，尽量写得具体、明白，理由充分，以利于上级的批准、答复，文字要简洁，可用叙议结合的表达方式，切忌堆砌材料，空洞冗长。

2）请示事项是请示的核心部分，要写明需要上级给予指示、批准的具体事项或需要上级帮助解决的问题。有时可以提出几种意见，供上级参考，但行文单位要表明自己的倾向性意见，以使上级明了，迅速决断。

3）请示要求是请示的结语部分，多用祈请式语句明确提出请示要求，一般另起一行书写，如“当否，请批示”、“特此请示，请予批复”等，不能省略。

范例：

山东省人民政府关于开通威海——×××××海上货运航线的请示

国务院：

我省威海市自开通至×××××海上客货运输航线以来，客货运输量日益增加。1991年通过合资经营的“金桥”轮运输进出口货物总量达2 500多个标准集装箱。去年我省对×××××出口已达3.13亿美元，跃居我省出口国别和地区的第3位。从发展趋势看，今后对×××××出口仍有大幅度增长。但因为“金桥”轮是客货两用船，且以客运为主，吨位小，远远不能满足双方进出口货物运输的需要。我省许多出口货物到仁川岗后，需转运釜山，既延误了时间，又增加了费用，急需开通威海至釜山航线。威海港为国家一类开放港口，拥有万吨级泊位1个，5 000吨级泊位2个，千吨级泊位3个，其他设施也日趋完善，已具备了开通釜山航线的条件。为此，特申请批准开通威海——×××××海上货运航线。该航线由山东省所属的海运公司负责经营。

当否，请批复。

山东省人民政府（印章）

一九九二年三月十九日

资料来源：张保忠、岳海翔编著：《最新公文写作规范、技巧与范例》，北京，研究出版社，2008。

（4）商洽性公文。

商洽性公文是用于不相隶属单位之间商洽工作、讨论问题、请求与批准有关事宜的公文，如函等。

在党政公文主要文种中，“函”是唯一的一个平行文。按照党和国家行政机关公文处理法规的规定，“函”是相互商洽工作，询问和答复问题，向无隶属关系的有关主管部门请求批准时使用的文种。函在实际行文中形成了多种类型。从行文方向上看，函有来函、复函之分。从内容作用上看，函可分为以下五种：

1）申请函，即向无隶属关系的有关主管部门请求批准事项的函。

2）商洽函，即用于请求协助、商洽解决办理某一问题的函。

3）询问函，上下级或同级之间均可使用，如上级向下级询问工作情况或某一具体事情，下级向上级机关或主管部门询问有关方针、政策规定和工作中遇到的界限不明确的问题等。

4）答复函，上级答复下级询问、平级相互答复事项及审批答复申请函时使用的函。

5）告知函，平级或不相隶属单位之间相互通知事情时使用的函，其内容均属周知事宜，不带有指挥的性质。

“函”是党和国家行政机关使用的一个主要文种，行文时要采用正式文件的标印格式，它的红色版头是由发文机关全称或规范化简称加“文件”二字组成的，党的机关文件还可以在发文机关名称后面加括号标注“函”的文种名称。因此，不能把机关日常使用的普通“信函”、“便信”、“便函”与“函”混为一谈，信函不是正式公文。

函的正文由缘由、事项、结语三部分组成。发函的正文开头要写明发函的缘由；事项是函的核心，要写明询问、商洽、请求的内容；结语可用“盼复”或“请复函”等。

范例：

关于商请列席飞行改革后勤保障现场会的函

××军区空军后勤部：

据悉，我们将召开飞行改革后勤保障现场会，我们也在摸索这方面的路子，为吸取你们的成功经验，把飞行后勤保障工作做好，我们拟派人员前往列席见学。如可行，请酌情安排并函告现场会的具体时间、地点及要求为盼。

空军第××军后勤部

一九××年×月×日

资料来源：《关于商请列席飞行改革后勤保障现场会的函》，见 http://wenku.baidu.com/view/84d7ea28bd64783e09122b72.html，2011-03-17。

（5）记录性公文。

记录性公文是用于记载、归纳会议情况和会议议定事项，以备查考的公文，如会议纪要等。

“会议纪要”是党和国家行政机关两大公文处理法规中所明确规定的主要文种之一，适用于记载、传达会议的主要精神和议定事项，即“会议纪要”是对会议的目的、要求、主要精神及决定的事项加以文字归纳整理，以上传下达，统一认识，推动工作。

会议纪要在行文关系上，可采取转发（印发）或直接发出的形式，类似于通知，发给下级贯彻执行；也可以报送给上级，类似于会议情况报告，向上级反映情况。

会议纪要与会议决议、会议记录、会议简报、会议公报等，同属会议文件，都是会议的直接产品。但由于它们产生的方式和各自的作用不同，所以又有着一定的区别。首先，会议决议是按照法定多数表决通过的，而会议纪要主要是由会议主持机关审定制发的；决议的内容要比纪要原则，纪要则要求详尽具体。其次，会议记录是完成纪要写作的客观原始材料之一，经过筛选、整理的会议记录才能写入纪要。再次，会议简报主要用于反映会议动态、沟通情况，所载内容只具有参考性，不像会议纪要在兼有反映情况、沟通信息功能的同时，还具有指挥的权威性。最后，会议公报的内容与纪要有类似之处，但公报是报道会议核心内容的，十分简要，是纪要的要点，另外，会议公报仅用于党和国家的高层次会议。

会议纪要按其内容和表达形式的不同，可分为指示型会议纪要和通知型会议纪要。指示型会议纪要，即就某一较大范围或重要的工作会议所整理的会议纪要，这类纪要既有综合性的，也有专业、专题性的；既包含对党的方针、政策的具体贯彻意见，又有对重要工作或重大事项各种思想认识的统一，还有对今后工作的具体打算与安排。通知型会议纪要是用来宣布会议决定事项的纪要，这类纪要大都是各类机关领导层集体开会决定问题后使用的传达会议决定事项的纪要，也叫办公会议纪要。

会议纪要一般不写主送机关。其正文可分为两部分：

1）会议的基本情况，可包括会议进行的时间、地点、组织者、出席与列席人员名单、主持人、会议议程和进行情况，并可对会议进行总体评价；

2）会议纪要的核心部分，主要介绍会议讨论和决定的主要事项。这部分内容的拟写可采用集中概述的方法，即把会议的主要内容进行整体的概述和说明。也可以把会议的主要内容归纳分类，另加序号或小标题，进行分项论述。还可以采用将与会者的发言整理、提炼，然后按发言顺序或不同内容，分别加以阐述说明，座谈会一类的会议纪要，往往都运用此法。

会议纪要由会议的主持单位撰写，可以在最后署上机关名称和成文日期，如在正文中已列出主持单位，可不另外署名。

范例：

关于筹措烤烟收购资金紧急会议的纪要

6 月 29 日上午，州委、州政府在培训中心二楼会议室召开了关于筹措烤烟收购资金的紧急会议。会议的主要议题是研究贯彻州政府《关于二〇〇五年度烤烟收购资金筹措等有关问题的紧急通知》（凉府传［2005］22 号），动员方方面面想办法筹措资金，保证烤烟收购不给农民打白条。会议由州委常委、州府常务副州长陈××主持，州委常委、秘书长卢××、州政协副主席韩×、州政府秘书长周××及州财办、资金办、两烟办、财政局、国税局、地税局、人行、农行、工行、建行、中行、农发行、烟草企业和产烟县市财办、烟办、烟司负责人参加了会议。现将会议纪要如下：

会议认真分析了今年我州烤烟收购所面临的困难和问题，一致认为今年我州烤烟收购形势严峻。一是烤烟市场发生了变化，由卖方市场变成了买方市场。今年全国烤烟产量可达 6 000 万担，而市场需求只有 4 000 万担，库存将积压 2 000 万担。二是全州今年烤烟种植面积达 54 万亩，预计产量可达 150 万担，比去年分别增长 92.86%和 77.3%，大大超过年初省烟司下达我州的面积、产量计划。收购工作搞不好，将严重挫伤烟农的生产积极性。三是收购资金紧张，筹措困难。今年需收购资金 73 628 万元，比上年增长 60.1%，而今年全州银行存款增长额度比去年同期减少，给今年组织烤烟收购资金的贷款带来了很大的困难。同时，烟草企业自筹资金难度增大，一方面现尚有 5 万担去年的在库烤烟未销出去，造成资金占用，而销出去的烟叶货款又不能及时收回；另一方面由于市场变化，供大于求，各地烟厂持币观望，难以争取预付款，而去年收购时，有 1 亿多元的预付资金投入运转。四是价格可能下跌，今年由于供大于求，价格可能出现下滑。因此，会议认为，抓好今年烤烟收购工作，不仅关系到我州“两烟”战略的顺利实施，而且关系到农村的稳定问题。各产烟县市、各有关部门要从讲政治、保稳定的高度出发，充分认识今年烤烟收购面临的困难和问题，切实采取措施，筹措资金，做好今年的烤烟收购工作，核心是保护农民的利益，同时要保护烟草企业的利益，也要保护地方财政的利益。要搞好对农民的宣传教育，增强烟农的风险意识和价格下滑的预期心理承受能力。会议议定：

一、各县市委、县市政府要把贯彻州政府《关于二〇〇五年度烤烟收购资金筹措等有关问题的紧急通知》(凉府传［2005］22号)列入重要日程。加强对烤烟收购资金的组织领导，决不能掉以轻心，千方百计筹措资金，力争烤烟收购不给农民打白条。

二、明确目标任务，保证收购资金需求。今年烤烟收购资金由金融部门承担总量的60%，企业承担总量的40%。同时，地方政府要筹措占资金总量10%的资金，作为烤烟收购的保证金。金融部门承担的60%部分，具体分工是：农村烤烟收购资金，由州农行负责；烟草企业的烤烟调拨资金由建行、工行、中行、农行几家共同承担，其中工行800万元，中行1 000万元，建行3 000万元，人行再贴现4 000万元。各专业银行要根据各自承担的任务，立即向上级主管银行报告，争取最大支持。

三、为保证今年烤烟收购工作的顺利完成，尽力保护农民利益，针对当前的形势和面临的困难、问题，请各产烟县市、有关部门围绕我州实际，立即着手研究解决以下问题：

1. 烤烟生产扶持费收缴政策问题。

2. 农业特产税征收问题和如何在税收征收上支持烤烟收购的问题。

3. 如何筹措地方资金支持烤烟收购的问题。

4. 如何加速收购资金流转的问题。

5. 资金筹措不够时，如何动员农民在维持生产、生活的前提下参加储蓄的问题；如何采取特殊措施，既不给农民打白条，又保证烤烟收购的问题。

四、抓好销售。一是各县市政府确定一名副县市长专门抓销售，组织精干有力的促销队伍赶赴各地，推销今年烤烟，争取各烟厂更多地预付货款。二是清库促销，催收欠款，要求对去年在库烤烟必须在新烟开秤前全部销售出去。其他大宗农副产品如白糖等库存也要抓紧消化，使占用资金尽快回笼，投入今年烤烟收购。在货款催收上，态度要坚决，手段要灵活。

五、狠抓存款。今年由于各家银行存款滑坡，造成资金更加紧张，因此，要求除继续执行过去行之有效的吸收存款的措施外，重点请各县市政府帮助银行整顿金融秩序，把不合规的资金返还银行，对违规使用的资金要整顿处理。同时请当地政府和财政部门对财政资金、预算外资金等资金的使用情况进行清理，违规的要处理。

资料来源：《关于筹措烤烟收购资金紧急会议的纪要》，见 http://www.qilou.com/3/dangtuan-fanwen/155380.html,2010-09-16。

2. 事务文书

事务文书是指单位为进行管理、处理事务而制作的公务文书，是对法定公文的补充。主要的文种有调查报告、计划、总结、简报、规章制度、讲话稿等。事务文书具有使用广泛、行文灵活、权威性弱的特点。

事务文书在单位中的使用极为广泛，如工作之前需要计划，平时工作要有简报，工作结束要有总结，平时要有规章制度规范工作等，都离不开事务文书。事务文书在行文时有着较大的灵活性，写作风格多样。事务文书的内容一般都是正在研究、尚无定论的问题，而且一般不能单独行文，往往需要以某种法定公文形式来发布。事务文书只能作为法定文书的附件，因此和法定公文相比权威性相对较弱。下面以调查报告为例，说明事务文书的特点和拟写规范。

调查报告是就某一问题、某一事件、某一经验进行深入细致的调查，并把调查得来的材料进行认真周密的分析研究，透过现象揭示事物的本质而写成的一种书面报告。

从实际使用情况来看，调查报告有多种表现形态，常见的诸如“调查”、“调查记”、“调查汇报”以及“考察报告”等，均属调查报告。

调查报告具有鲜明的特性：一是它的真实性和准确性，即其所涉及的内容必须以确凿的事实为依据，不容许有任何虚假或浮夸；二是它的针对性强，即必须围绕明确的调查目的，有的放矢地进行调查研究，提出或回答人们最关注的问题。

调查报告从不同的角度有不同的分类方法：按时间分，有历史问题的调查报告和现实问题的调查报告；按内容分，有综合调查报告和专题调查报告；按研究目的分，有理论研究报告和实际建议报告；按作用分，有典型事件的调查报告、典型经验的调查报告、提供情况的调查报告、揭露问题的调查报告、澄清真相的调查报告等；按表达方式分，有叙述性调查报告、分析性调查报告和政论性调查报告。

调查报告通常由标题、署名、正文组成。调查报告的标题形式有单行标题和多行标题两种。单行标题通常由调查对象加上文种组成或概括文章内容；双行标题即正副形式，正标题表明调查报告的主旨，副标题说明调查的对象、事项、范围和文种等。调查报告的正文一般由前言、主体、结尾三部分组成。

(1) 前言。

前言部分的写法比较灵活，常用的形式有以下四种：一是简介式，即简要介绍调查对象的基本情况或调查意图；二是结论式，即在前言中先写调查报告的结论，再阐述主要事实；三是议论式，先说明调查的意义、作用，再叙写调查事实；四是提问式，开门见山，抓住中心提出问题，以引起读者的兴趣和思考。无论用哪种形式，前言都应突出重点，简明精要，切入内容要旨。

(2) 主体。

主体是调查报告的核心部分，是对前言的延伸和拓展，是结论产生的依据，本部分拟写要中心突出，条例清楚。主体的结构形式主要有三种：一是叙述式结构，即按客观事物发生、发展、结局的先后顺序来安排材料进行叙述，适合于内容单一的调查报告；二是并列式结构，即将调查材料和要表现的主旨按性质和逻辑关系分为几个方面或几个问题，各个方面和问题处于平等并列的地位，多用于总结经验或反映问题的调查报告；三是综合式，兼用上述两种结构，两者交替使用。

(3) 结尾。

结尾是对全文的简短总结，起画龙点睛的作用，也可以没有单独的总结，正文完了，即报告结束。

范例：

关于邯郸钢铁总厂管理经验的调查报告

（国家经贸委、冶金部一九九五年十二月二十日）

河北省邯郸钢铁总厂（以下简称邯钢）是1958年建设的老厂。1990年，邯钢与其他钢铁企业一样，面临内部成本上升、外部市场疲软的双重压力，经济效益大幅度滑坡。当时生产的28个品种有26个亏损，总厂已到了难以为继的状况，然而各分厂报表中所有产品却都显示出盈利，个人奖金照发，感受不到市场的压力。造成这一反差的主要原因，是当时厂内核算用的“计划价格”严重背离市场，厂内核算反映不出产品实际成本和企业真实效率，总厂包揽了市场价格与厂内核算用的“计划价格”之间的较大价差，职责不清，考核不严，干好干坏一个样。为此，邯钢从1991年开始推行了以“模拟市场核算，实行成本否决”为核心的企业内部改革，加大了企业技术改造力度，加强了企业内部经营管理，坚持走集约化经营的道路，使效益大幅度提高，实力迅速壮大。5年来实现的效益和钢产量超过了前32年的总和，邯钢已由过去一个一般的地方中型钢铁企业跃居全国11家特大型钢铁企业行列。

一、抓住“成本”这个“牛鼻子”不松手，抓住“成本否决”这个关键不留情，抓住“效益”这个中心不动摇，是邯钢管理经验的关键所在。

（一）关于“模拟市场核算”的具体作法。一是确定目标成本，由过去以“计划价格”为依据的“正算法”转变为以市场价格为依据的“倒推法”，即将过去从产品的原材料进价开始，按厂内工序逐步结转的“正算”方法逆转，使目标成本等项指标真实地反映市场的需求变化。二是以国内先进水平和本单位历史最好水平为依据，对成本构成的各项指标进行比较，找出潜在的效益，以原材料和出厂产品的市场价格为参数，进而对每一个产品都定出“蹦一蹦能摸得着”的目标成本和目标利润等项指标，保证各项指标的科学性、合理性。三是针对产品的不同情况，确定相应的目标利润，原来亏损但有市场的产品要做到不赔钱或微利，原来盈利的产品要做到增加盈利。对成本降不下来的产品，停止生产。四是明确目标成本的各项指标是刚性的，执行起来不迁就、不照顾、不讲客观原因。如邯钢二炼钢分厂，1990年按原“计划价格”考核，该分厂完成了指标，照样拿了奖金，但按“模拟市场核算”实际亏损15 000万元。1991年，依据“倒推”方法确定该分厂吨钢目标成本要比上年降低24.12元，但分厂认为绝对办不到，多次要求调整，总厂厂长刘汉章指出：这一指标是根据市场价格“倒推”出来的，再下调就是亏损，要你们吨钢成本降低24.12元，你降低24.11元也不行，不是我无情，而是市场无情。于是，该分厂采用同样的“倒推”方法，测算出各项费用在吨钢成本中的最高限额，将构成成本的各项原材料、燃料消耗、各项费用指标等，大到840元一吨的铁水，小到仅占吨钢成本0.03元的印刷费、邮寄费，逐个进行分解，形成纵横交错的、严格的目标成本管理体系，结果当年盈利250万元，成本总额比上年降低了2 250万元。1994年，该分厂的总成本比目标成本降低3 400万元，超创内部目标利润4 600万元。

（二）关于“实行成本否决”的具体做法。一是将产品目标成本中的各项指标层层分解到分厂、车间、班组、岗位和职工个人，使厂内的每个环节都承担降低成本的责任，把市场压力及涨价因素消化于各个环节。实行新经营机制的第一年，总厂28个分厂、18个行政处室分解承包指标1 022个，分解到班组、岗位、个人的达10万多个。目前全厂2.8万名职工人人身上有指标，多到生产每吨产品担负上千元，少到几分钱，人人当家理财，真正成为企业的主人。二是通过层层签订承包协议、联利计酬，把分厂、车间、班组、岗位和职工个人的责、权、利与企业的经济效益紧密地结合在一起。三是将个人的全部奖金与目标成本指标完成情况直接挂钩，凡目标成本指标完不成的单位或个人，即使其他指标完成得再好，也一律扣发有关单位或个人的当月全部奖金，连续3个月完不成目标成本指标的，延缓单位内部工资升级。四是为防止成本不实和出现不合理的挂账及待摊，确保成本的真实可靠，总厂每月进行一次全厂性的物料平衡，对每个单位的原材料、燃料进行盘点。以每月最后一天的零点为截止时间，次月2日由分厂自己校对，3日分厂之间进行核对，在此基础上总厂召开物料平衡会，由计划、总调、计量、质量、原料、供应、财务等部门的负责同志参加，对分厂报上来的数据与盘点情况进行核对，看其进、销、存是否平衡一致，并按平衡后的消耗、产量考核各分厂目标成本指标完成情况，据以计发奖金。除此之外，每季度还要进行一次财务物资联合大检查，由财务、企管等部门抽调人员深入分厂查账。账物不符的，重新核算内部成本和内部利润；成本超支，完不成目标利润的，否决全部奖金。5年来，全厂先后有79个分厂（次）被否决当月奖金，69个分厂和处室被延缓工资升级时间。

（三）调整内部机构设置，保证内部管理新机制的高效运转。一是精简机构。1990年到1995年总厂和分厂的管理科室从503个减到389个，管理人员从占职工总数的14%减到12%。二是充实和加强财务、质量管理、销售、计划、外经、预决算、审计等管理部门，进一步强化和理顺了管理职能。实行模拟市场核算和成本否决，对财务工作提出了更高的要求，先后在原料、销售、外经等处室增设了财务科，作为财务处的派出机构，以加强内部经济核算工作。为加强财务集中管理，强化全厂资金调度，将各分厂处室的财务科归由总厂财务处统一管理。为强化质量管理，将原来主要负责产品质量监督的质量监督处扩编为质量管理部，配以总支建制，使其得以有效地对全厂质量工作负责，实行从原材料进厂检验到工艺过程监督和产品发出后质量跟踪“一条龙”管理，并突出抓好原料入厂关，堵塞原料进厂中弄虚作假的漏洞。严把工序操作关，促进了产品质量的提高。三是实行“卡两头，抓中间”的管理方法。一头是严格控制进厂原材料、燃料的价格和质量，仅此一项，从1992年以来总共降低成本9 000万元；另一头是把住产品销售关，建立集体定价制度，确定最低销售价格；抓中间就是抓工序环节的管理，不仅抓生产过程中的“跑、冒、滴、漏”，而且将各项技术经济指标进行横向比较，以同行业先进水平为赶超目标。在1991年和1994年两度市场疲软中，许多钢厂产品滞销，库存增加，邯钢却靠物美价廉始终保持着较高的市场占有率。1995年产销率高达100%。

二、有效推进了企业经营机制和增长方式的转变，大幅度提高了企业的经济效益，是邯钢管理经验的成效所在。

（一）推进了由计划经济体制向市场经济体制的转变。（略）

（二）推进了增长方式由粗放经营向集约经营的转变。（略）

（三）促进了企业内部管理工作。（略）

5年来，邯钢坚持走集约化经营的道路，大幅度提高了经济效益，进入了低投入高产出的良性循环。1991年到1995年的5年间，产品销售收入由10.2亿元增加到50亿元；上缴税款由1.8亿元增加到4.3亿元，实现利润由0.5亿元增加到7亿元，平均年递增率达93.4%；钢产量由110万吨增加到215万吨；总资产由27.83亿元增加到76.4亿元，净资产由10.42亿元增加到46.9亿元，资产负债率从62.54%下降到38.6%。

邯钢的实践证明，国有企业要适应建立社会主义市场经济体制的要求，必须在转换经营机制的基础上转换经营方式，切实转变经济增长方式，这样才能充分挖掘企业的内部潜力，提高企业的整体素质和市场竞争力。邯钢的做法为国有企业实行从传统的计划经济体制向社会主义市场经济体制、从粗放经营向集约经营两个具有全局意义的根本性转变提供了借鉴经验。

资料来源：《关于邯郸钢铁总厂管理经验的调查报告》，载《财会月刊》，1996（5）。

3. 商务文书

商务文书是指广泛使用于商务领域中的各种专用文书。随着行政秘书工作中商务活动日趋增多，能够拟写商务文书是行政秘书的备技能。

商务文书与公务文书、事务文书的不同集中体现在四个方面：一是真实性，商务文书在写作文风上要求真务实，尊重事实，尊重商务活动的客观规律，力戒哗众取宠、虚张声势；二是效益性，商务文书是辅助商务活动的重要工具之一，商务活动的最终目的是获取效益，因此，商务文书的拟写要突出效益观念；三是专业性，商务文书是服务于商务活动的，拟写者只有熟悉和掌握与商务活动有关的经济、贸易、财务等专业知识，才能写出合格的商务文书；四是规范性，在长期实践过程中，商务文书已经形成了一些较为固定的规范结构格式，只有了解、熟悉和掌握这些规范格式，才能使商务文书发挥出最大作用。

商务文书种类繁多，主要包括市场调研报告、可行性研究报告、招标书、投标书、商务广告、商务函件、意向书、协议书、合同等。下面以经济合同为例，说明商务文书的特点和拟写规范。

《中华人民共和国合同法》规定："合同是平等主体的自然人、法人以及其他组织之间设立、变更、终止民事权利义务关系的协议。"合同是双方或多方当事人为实现一定的经济目的，就确认各自的权利和义务而设立的一种法律文书。合同具有合法性、合意性、效益性和形式多样性的特点。

经济合同是以交易关系为内容的合同。经济合同种类繁多，根据不同的划分标准，可分为不同的类型：根据是否支付标的物，可分为诺成性合同和实践性合同；根据是否需要特定的形式，可分为要式合同和不要式合同；根据权利义务分担方式，可分为双务合同和单务合同；根据权利有无代价，可分为有偿合同和无偿合同；根据期限，可分为长期合同、中期合同、短期合同；根据形式，可分为条款式合同、表格式合同和条款表格相结合式合同等。

合同的基本内容包括：标的，即合同中权利义务关系指向的对象；数量和质量，是衡量标的的指标，是确定当事人权利义务大小的尺度，也是计算标的价款或酬金的依据；价款或酬金，是取得合同标的的一方向另一方支付的代价，是标的的价值，以货币数量来表现；履行的期限、地点和方式；违约责任，即合同一方不履行或不完全履行合同规定的义务而承担的法律责任等。

合同的基本结构分为首部、正文、尾部三部分。

（1）首部。

首部的标题由合同性质与文种组成，如“建筑工程合同”，并有当事人名称和地址。

（2）正文。

正文部分包括：引言，写明订立合同的目的依据；主体，具体明确表述合同的各项条款，应分条列项拟写。

（3）结尾。

结尾写明合同的份数、效力。合同的尾部即合同的落款部分，由双方当事人或代表签名盖章，并写明合同签订的日期。有时，当事人的法定住所、银行账号也可写在这部分中。

拟写合同要注意合同的内容必须合法，条款要具体、明确、全面，语言文字要准确、严谨、规范。

无论是哪种文书的拟写，都有固定的格式和内容规范。作为行政秘书，在熟悉和掌握各类文书的拟写方法和格式之余，还应当思考自己的写作方式，要有自己的思路、方法和工作技巧，可以提高自己的工作效率和工作质量，赢得领导的认可和肯定。

◆ 情景模拟 ◆

县委书记的讲话稿

背景材料

一转眼到了3月底，到了一季度总结的时候。县委书记的讲话很重要，但县委办拿出来的稿子庞耀都不满意，觉得里面的空话套话太多，都读了几年，自己也觉得烦，便向陆渐红道：“小陆，你是新人，写出来的东西说不准有新思路，今晚加个班，明天拿个初稿给我看。”

工作两个多月来，陆渐红一直都没接触材料这一块，以前曾听人说过，写材料说难不难，说易也不易，关键是能不能合领导的口味。陆渐红临阵磨枪，时间短促，倒也真难为他了。但是他知道这是庞耀对他的考验，能为人之不能，方为上人，这是陆渐红给自己的定位。所以一接到任务，他便到县委办收集资料，县委办主任戴树文将以前的材料找给了他，道："陆秘书，材料都在这里。"

陆渐红抱着一摞材料走了。县委办的几个秘书一脸冷笑："我们倒是要看看他有什么本事。"

戴树文推了推眼镜道："你们这是什么心态？想看人笑话？不是我说你们，你们看看这两年你们写的材料，像什么话？第一年的材料第二年用，能一直用几年，现在提倡与时俱进，你们就是这样与时俱进的吗?"

几个秘书不说话了，灰溜溜地埋到了文字堆里。

陆渐红苦苦熬了一夜，翻看材料里所必需的资料，又对照庞耀即兴的发言稿，揣摩他说话的方式，终于将一份12页的材料磨了出来。这个时候他才体会到文字工作者的辛苦，有顺口溜为证：搞材料，被人笑；手起泡，头发掉；耗烟草，费灯泡。

闻着一身的烟草味，赶紧去洗了个澡，又到另一间自己定位为"健身房"的屋子里推了十几下杠铃，这才觉得精神好了许多。

看看窗外，天已经亮了，陆渐红打电话告诉张得兴不要来接自己，直接去县委大楼，然后又打通了戴树文的电话："戴主任，你好，我是小陆。我写好了庞书记的讲话材料，想请你给我把把关。"

戴树文的心里很舒服，对陆渐红的印象好了许多，看来这小子还知道长幼有序，热心地答应了。

在办公室匆匆看了陆渐红的稿子，修改了几处标点符号之后，戴树文赞扬道："陆秘，真看不出来，你的材料写得这么好，大有新意，大有新意呀。"

陆渐红这才将材料拿回办公室，递到了庞耀的手上。

庞耀看得很仔细，也很认真，又在材料上修改了之后，道："拿去印发。"

资料来源：《非常秘书》，见 http://www3.2100book.com/files/article/fulltext/2220/2220613.html#9659434,2011-07-18。

角色扮演

假设你是一名行政秘书，从秘书陆渐红写材料这件事情中可以总结哪些经验?

参考答案

一方面，陆秘书出色地完成了领导交代的写作任务，通过自己的努力，准确把握领导的观点和语言习惯，写出了令领导满意的讲话稿。

另一方面，陆秘书懂得处理事务的流程和方法，稿子先经县委办主任审核后再送县委书记，妥善处理好了与领导的关系。

3.2.2 文书处理

文书处理工作是文书工作中的一个重要内容，其基本任务是科学地组织和准确地处理文书，有序而安全地进行公文运转，规范地完成文书的收发传递处理工作，发挥文书的作用。

1. 文书处理的原则

文书处理有严格的规范和程序，同时需要遵循以下四项原则。

（1）及时、高效。

文书不仅是各种信息的载体，而且也是企业管理的重要工具，其所承载的信息是否及时、有效，直接影响着组织或企业的工作效率。作为秘书，必须对文书处理工作有时间观念，能及时解决问题，迅速处理，避免拖拖拉拉。文书工作的每一道程序都应当分清轻重缓急，对有明显时间要求的紧急文书，要保证首先及时处理。

（2）准确、周密。

准确是指保证文书的有效传递。某些文书具有一定的法律效应，如果因为在文书的拟写或其他任何一个处理程序如登记、封装、分发、送批上出现错误，就会给组织带来很大的麻烦，甚至会发生官司纠纷。文书处理过程中的任何一个细小的差错，都会影响到文书运行的质量和办事效率。

（3）精简、求实。

精简，就是要尽可能地消除冗余，克服官僚主义、形式主义和文牍主义。文书的内容应力求有针对性，开门见山、言之有物、文字精练、篇幅简短。对于行政秘书而言，要实事求是，注重实效，把握好文书处理的每一道关口。

（4）安全、可靠。

安全，是文书处理的前提。文书处理的安全包括物质安全和信息安全。物质安全是指要做好文书的立卷、归档等，保存好文书，防止文书的载体受损影响文书的质量。信息安全是指对文书内容保密。一切尚在保密期限内的文书，不得随便给无关人员阅读或者与无关人员谈论文书内容。绝密文书应有专人负责保管或者放在安全的保管设备中。文书的运转交接应当严格履行登记签收手续，明确责任。任何人不得将文书擅自带出，以免造成泄密。

◆ 情景模拟 ◆

文件传阅

背景材料

A公司办公室收到上级主管部门的一份《关于加强安全保卫工作的通知》，行政经理批示，由保卫部牵头，办公室、宣传部协助开展安全保卫工作。小李先将文件交宣传部负责人传阅，并让其阅毕后转交保卫部负责人。保卫部负责人阅毕后，将文件转交办公室负责人时，由于其到湖北参加会议，便由该部门的小张暂时保管并代为转交。隔了几天，当小李过问文件的传阅情况时，文件却找不到了。

角色扮演

假设你是秘书小李，进行文件传阅工作应注意什么？

参考答案

（1）进行传阅要根据文件的内容、缓急程度，遵循先主办、后协办的原则，分清主次。应先将文件送保卫部，然后再将文件传递给办公室、宣传部。

（2）在传阅的过程中，应加强对传阅文件的控制，履行必要的传阅手续，不能让文件在阅文人之间自由流动。

2. 文书处理的行文关系

行文关系是指文书的发文机关与收文机关之间的往来关系，由机关所属组织系统的隶属关系及其职权范围来确定。行文关系一般包括两大类：

（1）隶属关系。

国家行政机关的隶属关系和职权范围都是由宪法赋予的。我国《宪法》第 89 条规定了国务院行使的职权；第 90 条规定了国务院各部委行使的职权；第 107 条、第 108 条规定了县级以上地方各级人民政府行使的职权。《宪法》的这些条款明确规定了国务院以及地方各级国家行政机关的隶属关系，阐明了国家各级行政机关的职权范围和上下级机关之间的关系，由此确立了上下级机关之间的行文关系。隶属关系包括：行政隶属关系，即同一系统的上下级机关之间构成的领导与被领导的关系；业务隶属关系，即同一系统的上下级部门之间构成的指导与被指导的关系。无论是哪种隶属关系，在行文时一般应当选择上行文或下行文。

（2）非隶属关系。

非隶属关系就是指行文机关之间不是上下级关系，没有领导与被领导的关系。非隶属关系一般分为两种情况：同一系统同级机关、部门之间或不同系统的同级机关、部门之间；非同一系统的非同级机关、部门之间。这两种情况既不属于领导与被领导的关系，也不是指导与被指导的关系，不管行文机关的级别如何，两者之间只属于平行关系，应该采用的是平行文。

3. 文书处理的行文方式

公文的行文方式主要有以下十种：

（1）逐级行文，即在上下级关系中，只发给直接的上级或者直接的下级。

（2）多级行文，即在上下级关系中，可同时用于不同层次的上下级。

（3）直达行文，即把文件直接发至基层组织和群众的下行文。

（4）公开行文，即需要让广大群众知晓、了解的公文。

（5）越级行文，越级行文是在非常特殊的情况下采取的行文方式，即指越过直接上级向更高的上级直至最高级的上行文，或者是越过直接下级直至最低级行文的方式。

（6）横向行文，即平级机关之间，或级别不等，既不相隶属，又无职权上管理与被管理的机关之间的互相行文，通常采用平行文。

（7）联合行文，即两个或两个以上的单位共同向其他单位行文。

（8）对口行文，即为了减少以领导机关名义转发文件的环节，加快公文运转的速度，上下级相同职能部门之间可以互相行文。

（9）转发行文，即一个单位转发其他单位的文件。

（10）授权行文，即通过委托授权，由其他机关或个人代表本机关、本部门对外行文。

4. 文书处理程序

任何一个机关或单位，在拟写对外、对内文件或处理收到的来文时，都必须经过一系列的文书处理程序，才能实现对文件的有效管理。文书处理程序就是指文件在机关或单位内部运转的一系列程序。

正确的文书处理程序要经过发文和收文两个程序，才能完成文书处理工作，为下一步的档案管理打下基础。

(1) 发文处理程序。

发文处理程序是指本机关或单位制发对外文件和内部文件的处理程序，一般包括草拟、审核、签发、复核、缮印、校对、用印、登记、分发等。

草拟就是拟写公文草稿，是整个发文处理过程的第一个环节。草拟的主要要求包括：符合国家的法律、法规和其他有关规定；情况确实，观点明确，表述准确，结构严谨，条理清楚，直述不曲，字词规范，标点正确，篇幅力求简短；人名、地名、数字、引文准确；结构层次序数，第一层为“一、”，第二层为“(一)”，第三层为“1.”，第四层为“(1)”；应当使用国家法定计量单位；文内使用简称的，应当先用全称，并注明简称；公文中的数字，除成文日期、部分结构层次序数和在词、词组、惯用语、缩略语、具有修辞色彩语句中作为词素的数字必须使用汉字外，其他应当使用阿拉伯数字等。

审核又称核稿，是指草拟好的文稿在送到单位领导签发前，由秘书部门负责人对文稿的内容、文种、用词等方面进行全面的检查，以避免草拟过程中有不必要的错误出现，做到草拟的文稿万无一失。签发就是负责人对已审核的文稿予以审定、签字，准予印发。复核就是再一次对公文制发的工作环节进行审查核对，其重点是：审核、签发手续是否完备；附件材料是否齐全；格式是否统一、规范等。缮印即根据复核好的文件定稿进行誊清或印刷。校对是对缮印出来的文本清样进行全面的对照检查。用印是在文件的正本落款的地方盖上发文单位的公章，用来表示文件正式生效。登记是对准备发出的文件进行主要内容及基本要素的记录，以便日后对发出的文件进行核查。分发即秘书部门负责对印刷完毕需要发出的文件进行分封和发送。

(2) 收文处理程序。

收文处理程序分为两个阶段，第一个阶段是从签收到登记，称为收进阶段；第二个阶段是从分办到承办，称为阅办阶段。一般收文处理程序包括签收、拆封、登记、审核、传阅、拟办、批办、承办，另外还有催办和注办。

签收是收文处理的第一个环节，是秘书部门对收到的文件进行清点确定的过程；拆封一般由办公室收发人员负责；登记是要先在拆封后的文件首页盖章，再进行登记；一般情况下，需要传阅的文件包括经主要领导批办后需要其他领导及有关人员传阅的文件、需要有关单位和部门人员了解的抄送的文件等；拟办是指行政秘书或经授权的部门在领导批办之前对文件的问题提出如何办理的初步意见，然后供领导批办时参阅；批办是领导对来文如何处理、由谁负责办理做出的决定；承办是按领导的批示意见执行具体的工作；催办就是行政秘书按照承办时限，对承办部门定期进行检查和催促，防止文件处理被延误；注办是由经办人在文书处理上对文书的承办情况和结果进行简要的情况说明。

3.3 档案管理

办公室每天都会产生和处理数量庞大的文件，行政秘书不仅需要拟写和处理文书的基本技能，还需要学会对文件进行归档和管理保存等。

3.3.1 档案与档案管理

档案是政府部门和其他组织以及个人在社会活动中直接形成的，保存备查的文字、图表、音像等各种形式的历史记录。档案管理又称档案工作，是档案馆（室）直接对档案实体和档案信息进行管理并提供利用服务的各项业务工作的总称，也是国家档案事业最基本的组成部分。

作为一种负载着各种信息的特殊的历史记录，档案有一系列的特点。

首先，档案是由机关团体或个人在其自身活动中积累起来的文件集合体。从来源上说，它按特定单位形成、积累；从时间上说，它按工作活动的先后陆续形成；从逻辑关系上说，它按专项活动有联系地形成。

其次，档案是保存备查的历史文件。相应的事务得到处置后，事务过程中的文件被作为工作过程的“副产品”留下来了，在基本上不存在主观故意的情况下，它很自然地记录了这个过程，因为对人们日后工作查考、印证历史有价值，就被集中保管了起来。

再次，档案是原始性的记录。档案既不是事后编写的，也不是事后收集的，而是从为处理事务所用的文件转化而来，这种原始性使它更客观、更有权威、更可信地反映、记录历史。

最后，信息记录方式、载体形式是多样的。在人类历史上，甲骨、竹木、纸张，以及各种感光材料、磁性材料等，都曾经作为而且有的还在继续作为文件的制成材料，也就是文件信息的载体，烧灼、书写、印刷、录音、录像等方式也曾经或者仍旧作为文件信息的记录方式。

档案具有重要的作用。一方面，档案具有凭证作用，它可以成为印证历史事实的真凭实据，人们可以以档案为根据证明有关事实；另一方面，档案具有参考作用，它可以为人们开展社会活动提供经验和指导，它所记载的内容可作为参照和借鉴，或为后人所用，或为后人所戒。

因此，行政秘书需要掌握归档、档案整理、档案分类、档案保管、档案检索等档案管理工作，以提高档案的利用率，并实现其利用价值。

档案管理不仅对单个单位的工作和生产有积极的作用，而且对整个社会具有重要意义；不仅具有当前的、现实的意义，同时还具有长远的、历史的意义。

档案管理就其基本性质和主要作用来说，是一项管理性的工作、服务性的工作、政治性的工作。档案管理工作不生产物质财富，档案也不主要由档案管理机构和档案工作人员产生和利用，它是专门负责管理各部门形成的历史文件的一种专业，所以是管理性的工作。但是档案管理系统不是孤立的，而是各项社会管理系统中不可缺少的组成部分。通过提供档案信息为社会实践服务，是档案管理工作区别于其他工作的特点之一。档案部门虽然也研究档案、进行编著等活动，但其目的还是为了更好地适应社会的利用需要，仍具有服务性。在社会历史的各个阶段，档案管理工作都必然为一定的经济、政治、文化服务，否则就不会存在，也难以发展。由于档案的内容关系到国家的政治利益和经济利益，所以各个国家对档案管理都有一定的保密要求，一部分档案不对外开放，而多数档案则要在规定期满后才可开放。这种机要性也是档案管理工作的一个特征。

3.3.2 档案工作基本原则

《中华人民共和国档案法》规定，我国档案工作实行“统一领导，分级管理”、“维护档案的完整与安全”、“便于社会各方面的利用”等基本原则。

1. 统一领导，分级管理

统一领导、分级管理档案工作，即“集中统一地管理国家全部档案”。具体包括三个方面的内容：一是各单位各门类和载体的档案，均由本单位档案室集中管理，档案中需要长期保存的，由各级档案馆集中保管；二是全国档案工作，由各级档案行政管理部门统一地、分层负责地进行指导和监督；三是实行党政档案工作的统一管理。

2. 维护档案的完整与安全

维护档案的完整与安全是档案实体管理的原则，也是档案管理的基本要求。维护档案的完整，一方面要从数量上保证档案的齐全，不使应该集中保存的档案残缺短少；另一方面从质量上要维护档案的有机联系，不能人为地割裂分散，或者零乱堆砌。维护档案的安全，既要力求档案本身不受损坏，尽量延长档案的寿命，又要保护档案免遭意外的破坏，不遗失掉落。

3. 便于社会各方面的利用

档案的利用是档案工作系统的最终目标。档案被利用的广泛程度，是检验档案工作效果的主要标志之一，档案工作做得是否有成效，主要就是看它是否为国家和社会作出了贡献。我国档案工作基本原则的三个方面相互联系、相互作用：实现档案的统一领导、分级管理，才能切实地维护档案的完整与安全，从而便于社会各方面的利用；要做到便于利用，就必须实行统一领导、分级管理，保证档案的完整与安全。

3.3.3 档案管理具体工作

档案管理工作的主要内容包括档案的收集、整理、鉴定、保管、检索、编研、提供利用、统计等。在行政秘书的日常工作中，档案的整理占了很大一部分。此外，随着科技的发展和办公方式的变化，电子档案管理在实际工作中变得越来越重要。

1. 档案整理

档案的整理是将零散文件分门别类地组成档案有机体的一项工作，包括分类、立卷、案卷的排列、案卷目录的编制等一系列工作程序。档案整理的任务，是解决档案零散状态与保管、利用档案要求其系统化的矛盾，使档案由无序状态转化为有序状态，便于保管和利用。

各单位在工作活动中形成的具有保存价值的文件材料，由单位的文书部门或业务部门整理立卷，定期移交给档案室或负责管理档案的人员集中保存，这项工作称为归档，是档案整理的前期工作。

(1) 归档文件的分类。

为了使文件类别清晰，工作人员要根据对档案质量的不同要求将归档文件分类，主要包括按年度分类、按组织机构分类、按问题分类和按保管期限分类。

1) 按年度分类。

按年度分类是指根据归档文件形成或处理的年度将其区分开来，机关或单位的行政管理文件一般按自然年度分类。《机关档案工作业务建设规范》规定："不同年度的文件一般不得放在一起立卷。"

在某些专门部门或专业业务活动中形成的归档文件，在分类时要使用专门年度。所谓专门年度，就是根据工作和生产的特殊需要规定的一种专门起止日期，以此作为一个工作年度。

2) 按组织机构分类。

同一年度的归档文件还需要按照组织结构或问题进行分类。按组织机构分类是指将文件按其形成、处理部门或承办部门将其区分开来。一般做法是按机关的内部组织机构将归档文件分类。

日常工作中往往有一部分文件涉及两个或两个以上的部门，为了避免归档文件中出现重份，也为今后查找有章可循，对这部分文件分类的原则是以谁的名义发文就由谁组卷，是哪个部门承办或主办就由哪个部门立卷。

3) 按问题分类。

对于内设机构简单、单位内各部门工作分工不很明确或机构设置尚不稳定、文件数量较少的单位，通常采用按问题分类的方法。按问题分类是指按照单位文件内容所反映的各类问题将其区分开来，它能突出单位主要工作问题，可以使内容性质相同的文件相对集中，并能保持同类问题文件之间的联系，便于就某一问题、某一事件或某一人物等专题角度去查找与利用文件。

4) 按保管期限分类。

按保管期限分类，是指按照归档文件不同的保存价值，将其归入不同的保管期限。单位在进行归档文件按保管期限分类前，必须依据《机关文件材料归档范围和文书档案保管期限规定》与本单位工作和文件的实际情况制订出本单位的档案保管期限表。

◆ 情景模拟 ◆

档案管理

背景材料

新成立的F公司是一家小型企业，秘书小顾兼管档案工作，她采用组织机构—年度—

保管期限分类法进行档案的分类。公司成立5年多来，总经理换了两任，内部组织机构变动频繁，部门的调整大，而小顾采用的档案分类方法一直没有变化。一天，总经理要查一份4年前的文件，由于部门的变动，小顾已经记不清这份文件的形成部门了。结果翻遍了柜子，才找到这份文件。

角色扮演

假设你是F公司的秘书，在管理机构的档案时应如何分类？

参考答案

档案的分类要有一个统一的分类标准和原则。秘书应该根据本单位的规模、部门设置等选择合适的分类方法，机构变动频繁的单位不宜采用组织机构—年度—保管期限分类法。F公司要提高档案整理和利用效率，应该改用年度—组织机构—保管期限分类法。

(2) 立卷。

案卷是具有密切联系的若干文件的组合体，是档案的基本保管单位。所谓立卷，就是将单份文件组合成案卷的工作。文件立卷有利于维护文件的安全，方便管理；有利于保持文件之间的有机联系，方便查找利用。

文件的组合方法，一般是根据文件不同的特征，将具有某方面共同点和联系密切的文件综合在一起组成一个案卷。根据文件不同方面的特点，适应不同检索途径和日常管理的需要，人们通常采用按问题、作者、文种、时间、地区、通信者六种特征立卷。

1）按问题特征立卷。

按问题特征立卷，就是将反映同一问题的文件一同立卷，将反映不同问题的文件分别组卷。例如，某公司将“关于员工薪金、福利问题”的文件材料组合成同一案卷，便是采用此种立卷方法。按问题特征立卷，可以保持文件在内容方面的具体联系，反映出一个问题处理的全貌，便于利用者按问题进行查找和利用。所以，此种立卷方法是一种运用得最为广泛的方法。

2）按作者特征立卷。

按作者特征立卷，就是将属于同一作者的文件一同立卷，不同作者的文件分别立卷。此种立卷方法便于从作者角度查阅利用档案。同时，由于作者的职能和地位不同，按作者特征立卷又能适当区分文件的重要程度和保存价值。因此，该方法也是采用较多的一种立卷方法。

3）按文种特征立卷。

按文种特征立卷，就是将种类名称相同的文件一同立卷，将不同种类名称的文件分别立卷。例如，某公司“2009年董事会会议纪要”，就可以按文种特征立卷。文件的种类反映了文件的效能和作用，也能较好地区分文件的重要程度和保存价值。因此，此种立卷方法同样是不可缺少的。

4）按时间特征立卷。

按时间特征立卷，就是将同属于一个时期或时间阶段的文件一同立卷，将不同时期或时间阶段的文件分别立卷。

5）按地区特征立卷。

就是将内容涉及同一地区的文件一同立卷，将内容涉及不同地区的文件分别立卷。此种方法多用于下属单位的某些行文、调查材料或下属单位的来文。

6）按通信者特征立卷。

按通信者特征立卷，就是将本单位与某单位就某个问题或几个问题的来往文件一同组成案卷。例如，“A公司与B公司就产销问题的来往文书”。需要指出的是，按通信者特征立卷与按作者特征立卷不同，按通信者特征立成的案卷，卷内应是两个单位就特定问题相互往复的文件，不应包括这两个单位各自的其他行文。

上述六个特征从不同方面反映了文件的内容和有关联系。但在实际立卷工作中，人们又不能只从文件某一方面的特征去考虑如何组卷，而是应该灵活地采取多种立卷方法，做到几种特征综合运用。

（3）系统排列与编制案卷目录。

案卷的系统排列与案卷目录的编制一般在档案室完成，案卷的系统排列就是编排并固定案卷的排列次序，编制案卷目录就是在完成立卷归档的案卷的罗列、编号和分类等系统化的整理之后，将其结果用编制案卷目录的方式固定下来。

此外，档案室和档案馆对已经整理入馆保存的档案，要经过管理实践的考验或专门的质量检查，对不符合要求、不便于保管或利用的案卷，要进行一定的加工，以提高档案质量。随着时间的推移，档案材料本身以及档案整理体系可能发生某些变化，也需要进行必要的调整。

2. 电子档案管理

随着科技的进步，党政机关、企业、社团等组织的办公方式逐渐发生改变，文件和档案也由单一的纸质版发展为纸质版与电子版的结合。因此，行政秘书的档案工作不再局限于纸质档案的管理，还包括对电子档案进行管理。

电子档案是指经过鉴定的具有一定保存价值的归档电子文件，电子文件则是指在数字设备及环境中生成，以数码形式存储于磁带、磁盘或光盘等介质上，依赖计算机等数字设备阅读、处理，并可以进行网络传递的文件，又称机读文件或数字式文件。[①]

（1）电子文件收集。

凡是记录重要文件主要修改过程和办理情况、有查考价值的电子文件及其电子版的定稿均需要被保留。正式文件是纸质的，但是保管部门已经开始进行计算机全文转换工作，与正式文件定稿内容相同的电子文件也应该保留。

电子文件的收集和积累往往是在计算机网络系统上进行，由于记录系统有自动记录的功能，可用它来记载电子文件形成、修改、删除、责任者、入数据库时间等。

用载体传递的电子文件，要按照规定进行登记、签署，对于更改处，要填写更改单，按更改审批手续进行，并存好备份件，防止出现差错。电子文件的收集、积累应由形成部门集中管理，不得由个人分散管理。对于网络系统，应该建立积累数据库，或在电子文件数据库中将对应在收集积累范围的电子文件注明积累标识。

（2）电子文件归档。

---

① 参见高贵弟：《浅谈电子文件归档与电子档案管理》，载《蚌埠党校学报》，2005（4）。

电子文件归档范围参照纸质文件的归档范围，应包括相应的背景信息和元数据。背景信息是指描述电子文件生成的职能活动、电子文件的作用、办理过程、结果、上下文关系以及对其产生影响的历史环境等信息。元数据是指描述电子文件数据属性的数据，包括文件的格式、编排结构、硬件和软件环境、文件处理软件、字处理和图形工具软件、字符集等数据。

在电子文件归档的过程中，电子文件形成部门应定期将经过鉴定符合归档范围的电子文件按档案管理的格式要求转存到“档案管理系统”，并在“归档文件目录”中著录。对归档的电子文件应进行必要的鉴定，包括电子文件的真实性、完整性、有效性，划分密级，确定保管期限。电子文件的保管期限和密级划分，参照国家纸质文件材料保管期限与密级划分的有关规定执行。

电子文件的背景信息和元数据的保管期限应当与纸质信息的保管期限一致，应当在电子文件的机读目录上逐件标注保管期限的标识。此外，电子文件归档时应检测硬件环境的有效性、软件环境的有效性以及相关软件、版本、数据类型、格式、有无病毒等情况。

（3）电子文件保管。

行政秘书在档案管理工作中，需要认真做好电子档案的保管工作。

电子档案的保管需要注意以下七个方面：

1）存储电子档案应采用硬磁盘、只读光盘及磁带载体，禁止使用软磁盘作为归档电子档案的长期载体，归档后的电子档案载体应设置成禁写状态，已损坏的盘带要确保及时销毁。

2）存储电子档案的载体应标有标签，注明卷宗号、类别号、归档年度、盘号和套别。

3）存储电子档案的载体应有说明文件和归档电子档案目录信息。

4）盘带应定期检查、定期清洁和定期转存，磁性电子档案存储载体每满两年、光盘载体每满四年应转存一次，盘带必须复制两三个备份，备份盘带和原盘带应异地存放。

5）电子档案载体的保管应采用专门的保护设备，直立存放在防光、防磁、防有害气体的装具中，长期不用的磁盘、磁带，应该在盒外加装塑料袋密封，防止灰尘和湿气的影响。

6）要建立严格的电子档案使用制度。封存的电子档案不得外借，未经批准任何人不得擅自复制电子档案，保密电子档案的使用参照纸质档案的国家有关规定和办法执行。

7）要注意防止计算机病毒的侵袭，归档的盘都要经过检查，确认没有病毒后保管，定期检查计算机系统，如有病毒应及时清除。

本章小结

本章内容旨在讨论行政秘书的文书和档案工作，主要包括文书的拟写、文书的处理、档案工作的基本原则、档案整理等。文书工作和档案工作是行政秘书日常工作中很重要的部分，要求行政秘书具备相应的工作能力和职业技能。

关键术语

公务文书　　文书处理　　档案管理

复习思考题

1. 什么是公文？常见的公文文种有哪些？
2. 公文的行文方式包括哪些？
3. 公文有哪些行文关系？
4. 档案工作的基本原则有哪些？

阅读材料

A局机关公文管理制度（节选）

第一章　发文管理

第一条　公文必须符合党的方针政策、国家法律法规和有关规定，完整、准确地体现上级意图，全面客观地反映实际情况，实事求是地提出问题和解决问题。要做到重点突出，观点鲜明，结构严谨，条理清楚，文字精练，用词规范，标点准确，符合公文格式要求。在保证质量的同时，还应确保公文的及时、安全和保密。

第二条　拟文科室起草的文稿，认为需要以A局名义发布的，由拟文科室负责人审查后，按规范填写发文稿纸，传至办公室审核。

第三条　办公室对拟文科室传来的文稿应认真审核，审核的重点是：是否确需以A局名义发文，以何种形式行文；公文内容及格式是否符合要求；公文是否需要划密及密级。

第四条　办公室对文稿进行审核处理后，由负责人签字，传至拟文单位分管副局长，并签署意见，写上姓名和时间。

第五条　以A局名义发布的公文，由局长审批签发。由局领导签发公文时，发现未经办公室审核的，应要求承办人提交审核后才予以签发。

第六条　A局与其他单位会签公文的程序。如由A局主办的，按以A局名义发布的公文办理程序办理，经局长审签后，送会签单位会签。如由外单位主办的，由相关职能部门签署会签意见，送办公室审核处理后，呈送分管副局长审签后报局长签发。

第七条　局领导签发公文后应传至办公室，办公室档案管理人员按要求登记编号，传至拟稿单位，送打字室打印。违反公文处理程序的，档案管理人员不予编号。

第二章　收文管理

第八条　办公室为公文收文管理部门，负责本局所收公文的收取登记、传阅、整理存档。

第九条　档案管理人员对收文按类别及时送有关科室，需局领导批办或传阅的，送局长签办。

第十条 局领导对收文有批办要求的，由档案管理人员即日即时通知有关部门办理，并将通知办理情况回复局领导。

第十一条 需局领导传阅的公文件，档案管理人员将公文件按规定填写收文处理单，经分类整理后送局长签办。

第十二条 经局长审签的公文在1日以内送分管领导和承办科室，收文者应于收文后2周内阅完，并签收，并将信息返回办公室。

第十三条 所有收文除由各科室自行处理的外，由办公室收集、整理、销毁，按类别归档。

B公司公文管理制度（节选）

第一条 公文格式

从格式上将公司目前的公文分为4类，即红头文件、内部通启、会议纪要、工作报告。

1. 红头文件：主要用于印发制度、规定，重要工作计划、机构和人事异动等公司或公司一级部门的重要文件。公司一级部门所有的红头文件须抄报公司领导及抄送公司行政人事部，公司二级及以下部门不得印发红头文件。

2. 内部通启：主要用于内部日常事务性工作或内部工作联络的公司或部门一般性文件。

3. 会议纪要：主要用于记录公司或部门经营、重要工作会议主要内容与决议的文本。

4. 工作报告：主要用于下级机构向上级机构定期汇报工作情况和工作计划，提出工作建议的文件。公司工作报告分工作周报、工作月报、年度工作报告3种。

第二条 公文密级

公司公文的密级分为“普通”、“机密”、“绝密”三级，具体密级和保密期限由拟办部门根据公司有关规定提出。

第三条 公文处理时限

除有专门规定外，公文的处理时限一般为2个工作日，公文每个分流环节的时限为0.5小时，每个审核、审批环节的时限为1个工作日，紧急公文需即时处理。

第四条 公文处理程序

公文的处理程序一般分为公文签发、公文分送、公文阅处、公文反馈与跟踪、公文清理存档销毁等五个阶段。

1. 公文签发

(1) 签发权限：公司总经理、副总经理或总经理助理在权限范围内可以签发以公司名义发出的红头文件、内部通启等公文；各部门相关负责人在规定权限内可以签发以本部门名义发出的公文。

(2) 签发方式：以公司名义行文的公文，经审签后，盖本公司公章发出，但在公司内部行文也可采用签发人签名的方式发出。

2. 公文分送

(1) 公司主要采用签收、传真、电报、邮递、电子邮件等公文分送方式。一般情况下，分送公文应采取签收方式（对公司机密及上级公文、人事资料等重要公文还需用信封封口专人专送）。采用其他方式分送公文，分送人应做好跟踪、记录工作。

(2) 收件工作人员应对公文进行信封、文件、文号、秘字等的核定。如其中一项不对口，应立即通知发文机构，并登记出错文件。对封口被撕的公文应拒绝签收。

(3) 各部门公文经行政人事部审核发现在格式或内容上存在较大错误的，退回原部门重新拟文。

(4) 相关人员在工作中，应积极、准确、快捷地处理公文事务，并严格遵守公司保密制度，不泄露和透露公司秘密。

3. 公文阅处

公司领导收到公文后，在公文上作出处理意见（签发或批复等）。

4. 公文反馈与跟踪

行政人事部接到公司领导批示后，应尽快将批示件和原件反馈给拟办部门（同时保存批示件的复印件）。

5. 公文清理、存档和销毁

各部门文员或相关工作人员应对收发的公文每周进行一次整理，对有存档价值的公文应按公司档案管理制度的规定向档案管理部门移交。

第4章

会务管理

会议是党政机关、企业实施管理活动的重要形式之一，行政秘书的会务工作在保障会务活动的顺利进行、推进全局工作上起着重要的作用。因此，行政秘书不仅需要熟悉会议的基本常识，而且需要熟练掌握会务工作的实际操作。本章阐述了会议的概念、分类、要素、技能要求、管理规范等，并对会前的筹备工作、会间的组织服务工作、会议的善后处理工作进行了介绍。此外，新闻发布会、签约仪式、庆典活动、宴请等常见商务活动的管理可视为一种特殊的会务管理，也是行政秘书的基本职业技能之一。

本章学习要点

- 会务管理
- 会务管理制度规范
- 会前筹备
- 会间组织和服务
- 会议善后工作

4.1 会务管理及其对行政秘书的能力要求

行政秘书的日常工作内容主要是办文、办会、办事，其中办会即会务管理。会务管理能力是行政秘书的实际工作需要，也是其必备的职业技能。

4.1.1 会务管理概述

会议是会务管理的工作对象，它是指三个人以上聚合在一起，就某个或某些议题进行讨论或解决的一种多向沟通方式。会务管理是对会议的相关事务所进行的管理活动。会务，从字面上理解，是会议事务的简称，它包括会议的会前筹备、会间的组织和服务以及会后的善后工作等。

会务工作可以按照工作性质和事务主体的不同分为两类：一类是会议政务，主要由会议的领导者和组织者完成和处理，是实现会议既定目标和完成会议任务的主体性工作；另一类是会议事务，主要由协助者或服务者完成或处理，即由行政秘书完成和处理。因此，行政秘书的会务工作就是行政秘书在会议中从事的对会议政务的辅助工作和会议事务工作。①

会务工作是复杂、烦琐的，不同会议类型决定了会务工作的具体组织形式和相应的各项具体工作，而会议的各个要素又决定了会务管理的具体工作事项。因此，行政秘书只有了解了会议的分类和会议的要素，才能熟练掌握会务管理的具体工作。

1. 会议分类

按照不同的标准，会议除了按范围、地区、时间分类外，还有以下分类：

（1）根据会议的性质，可以分为正式会议、非正式会议。

（2）根据会议的内容，可以分为传达动员会、汇报检查会、座谈讨论会和工作决策会等。

（3）根据会议的人数、规模，可以分为大型会议、中型会议、小型会议。

（4）根据会议召开的规律或日期，可分为定期例会、临时性会议。

2. 会议的构成要素

行政秘书要想成功地组会、办会，使会议能够顺利进行，取得理想的效果，就必须了解组织会议的基本规律，掌握会议的六个要素，即与会者、主办者、会议议题、会议名称、会议时间和会议地点。

与会者的数量决定了会议的规模。所谓与会者，就是参加会议的成员，包括主持人、出席人、记录人和会议工作人员。身份不同，在会议中的权力和义务也不同。如主持人要负责控制和推进会议议程，往往也是会议的组织者和召集者，对会议的正常开展和取得预期效果起着领导和保证作用；如记录人，应提前介入会议，了解议题和会议出席人员，如实记录会议内容，会后要向主持人提交会议记录，供其审核。

主办者是指会议的具体组织者，其主要任务是确定会议目标和规则，制订会议方案，提供会议场所、设施和服务，以确保会议顺利进行。

会议议题是指会议所要讨论、报告的主要内容，所反映的是会议的目的、主体、任务，以及为了完成任务而将要采取的措施；会议的名称要求能概括并能显示会议的内容、性质、参加对象、主办单位或组织、时间、届次、地点或地区、规模等；会议时间就是会议从开始到结束的时间，以及会议的时间跨度；会议地点又称会址，既是指会议召开的地区、城市，又指会议召开的具体会场。

4.1.2 行政秘书的会务管理能力要求

会务管理是行政秘书工作的重要组成部分，也是其核心业务技能之一。针对行政秘书

---

① 参见姜爽、赵莹主编：《秘书学》，150页，北京，北京大学出版社，2010。

会务管理和商务活动方面的具体工作，主要有以下几方面的要求：一是要能够识别并理解会议功能和会议组织者的职责；二是要能够理解并掌握会议组织的一般程序、相关制度及会议筹备方案的拟写和实施；三是要能够为领导策划参与各种商务活动和应酬。行政秘书在会务管理和商务活动方面的基本职业技能的能力要求、能力标准与相应的知识和技能详见表 4—1。[①]

表 4—1　行政秘书会务管理和商务活动的能力要求

能力要求	能力标准	知识和技能
能够识别并理解会议功能和会议组织者的职责	1. 能够识别和理解会议与会议功能	● 准确表述会议的含义 ● 了解会议分类的标准 ● 了解会议的功能
	2. 能够识别和理解会议的构成基本要素	● 准确表述会议的构成要素及其含义
	3. 能够理解会议组织者的主要职责	● 了解会议主办者的主要职责与素质要求 ● 掌握确定与会者资格的方法 ● 了解会议组织者在会前、会中、会后工作的基本内容
能够理解并掌握会议组织的一般程序及会议筹备方案的拟写和实施	1. 能够掌握会前的组织规则和方法	● 准确表述会议的主题与会议议题的概念 ● 了解会议议程与日程的准备
	2. 能够掌握会前筹备方案的设计与实施	● 准确表述筹备方案的各项内容和具体要求 ● 掌握会议主席台布置的方法 ● 能够制订大型会议经费预算计划
	3. 能够掌握会中的组织工作内容和方法	● 了解会议接待和签到工作 ● 了解做好会议记录的方法 ● 了解会中各项检查工作的要点 ● 掌握会议保密工作的要求 ● 掌握会中各种记录文件和宣传文件的拟写要点
	4. 能够掌握会后的组织规则和方法	● 了解会后的传达和催办工作 ● 了解会后的整理工作
能够为领导策划参与各种商务活动和应酬	1. 能够掌握商务应酬礼仪	● 掌握宴请活动的准备工作 ● 掌握宴请活动的礼仪
	2. 能够正确开展商务活动	● 掌握庆典的准备、活动流程和组织工作 ● 掌握签字仪式的准备、活动流程和组织工作 ● 掌握新闻发布会的准备、活动流程和组织工作

4.2 会务管理制度规范

政府部门、企事业单位等的会务管理是有严格的制度规范的，尤其是政府部门。会务管理制度规范主要包括会议活动管理办法、会议活动的审核流程和会议活动发文的审核等。本节将以政府部门为重点对会务管理制度进行介绍。

① 根据《中国秘书岗位资格证书考核大纲》（中国人民大学出版社 2006 年版）改编、整理。

4.2.1 会务管理办法

为了规范会议和重大活动管理，政府部门的秘书部门应该根据中共中央、国务院关于精简会议的精神及组织工作规则和相关的制度规范，制定相应的会议活动管理办法，用于规范和管理会议与活动。

一般而言，会议活动管理办法主要包括五个方面的内容，即会议分类、会议要求、会议计划的制订与批准、会议通知、会议组织与实施。

1. 会议分类

《中央国家机关会议费管理办法》第二条对会议进行了分类：一类会议是以国务院名义召开的，要求省、自治区、直辖市、计划单列市负责同志参加的会议；二类会议是国务院各部委、直属机构以及国务院各直属事业单位召开的，要求省、自治区、直辖市、计划单列市有关厅（局）或本系统在各地机构的负责同志参加的会议；三类会议是国务院各部委、直属机构以及国务院各直属事业单位或所属司（局）召开的，要求省、自治区、直辖市、计划单列市有关厅（局）或本系统在各地机构的有关人员参加的会议。不在此三类中的会议归为其他会议。

2. 会议要求

各单位对会议的要求可以是指导性的，也可以是具体的规范性的。指导性的要求，例如“严格控制召开各类会议，减少会议数量，控制会议规模，压缩开会时间，应当充分利用视频系统召开电视电话会议，减少驻会会议；各类会议必须围绕组织的中心工作，保证质量，准备不成熟的、没有明确目的和主题的或能通过其他方式解决的事项，不召开会议”等。具体的规范性要求，例如，“二类会议会期不超过 3 天，与会人员不超过 200 人，工作人员控制在代表人数的 20%以内；三类会议不超过 2 天，与会人员不超过 150 人，工作人员控制在代表人数的 15%以内；二类会议中，要求省、自治区、直辖市、计划单列市、副省级相关部门或派出机构、直属单位主要负责同志参加的每年原则上不超过 2 个；三类会议机关每个部门每年控制在 2～3 个”等。

3. 会议计划的制订与批准

会议计划的制订与批准是会议活动管理办法的重要组成部分。各组织可实行会议计划管理制度。办公厅或办公室管理机关召开的各类会议的审核都有严格的程序和制度规范，有利于组织的会务管理。如机关各部门每年年底可将下一年度除小型业务会议以外的会议计划报办公厅或办公室；各类会议经办公厅或办公室汇总、综合平衡，由规划财务部门审查预算后，提交组织常务会议审议；每年年底将下一年度计划召开的二类会议以及部分其他会议的报批文件（会议的名称、主要内容、时间、地点、代表及工作人员数、所需经费等），按程序报有关部门备案；经组织批准召开的会议，纳入年度会议计划，作为会议审批的依据，未列入年度计划的会议，原则上不得召开等。

4. 会议通知

办公厅或办公室设置会议通知专用文种。例如在政府部门，一类、二类会议的通知以办公厅或办公室文件（或明传电报）印发，三类会议及国际会议的通知，均以办公厅或办公室会议通知文件印发，各部门不得以函等形式印发会议通知（机关党委和纪检监察部门召开的会议和小型业务会议除外)；其他会议的审核与发文根据实际情况参照相关规定执行；不按上述要求发文召开的会议，被通知的相关部门可以不参加。

5. 会议组织及实施

会议组织及实施是有规律可循的，下面以政府部门中的部级单位为例进行说明，其他级别的组织和单位可依此类推。一类会议的会议方案及领导讲话等文件由办公厅负责起草，经分管办公厅的领导审核后报部长批准，由办公厅负责具体的组织协调工作；要求省、自治区、直辖市、计划单列市、副省级城市相关部门或派出机构、直属单位分管负责同志参加的二类会议，会议方案及领导讲话等文件由相关业务部门负责起草，经办公厅审核后，根据业务分工，报分管领导批准。三类会议由单位各部门负责，按程序报批后，自行组织实施。其他会议的组织实施由单位各部门负责，办公厅主要负责副省部级以上领导出席会议的协调、安排和检查工作。涉密会议必须按照有关规定做好保密工作。有关部门和单位应认真贯彻落实会议议定事项，办公厅按照有关规定对落实情况进行督促检查。

◆ 情景模拟 ◆

总经理的"会海"

背景材料

S公司朱总经理上月参加各种会议达27次之多，差不多天天开会，他深感自己如不从"会海"中"解放"出来，加强学习，提高自身素质，深入实际，掌握各种信息，便难以指挥这个上千人的企业。经他思索后，要求秘书部门考虑一个解决问题的方案。这任务落到了何秘书身上。

何秘书接受任务后，为了弄清情况，首先，他详细查阅了本单位的"大事记"，对近一年来公司经理月平均参加会议次数，以及会议性质进行了了解，又特别对朱总上月参加的会议进行了详细分析。上月，朱总参加市各领导部门召开的会议6次，参加往来单位会议7次，出席本公司下属部门会议6次，公司总部召开会议8次。在此基础上，何秘书进一步分析，近一年来，公司总经理月平均20次以上的会议，有一半左右，本来可以不参加。如上月，市领导部门和往来单位13次会议中，只有6次非朱总参加不可，其余6次可派公司副职或其他人参加，6次下属部门会议仅1次非朱总参加不可；公司总部8次会议，有1次朱总可以不参加。这样分析计算，朱总上月可以不参加12次会议。

就是朱总非参加不可的15次会议中，还有交错、重叠现象。比如，贯彻×号文件精神，市、公司、公司下属部门的会议，朱总都参加过，及至某公司贯彻该文件的具体做法的现场会，有关部门也点名要"一把手"参加。这样，容易造成领导沉于"会海"。

在弄清情况后，何秘书草拟了一份《加强会议计划管理的意见》，文中，除了简单地提到端正会议指导思想，改进会议计划管理，提高办事效率外，着重拟订了将会议纳入规范化、程序化轨道。一是限制会议次数。根据实际需要与精简会议原则，公司一级会议每月不得超过6次，岁末月尾，由秘书部门根据领导意图与业务部门需要拟制出下年、下月公司会务活动安排，明确各会议的时间、规模和主要解决的问题。最后，由公司领导审定核实。二是适时调节计划。会议计划一经审定，原则上按计划执行，如客观情况有变，需增减会议次数，扩大范围，改换内容，必须由主办部门会同秘书部门做出调整，报领导批准后执行，不得擅自更改。

执行《意见》半年来，朱总经理每月仅参加会议10次左右，大大减轻了负担。

角色扮演

假设你是朱总的秘书，总经理的“会海”说明了什么？此时你应该怎么办？

参考答案

总经理的“会海”说明了单位在会务管理方面存在问题，行政秘书应及时地解决：

(1) 加强对领导会议的统筹规划，按照会议的重要程度，妥善安排领导的会议日程。

(2) 必须出席的会议，秘书要做好领导的日程安排，提醒领导出席会议。

(3) 可以不出席的会议，秘书不必安排领导出席。

(4) 可以由他人代替出席的会议，秘书可在请示领导后安排相应人员出席。

4.2.2 会议活动审核流程

会议活动的审核具有一套完整的流程，尤其是政府机关的会议活动审核，行政秘书应熟悉相关制度和流程，并在工作中认真落实。为了使会议活动精简、高效，各组织部门也应该制定并不断完善相关的审核制度和流程设计。一般而言，会议方案的审核主要包括以下三个方面：

1. 审核范围

办公厅或办公室能够审核的会议活动是有范围限制的，并非所有的会议活动都需要，或者都可以由秘书机构进行审核。如部级单位，能够以及需要进行审核的会议活动范围为：一、二类会议和部领导出席的重要会议活动；除本单位内部会议外参加人员超过200人的活动以及参加人数虽不足200人但涉及全局、影响重大的活动。

2. 审核内容

会议活动的审核内容包括会议名称、主题与议题、议程、时间和日期、与会代表的组成与范围、会议文件的准备和发放范围、会议地点（住宿）、餐饮安排以及会议筹备机构组成、人员分工情况等。

3. 审核要点

进行会议活动审核时，审核的要点包括会议方案的主题与议题安排是否准确反映了会议宗旨；会议的议程和日程安排是否科学合理；会议与会代表的组成结构；会议的准备工作安排是否与有关单位衔接，涉及外宾或外事活动的是否需报相关部门备案并请其在礼宾等方面予以把关等。

4.2.3 会议活动发文审核

会议活动发文是会务管理工作的重要组成部分，发文环节出错会给会议活动的其他工作带来不便，甚至造成比较严重的后果。因此，行政秘书应该熟悉组织单位的会议活动发文程序及审核流程，并严格按照相关的制度认真落实每一个环节的工作。单位、机关也应该不断完善相关制度，使会议活动发文的审核程序合理化、科学化。

会议活动发文审核有一个完整的流程，各单位的设计依照自身具体情况而定，图4—1是某部级单位的会议活动发文审核流程，供读者学习和参考。

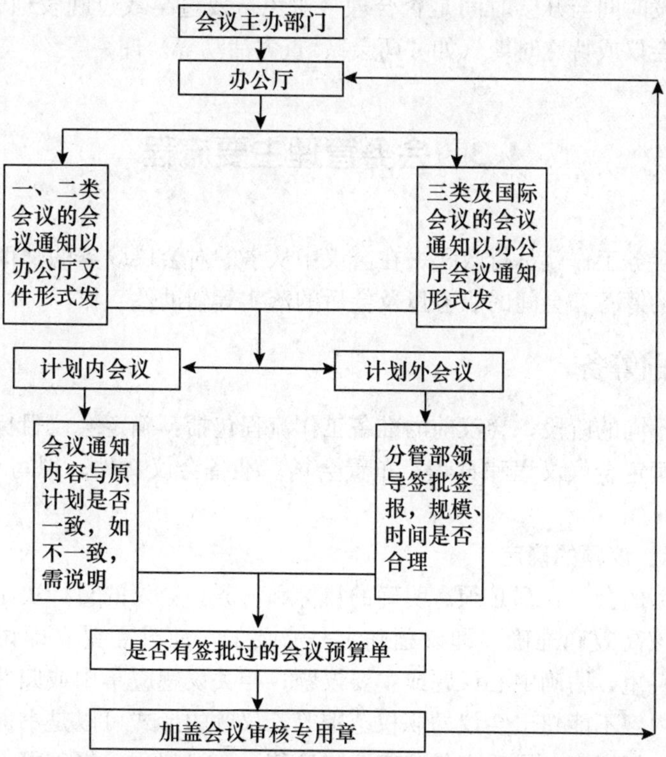

图4—1　某部级单位会议活动发文审核流程示意图

会议活动发文审核的内容包括以下四个方面：

1. 会议类型审核

按照单位相关会议活动管理制度进行，如一、二类会议的会议通知以办公厅文件形式发，部级单位的三类会议及国际会议的会议通知以办公厅会议通知形式发文。

2. 会议预算审核

按照机关会议费管理规定，由相关的财务部门负责管理，在审核会议预算时，对会议经费标准、定点饭店等有关问题进行审核，为满足审计需要，按照领导指示，办公厅或办公室应协助财务部门要求各举办会议的部门事先填报会议预算表。

3. 计划内会议审核

审核会议名称、内容、参会人员与年度机关各部门会议、活动的计划是否一致，如不一致，需附说明。

4. 计划外会议审核

未列入年度会议计划的会议，需分管部门负责人审批后报领导同意召开，除审核会议时间、内容、参会人员是否合理外，还需核对报批签报与会议通知内容是否一致。

审核通过后，在发文纸上加盖“会议审核专用章”，转相关部门按程序报批。

此外，会议活动发文审核需要注意的一些问题：原则上支持会议主办部门的工作，如会议审批过程中发现问题，应及时与会议主办部门协商解决；发文内容是否妥当，主要包括文种是否符合规范、参会人员范围是否合理、是否需领导出席、邀请参加的领导有无签批意见、文件印发时间与开会时间是否合理（避免造成过早或过晚发通知的现象）、会议时间是否与其他会议或特殊时期（如“两会”、重大活动等）冲突等。

4.3　会务管理主要流程

行政秘书的会务工作就是行政秘书在会议中从事的对会议政务的辅助工作和会议事务工作，包括会前的筹备、会间的服务以及会后的落实等辅助性工作。

4.3.1　会前筹备

会务工作有不同的阶段，会议前的准备工作流程包括：确定会议目标和议题；制订会议预案和计划；确定会议议程和日程；布置会场；准备会议文件；拟写和发送会议通知；会前检查等。

1. 会议目标、议题的确定

无论什么类型的会议，都必须有明确的目标和任务。会议的目标决定会议的议题，会议议题的确定应该高效和准确，即议题确定是必要的，而且需要立即讨论；议题应当适量，要分清主次轻重，明确中心议题或主要议题；相关议题应集中或归并讨论；议题的表述要清楚准确，内容不能超出会议的职权范围等。议题的形式可以是书面的，也可以是口头的。书面形式包括议案、最后文件草案或讨论稿、会议议程、提纲等；小型事务性会议可将议题口头传达给与会者。

2. 会议预案、计划的制订

大中型会议必须在会前制订周密的会议预案，即会议的筹备方案。会议预案除标明会议名称、时间、地点、会期、与会人员、会议日程外，还应有会议筹备人员组成和职责分工、会议经费来源和成本核算等。每项任务必须有具体要求和具体负责人。会议预案报领导批准后，应及时组织实施。

小型会议必须指定会议计划，确定会议的基本要素，如会议议题、主持人、时间、地点、与会者等，使组织成员做到心中有数，早做安排。部门的会议至少应提前一周报到办公室，由办公室统筹安排，定出一周会议安排表，使各个部门工作不致相冲突，领导也可有选择、有计划地参加部门会议，有利于全局工作的顺利开展。

大中型会议投入的成本比较大，必须进行成本核算。会议成本包括两部分，即显性成本和隐性成本。前者是指会议明显的耗费，如会场租借费、文件材料费、与会者交通费、食宿费、活动费以及服务人员的劳务费等，这些费用是可以明显计算出来的，又是直接消费的；后者是指与会者因参加会议而损失的劳动价值，一般不大为人们所注意的成本，这部分劳动价值以每小时工资的 3 倍再乘以 2 计算。

会务工作分工是必要的。大型会议设秘书处，负责会议的组织和协调工作，下设工作小组：秘书组，负责会议的日程和人员安排，以及会议文件、简报、档案等文字性工作；总务组，负责会场布置、接待、食宿、交通、卫生、文娱活动安排以及车辆调度、设备保障、用品发放和管理、经费预算及筹措、财务管理等工作；宣传组，负责制订会议公关计划，组织、安排记者采访，提供新闻稿、承办记者招待会，录制会议音像资料等；保卫组，负责大会的安全保卫工作。

3. 会议议程、日程的确定

会议活动分为两类：一类是议题性活动，即围绕议题展开的讲演、辩论、商讨、审议和表决等活动；另一类是非议题性活动，如选举、颁奖、揭幕等活动。会议议程是对会议的议题按照主次、轻重，按照其内在联系有机地排列起来。若印成文书，就是议程表。议程表应在会前发给与会人员。

如果会期是一天或一天以上，就应该制定会议的日程表。会议的日程安排是把会议已成规定的各项活动按照单位时间具体落实，不仅包括会议议题内容，还包括其他活动，如聚餐、参观、考察、娱乐等。

4. 会场布置

会场的布置有以下四个要点需要注意：

(1) 气氛、色调应与会议目的相称。根据不同形式的会议，以及会议的不同目的，会场布置应该在整体上呈现不同的气氛和色调。

(2) 面积、设施应满足会议需要。秘书应根据会议规模选择会场，在此基础上再考虑会场的功能。现代会场除了有为会议服务的电脑、幻灯、录音、录像、普通扩音设备外，还有会议专用的音响设备、同声传译设备、电子图形设备、电子表决设备、电子签到机和计算机计票系统等。有的会议桌前还有计算机终端，可以显示屏幕阅读文件、查询大会表决结果、调阅资料等。

(3) 桌椅摆放应符合会议要求。会场中的桌椅摆放形式对与会者心理和会议的顺利进行非常重要。一般而言，会场形式依据会场的大小、形状、会议的需要、与会人数的多少而定，通常呈圆形、方形。

(4) 按照不同惯例排列主席台席位。主席台席位视人数设一排或数排，席位的次序应以主席团成员的职务高低、对会议的重要程度而定。按照我国惯例，先左后右，左高右低，前排为主，后排为次，其他的以此类推。具体的排列方式为：如果主席台上的人数是单数，则第一排的正中为首席，其次是左位，再次是右位，以此类推；如果主席台上的人数是双数，那么身份最高者位于中间靠左的座位，第二位居于其右边。如果按照国际惯例，座位安排则是右高左低。在确定主席台成员后，秘书在席位前应放置姓名牌，便于人员按位入座。在主席台前右侧还可以设置讲台，用于发言人讲话，主席台上可适当摆放鲜花。

5. 会议文件的准备

除了准备好会议议程和日程等程序性文件外，对提交会议审议和参考的文件材料，应事先准备好，在会前数日分送给与会人员审阅、研究和准备意见。

会议文件的准备工作包括起草和印发两个环节。起草会议文件有多种形式，有的由秘书起草，有的由秘书部门协助领导起草，有的由秘书部门配合业务部门起草。不管采用什么方式，秘书的文件都必须符合会议主题和领导的意图，这是写好会议文件的首要条件，并在这个基础上，深入调查研究，围绕主题收集素材，力争按时优质完成起草的任务。会议文件初稿经过修订，必须报请领导审核签发。文稿一经签发，应及时印刷，并按规定范围分发。

6. 会议通知的拟写和发送

会议通知应包括会议召开的时间、需用时间或会期、会议地点、会议名称和主要议题、参加对象、需作的准备，也可加注报到日期、地点、接站办法等，还应有召集单位署名、通知发出日期、联系人及联系方法等，最后加盖公章。

会议通知的发送有多种方法，单位内部重要会议通知应当面送达与会者，并请对方签收，其他人代为签收的，通知人要事后跟踪落实，确保通知到人。外部会议可邮寄通知，但要检查信封上与通知上的姓名是否一致，并把握好会议通知的提前时间，以便与会者早作准备。有些会议需要提前三个月先发预备性通知，等收到回执后再发正式通知。对重要的邀请对象可发送书面通知或请柬，再加电话征询确定的双重方式。

◆ 情景模拟 ◆

会议通知

背景材料

为了迎接兄弟单位与上级有关部门的卫生检查，某单位领导决定召开一次迎接卫生检查动员大会。局长要王秘书起草一份会议通知，请各部门负责人出席。

王秘书一边起草会议通知一边思索，某些部门的领导对环境卫生问题一向不太重视，要是他们知道召开卫生工作会议，就可能不亲自出席而派其他人员参加，那该怎么办？于是，他灵机一动，拟写了一份会议通知：

会议通知

经局领导决定，兹定于×年×月×日在局办公大楼会议室召开各部门负责人会议，会议重要，请准时出席。

局办公室

×年×月×日

王秘书将会议通知下发后不久，就接到了不少部门的电话，询问会议的内容，言语中颇有责怪的意味。

角色扮演

假设你是王秘书，会议通知应该如何拟定？材料中王秘书拟定的会议通知有什么问题？

参考答案

作为一份规范的会议通知，时间、地点、出席对象、会议内容都是不可或缺的。不能因为担心人家不参加会议而将真实情况隐去。比较好的做法是，在下发会议通知时要亲手交给出席人员，并简单说明一定要大家参加的原因，相信部门领导也会理解的。

7. 会前检查

在会议正式开始前，应对会议的所有准备工作进行检查。首先，秘书必须对会议文件的准备情况进行仔细检查，会议文件如有差错，小则影响会议的进程，大则产生严重的政治后果。因此，要对文件的起草、校对、印刷、分装各个环节进行严格的检查。其次，要检查会场的准备情况。场馆设施是会议得以顺利进行的基本物质保证。检查范围包括主会场、分会场以及与会者的住地，检查内容主要是基本设施、安全保卫措施等，包括电力通信设备、音响设备、茶点供应、警卫部署、票证检查、人员的定岗定位等。

8. 沟通会议信息

行政秘书在会议正式召开之前，需要与多方做好会议信息的沟通工作，以确保会议能够顺利进行。

◆ 情景模拟 ◆

会议信息的沟通

背景材料

某地党委全体会议闭幕式即将开始，领导同志已经走上了主席台，准备入座。会务工作人员急忙赶过去，请示主持会议的领导同志："送审的主持词是否有改动？如属程序变动，请告知，以便作好会务准备。"会议主持人却丈二和尚摸不着头脑："我没见过主持词，不知道会议由谁主持。现在就要开会了，不熟悉会议程序，我不能主持会议。"

原来，这位领导同志有两位秘书，其中一位接到会务工作人员的要求后，主观地认为：领导同志没有特别交办，估计主持词不会有什么改动。因而造成了主席台上这一幕"僵局"。幸好会务组事先打印了几份送审的主持词，摆在几个主要领导同志的座位上，并做好了会务工作。经领导同志临时商议，重新确定主持人后，会议仍可按预定程序进行，避免了一次事故。

角色扮演

假设你是负责会务的行政秘书，应该如何避免材料中的问题？

假设你是领导秘书，遇到材料中的情景应怎样做？

参考答案

会务工作人员与领导秘书之间没有做好会议信息的沟通工作，一方面，会务工作人员在与领导秘书沟通时应说清楚送审的主持词需要领导审阅，如有改动，需要在什么时间前反馈信息；另一方面，领导秘书需要及时准确地把会议相关信息向领导汇报，并请示领导审阅意见，不可擅自替领导做决定。

（1）演讲者。

行政秘书应该保证所有会议或活动涉及的人员在会前得到必要的信息。演讲者通常被邀请参加会议和展示活动，一般在活动确定前应与他们进行联系，商议内容主要包括演讲的细节、费用支付、旅行与住宿、音像辅助、详情介绍、信息或讲义的打印等。

(2) 参加者、来宾和代表。

所有参加会议或活动的人员应该事先得到必要的信息。秘书应该与所有参加会议或活动的人员沟通以下信息：会议安排，包括会议时间、地点、内容、目的、所需信息和材料等；饮食要求，就是与会人员关于健康方面或宗教方面的饮食要求；残疾设施，行政秘书应该检查相关设施是否可用，以便于残疾人代表的活动；着装规范，行政秘书需要告知参加会议或活动的人员和代表具体的着装要求；行程细节，行政秘书应该提供给所有参加者关于位置地图的信息和停车信息等。

(3) 主席。

主席是组织会议的人和最终负责所有安排的人，在会议上起着特殊的作用。在会议之前，行政秘书需要与主席进行充分的沟通和讨论，以保证所有安排都能够满足要求。通常，行政秘书还需要为参加会议的主席准备一种特殊格式的议程表，为主席提供一些关键信息，使其能在会议期间做好相关记录。

◆ 情景模拟 ◆

会议程序的确认

背景材料

一次某地党代表大会的开幕式上，会务人员未能按大会主持人宣布的程序播放《国际歌》，受到了批评。事情发生的经过是，会务组会前起草的《大会开幕式程序（送审稿）》中列有"奏《国际歌》"的一项。大会秘书处一位负责人审稿时，拟把此项放在大会闭幕式进行，于是把此项从开幕式程序中删掉了。后来大会秘书处主要负责人定稿时，又将该项圈了回来。会务组的同志凭印象只记得该项被删除，却没注意到又被圈了回来，因此未对该项程序作应有的准备。当主持人在大会上宣布奏《国际歌》时，无法奏出，一时形成了冷场。幸好会务组长急中生智，立即上台挥拍领唱，这样才圆了场。会后领导同志说，这一事故应予批评，吸取教训。但在关键时刻能够做到及时补救，这是好的，这一点值得表扬。

角色扮演

假设你是负责会务的行政秘书，如何才能避免出现材料中的会务工作失误？

参考答案

上述案例中的会务工作失误是由于会务人员在会议程序修改的过程中出现错误导致的。

1. 会务人员在会议程序修改的过程中应及时如实记录每一次修改的内容，不清楚的应及时向修改者确认，同时尽可能地做好书面记录。

2. 会议前应做好彩排工作，以确认会议程序是否有误，避免会议过程中出现差错。

---

(4) 新闻媒体。

重要的、大型的会议，行政秘书还需要做好新闻发布工作，完成新闻报道的相关事务。行政秘书负责邀请报社、电台、电视台等有关人员，做好对会议和会议代表的采访、录像和新闻宣传工作，同时，还要为召开记者招待会的领导提供有效的信息材料。

4.3.2　会间组织与服务

会议中的组织与服务工作流程包括：与会者的接站、报到及签到；会议记录工作；会间调度和服务工作；会议文件的编写；等等。

1. 与会者的接站、报到及签到

接站是跨地区、全国性和国际性会议重要的接待工作，也是会议开始的第一个环节。秘书首先应统计好与会者的名单和人数，掌握好每位与会者抵达的时间和方式，并准备好接待标识、手提式扩音器、其他器材和车辆等。迎接重要宾客，要事先确定迎接的规格，并派相应身份的人员前去。如有必要，应布置好安全保卫工作，并与新闻单位联系，请他们作好采访准备。

报到工作是指与会者在到达会议所在地时所办理的登记注册手续。秘书应做的工作包括查验有效证件、在登记表上登录与会者的个人信息、接收和发放材料、预收费用和安排住宿等。会议较短、无须集中接待的会议，一般只需要办理签到手续。签到的方式主要有以下三种：一是秘书点名，即由秘书在预先拟好的与会人员名单上做记号；二是本人签到，即由与会者本人签名报到，适用于邀请性会议；三是电子签到，根据与会者的信息，在会前制作的电子签到卡通常与代表证组合起来，这种方法适用于与会人数较多的大中型会议。

2. 会议记录工作

会议记录是会议客观进程原始真实的反映，需要做到真实客观、快速准确。会议记录是随着会议的实际进程记录下来的原始情况和具体内容。在日常工作中，会议记录应妥善保存，以备查考。

会议记录从不同的角度可以分为不同的类型：按时间可分为例会记录、非例会记录；按内容可分为工作会议记录、现场办公会议记录、座谈会议记录、表彰（批评）会议记录；按形式可分为摘要记录、详细记录等。

会议记录具有汇总、交流会议信息，为形成会议文件打好基础的作用。按法律规定制作的股东大会和董事会的会议记录，对企业战略决策所起的作用非常大，不仅可作为日后考查分析的依据，也是具有法律效力的文档。会议记录应该严格遵守实事求是、客观真实、完整准确、清楚规范的原则。会议记录如果使用摄影、录音设备，也需以书面记录作为辅助。

3. 会间调度和服务工作

在会议进行过程中，会议秘书处担负着承上启下、联系左右、照应内外的任务，必须做好各方面的调度指挥工作。如在召开各分组会议时，安排会议地点，并通知有关人员准时出席；召开大会时，安排好会场的布置和车辆调度；大会发言时，协助领导安排发言顺序等。

会场服务包括引导与会者入席、退席，茶水供应，指引与会者使用会场的服务设施，照顾与会人员会间休息，满足与会人员的临时需要等。如果是组织内部的会议，秘书的会场服务还包括接听会场外打来的电话，接待来访的客人。尽可能排除场外因素对会议的干扰。

会议进行期间，行政秘书应该协助组织者按照会议计划的要求落实会议议程。行政秘书要收集各种反馈，及时了解会议的动态，掌握会议的进展情况。同时，对与会者的意见、要求和建议，要尽快了解，做到心中有数，并能够及时向上司汇报，以便于采取相应的措施，妥善处理突发性事件，使会议顺利进行。此外，还要迅速传达上司对会议的意见和其他事宜，以保证会议达到预期的效果。

4. 会议文件的编写

会前准备的文件主要有开幕词、工作报告等，在会议过程中所形成的文件，主要有会议简报、闭幕词、会议决定、会议纪要等。

4.3.3 会议善后工作

会议的善后工作流程包括与会者的离会工作、会议的传达和催办、会议文书立卷及会后总结三个方面。

1. 与会者的离会工作

行政秘书在汇总会议通知反馈时就应该仔细登记与会者对回程票的具体要求，并及时与交通部门联系订票事宜。会议过程中的一切花费，应该严格按照预算计划开支。各种花费应该在决算表中注明情况，然后提交领导审核，再到财务部门结账。办会应该注意节约，切忌大手大脚、铺张浪费。

会议领导或接待人员应尽可能安排时间欢送与会者，可以到与会者的房间走访告别，也可以在会议闭幕式结束后于会场门口告别。与会者离去时，要安排好车辆，并将与会者送至机场或车站，身份较高者应由领导亲自到机场或车站送别。

如果是单位内部的小型会议，秘书应做清场工作，具体包括：会议过程中有外部人员留言时，务必传达到位；检查会场有无物品遗漏，携带进会场的资料和会议用品要带回；桌椅若有异动，必须还原；洗涤烟灰缸、茶具等，并收拾妥当，倒去垃圾；检查烟灰缸、字纸篓有无易燃物，如有，则必须熄灭；锁好门窗；通知会场的管理单位会议已经结束。

2. 会议的传达和催办

大多数会议总是少数领导或代表参加的，而会议精神或决议的贯彻执行则往往是大多数甚至全体成员的事。因此，除了少数秘密会议外，大多数会议内容都要进行传达。会议传达必须确定内容、程度、范围、层次、时间、方式等。

会议催办是指会议决议、决定等贯彻执行的催办，是管理过程中非常重要的一环。通常，开会、发文件只是决策和部署，只是管理过程的开始，更重要的还在于会后的执行和反馈。而催办则是对会议决议、决定贯彻执行结果的重要督促和检查手段。催办的形式大抵有三种，即发文催办、会议催办和派员催办。

3. 会议文书立卷及会后总结

会议所形成的正式文件以及会议记录应列入立卷范围。会议的重要文书，如会议通知、与会人员名单、通信录、选票及统计材料、会议宣传提纲、会议总结等也应同案立卷。

行政秘书对于会务工作应作检查和总结，以供下次会议时参考。大中型会议要检查会议预案所指定的各项会务工作是否准确到位，有无脱节现象；检查会务工作机构各部门之间的协调状况；检查每个工作人员是否达到最佳工作状态，在提高会议效率方面，无论是组织还是个人，有哪些方面可以进行改进等。

◆ **情景模拟** ◆

会议管理

背景材料

名江公司要召开 2007 年度总结大会，作为大会工作人员的小王主要负责会议文件材料工作。会前小王进行会议筹备有关信息的搜集，为会议议题的确定及大会会议材料的形成作好准备。年度大会的工作报告非常重要，包括一定时期的工作总结、体会或者经验，对目前情况的分析和下一步工作的思路、要求及具体措施等内容。为此，小王有针对性地搜集一段时间以来各方面工作的进展情况。会议期间小王认真做好会议记录，力求会议记录准确、完整，忠实于发言人的原意，并进行了会议发言录音和录像。为了使会议信息尽快传递给与会者，她及时编写会议简报，使会议达到良好的效果。会后小王认真编写会议纪要，作为与会代表贯彻执行的依据。为推动会议精神的贯彻落实，她还搜集齐会议期间所有文件材料，及时整理有关会议文件，为会议文件的归档打下基础。小王在会议期间的表现赢得了大家的一致好评。

角色扮演

假设你是小王，在会议管理过程中应主要做好哪几方面的工作？

参考答案

(1) 要做好会议筹备工作，搜集会议相关的重要信息。

(2) 要注意做好会议过程中的组织和服务工作，认真做好会议记录，并进行会议发言录音和录像。

(3) 要主动做好会议的善后工作，编写会议纪要并整理有关的会议文件。

4.4　特殊会务活动的管理

行政秘书的工作中，少不了为领导策划商务活动以及相关的应酬，这些活动的筹备、服务、善后与会务管理的工作是类似的，可以视为特殊的会务活动。最为常见的商务活动包括新闻发布会、签约仪式、庆典活动和宴请活动等。

4.4.1　新闻发布会

新闻发布会是某社会组织选择专门人员向社会新闻媒介发布信息，解释本组织重大事件而举办的活动，又称记者招待会。新闻发布会是组织传播各类信息的最好形式之一，组织希望通过新闻发布会让各界公众了解相关信息，达到宣传和树立组织形象的目的。

新闻发布会之所以是一种特殊的会务，是因为它具有自身的独特性，具体体现在以下三点：一是新闻发布会形式正规，档次较高，需要邀请记者、媒体负责人、政府官员、行业部门主管及各协作单位代表等；二是新闻发布会上沟通活跃，新闻发布方与媒体双向互动，一般由组织方先发布新闻，之后由记者对组织方进行提问；三是新闻发布会的方式较为优越，其新闻传播面广，并且集中发布，能迅速扩散到公众。

成功举办新闻发布会，组织者应该做好充分的准备工作和各种应变措施。具体到行政秘书的职位上，需要做好以下工作：

1. 明确主题

新闻发布会应该有明确的主题，可以是解释一个重大事件的细节、公布事实真相，也可以是介绍一种新产品等。

2. 拟定标题

任何新闻发布会都会有一个标题，它会显示在有关新闻发布会的一切物质形态上，如请柬、会议资料、会场布置、纪念品等。在选择新闻发布会的标题时，可以为发布会选择一个具有象征意义的标题，一般可以采取主标题加副标题的方式，副标题说明发布会的内容，主标题表达组织想要表达的主要含义。

3. 调查、研究并形成报告

召开新闻发布会之前，行政秘书应对本组织取得的成果或发生的重大事件作详细周密的调查和研究，如问题产生的原因、造成的损失、产生的影响、采取的善后措施、发展变化的趋势等。在此基础上，行政秘书还应根据这些情况提炼要点，形成书面报告，一方面可供领导决策时参考；另一方面可以使领导正式向外界发布新闻时不致发生遗漏或差错。

4. 物资准备

新闻发布会召开前，行政秘书应做好各项准备工作，包括印发请柬，布置场地，准备好录音、录像的辅助工具，准备现场参观，准备食物、图片、文字材料等。

范例：

某电视连续剧新闻发布会邀请函

一、企划目的

1. 自该剧开始筹备至今已近一年，鉴于2010年5月23日该剧正式开机，所以在5月14日举办大型发布会。

2. 邀请电视台及著名植入跟进企业，通告该剧进程，演员全体亮相。

3. 该剧官网启动，宣传正式开始。

二、活动组织

主办：北京某影视机构

三、地址

北京某宾馆（附宾馆周边地图及停车场指示图）

四、到会媒体

平面媒体 37 个单位：

新华社	《新京报》	《新闻晨报》	《南方都市报》	《瑞丽》系列
中新社	《北京青年报》	《东方早报》	《广州日报》	《新闻晚报》
《人民日报》	《北京晚报》	《中国青年报》	《羊城晚报》	《北京娱乐信报》
《京华时报》	《北京晨报》	《天天新报》	《每日新报》	《潇湘晨报》
《北京日报》	《生活周刊》	《信息时报》	《成都晚报》	《青年报》
《长沙晚报》	《新文化报》	《哈尔滨日报》	《燕赵晚报》	《大众日报》
《新闻周刊》	《电影画刊》	《经济日报》	《北京青年周刊》	《深圳晚报》
《城市晚报》	《精品购物指南》			

网络媒体 18 个单位：

新浪	搜狐	腾讯	网易	雅虎	酷六网
百度娱乐	环球娱乐网	红网	土豆网	优酷网	百度娱乐
新民网	天涯	央视网	金鹰网	南方网	MSN 中国

电视媒体 18 个单位：

光线传媒《影视风云榜》	CCTV6—中国电影报道	每日文娱播报	CETV3—娱乐现场	天天影视圈
魅力前线	广东电视台《亚洲新势力》	南方卫视《FUN 转娱乐天》	贵州卫视《娱乐中心》	东南卫视《娱乐乐翻天》
湖南卫视《娱乐无极限》	安徽电视台《大话娱乐》	陕西电视台《娱乐时间》	深圳电视台《娱乐发现》	河北电视台《影视圈》
江西电视台《影视界》	辽宁电视台《天天娱乐》	天津卫视《绝对搜索》		

五、到会主创

张某、黄某、陈某……

六、发布会流程

时间	时长	环节	事项
5 月 13 日			各地嘉宾入住酒店、晚宴
5 月 14 日 14:30—15:30	60 分钟	签到环节	贵宾：贵宾室休息，签到，戴胸卡，领取资料礼品 嘉宾：签到，戴胸卡，领取资料礼品 媒体：签到，领取新闻资料、礼品，会前采访 签到形式：嘉宾媒体在背景板合影
15:30—15:31	1 分钟	开场影片	开场影片

续前表

时间	时长	环节	事项
15:31—15:34	4分钟	开场白	主持人：致欢迎辞，介绍到场嘉宾
15:34—15:45	10分钟	活动介绍	领导、嘉宾讲话
15:45—16:05	20分钟	主创亮相	所有主创亮相，现场与主持人交流
16:05—16:10	5分钟	主题曲演唱	所有“90后”演员演唱电视剧主题歌
16:10—16:15	5分钟	官网启动	启动仪式
16:15—16:30	15分钟	嘉宾互动	自由提问时间
16:30—16:50	20分钟	发布会结束	现场自由采访（地点：嘉宾休息室）
17:00—18:30	90分钟	答谢晚宴	地点：某宾馆自助餐厅
5月15日			嘉宾送机

资料来源：http://wenku.baidu.com/view/3ef204030740be1e650e9af1.html，2010-11-30。

5. 形象设计

无论新闻发布会以什么内容为主题，都是组织形象的一次集中展示。因此，行政秘书或公关人员应该为会议主持人做好形象设计，并对主持人的服饰仪表、谈吐举止提出中肯的建议等。

6. 动态控制

新闻发布会召开过程中，行政秘书应该注意会场的气氛动态，及时了解与会者对新闻发布会的态度和意见，了解发布会的效果，并形成下一步公关活动的初步设想。

从流程来看，新闻发布会工作环节主要包括确定主题、邀请记者、会前准备、主持会议、收集反馈信息等，但由于其工作与一般会议的管理工作在很多环节上是类似的，在此便不再赘述，读者可根据一般会务管理的方法举一反三，灵活应对实际工作。

4.4.2 签约仪式

签约仪式是指联席会议、国际会议、部门会议、企业协商等会议活动，各方达成协议后订立条约或协议书以作为正式确定的依据，为此而举办的特定的仪式。

与一般会务相比，签约仪式有其自身的特点，如形式的特殊性、协商的平等性、文字的严谨性等。针对签约仪式的特点，行政秘书在对其进行策划和准备时要注意以下事项：

1. 语言多样，文字严谨

签约，必须在双方或多方充分讨论、平等协商、达成共识并形成表达清晰、计划周密的文本的基础上进行。若签约涉及不同国家或者不同民族，文本应采用相应不同的语言文字，但内容、语义、格式必须完全一致，不允许产生歧义。

2. 邀请负责人

签约仪式由签约方职位相当的负责人主签，由更高一级的领导及相关部门的负责人参加，以示监证。因此，在筹备签约仪式时，行政秘书要邀请相应的领导和负责人，不可出现漏请或请错领导或负责人的情况。

3. 基本物资准备

签约仪式前，秘书需要准备的基本物资材料有签字桌、文本、签字笔、吸墨水器、小国旗、纪念品等。

4. 辅助签约

签约仪式的参加人员有签约人、助签人和参加人，行政秘书在某些情况下，需要充当助签人的角色。在签约过程中，助签人的工作是将文本打开，向主签人指示该签字的位置，待主签人签字完，用吸墨水器将墨水吸干。签字完毕后，主签人交换文本，握手致意，仪式便告结束。

5. 签约人员站位

行政秘书需要注意的是，签约人员的站位安排需要依照一定的原则。具体而言，主方参签人员站立位置，依职位高低由中间向左边排列，而客方参签人员站立位置，依职位高低由中间向右边排列。

范例：

H 集团与意大利 T 公司技术合作签约仪式策划（节选）

一、仪式主题：H 集团与意大利 T 公司技术合作签约仪式

二、仪式时间：2007 年 3 月 15 日 18:00—18:50

三、仪式地点

某酒店第二会议厅，贵宾休息到 VIP 厅（附酒店周边地图）

四、记者专访地点（3 月 15 日约 16:30—17:30）

某酒店某厅

五、仪式筹备

组别	工作任务
统筹策划组	1. 11 日前仪式方案策划落实，报批实施； 2. 12 日前召开筹备工作会议，落实各环节； 3. 13 日前会议、住宿、用餐等事宜跟进落实； 4. 跟踪各项目推进执行情况； 5. 会议幻灯片制作。
会议布置组	1. 与礼仪公司确定合作事宜并跟进布置并检查； 2. 14 日前准备好空飘、横幅、欢迎牌、喷绘、X 展架、小国旗、台卡等物品； 3. 14 日下午布置会场、宴会厅、工厂、酒店等，安排参加人员座次； 4. 15 日上午再次检查会场布置的细节； 5. 16 日上午清理会场物品，带回公司。
工厂布置组	1. 14 日下午组织销售公司、海利大楼、动力公司、新工业园悬挂横幅； 2. 组织厂区拱门、垂幅、欢迎牌的布置并检查； 3. 16 日下午收起拱门、垂幅、欢迎牌。
外商接待组	1. 落实外商名单，15 日上午接外商，下榻凤凰城，沟通外商致辞的中英文内容； 2. 中午协调外商与刘总等领导的午宴； 3. 下午引导外商进入签约现场；仪式结束后刘总接受采访期间，陪外商小坐，18:00 参加晚宴； 4. 16 日送外商返程。接机牌设计。

媒体商家接待组	1. 12日前确定邀请的媒体、记者及采访提纲（附媒体名单、联系电话）； 2. 集团、凌肯、H、技术研发各角度新闻通稿撰写及确认； 3. 12日前确定邀请的商家及片区负责人； 4. 15日上午在酒店接待报到商家、媒体，发新闻通稿； 5. 签约仪式后引导记者专访刘总；后期宣传报到跟进确认； 6. 现场录像及平面拍摄、报道； 7. 晚宴期间陪同商家、媒体记者； 8. 13日前领取媒体红包，15日分发； 9. 主持人接待并沟通。
政府官员接待组	1. 13日前确定邀请的政府官员，落实名单； 2. 14日确定致辞的中英文内容； 3. 仪式结束后刘总接受采访期间，在茶话厅全程陪同官员；晚宴后送政府官员。
礼仪组	1. 13日前确定礼仪小姐的人选、服装、注意事项（会议厅2人，贵宾厅2人，会议大堂4人，1人签到，3人引领佩戴胸花）； 2. 与礼仪公司、凤凰城酒店沟通有关签约礼仪的细节； 3. 14日下午赴凤凰城实地排练； 4. 14日确定刘总致辞的中英文内容； 5. 负责签约现场的礼仪引导、签约本准备、协助签约等； 6. 礼品、香槟呈送、收存，引导领导先退场。
公司人员组织	1. 12日确定参加签约仪式的公司人员（副部级以上及工程师）； 2. 15日组织参加人员乘车赴凤凰城； 3. 仪式结束后引领公司人员有序退场，返回公司； 4. 引导员工、领导入场欢迎，让领导先退场。
采购组	1. 采购酒水、饮料、零食等，详见物品明细，设计由推广部跟进； 2. 采购签约相关的香槟、礼品、签字笔、签字本、小国旗等； 以上任务14日完成。
车辆组	1. 14日考察熟悉场地，迎接部分商家及供应商； 2. 15日上午派车接外宾和商家，14:00安排车辆送公司人员到凤凰城； 3. 15:00安排车辆将商家媒体从酒店接到凤凰城； 4. 15日19:00仪式结束后送公司人员回厂； 5. 15日20:00送商家、媒体记者回酒店； 6. 16日送商家、媒体、意大利客人到车站、机场。
翻译组	1. 13日前完成会议基础资料翻译； 2. 外宾接待过程翻译； 3. 15日签约仪式翻译。
财务组	1. 备合同和印章、印泥； 2. 会议期间款项支付，相关合同方案确认； 3. 与意大利方款项支付。
后勤组	1. 会议期间物品跟进、宣传光碟播放跟进； 2. 跟进用餐、会议及物品到位。

主持人	1. 会议前期沟通筹备工作； 2. 主持人串词； 3. 会议期间主持工作。

资料来源：http://wenku.baidu.com/view/40eb316a561252d380eb6e06.html，2010-10-17。

4.4.3　庆典活动

庆典活动，是各种庆祝仪式的统称。在商务活动中，行政秘书经常需要参加庆祝仪式，既有可能随领导去出席外单位的庆祝仪式，也有可能辅助本单位领导组织庆祝仪式。庆典活动包括很多形式，在此以开幕式为例，对庆典活动中行政秘书的相关工作进行说明。

开幕式又称开幕典礼，是为第一次与公众见面的、具有纪念意义的事件而举行的活动形式，一般较为隆重和热烈。开幕式的过程可以归纳为准备工作、开幕仪式过程中的服务工作、结束工作。

1. 准备工作

开幕式的准备工作主要包括：(1) 拟写嘉宾名单，发出邀请，主要客人应专门派人送去请柬，并确认是否出席；(2) 为领导拟好开幕词、答谢词，要求言简意明、热情庄重，达到加深感情、增进友谊的目的；(3) 拟定好开幕典礼的程序，并印刷好程序表，开幕式前发到各位来宾的手中；(4) 精心布置好开幕式场地、会场；(5) 邀请和通知摄影、录音和摄像媒体记者，并落实好场地，设置新闻中心等；(6) 安排好迎宾礼仪小姐等。

◆ 情景模拟 ◆

邀请嘉宾

背景材料

某公司要举办成立大会，请了有关单位的领导参加，秘书小李负责嘉宾的邀请。她用电话通知各位嘉宾，但有的嘉宾电话没通，所以没有找到，事后她把这件事忘掉了，会前也没和嘉宾再次确认。对于重要嘉宾虽然发出了邀请函，但邀请函不是十分美观，比较简陋。结果开会那天，来的嘉宾很少。

角色扮演

假设你是秘书小李，在邀请嘉宾时应注意什么？

参考答案

邀请嘉宾是一项重要的工作，一定要抓住确认环节，这样才不会使组织工作被动。另外，要注意邀请的礼节，在邀请函和请柬这些事情上要精益求精，显示出组织应有的尊重和诚意。

2. 服务工作

在开幕仪式进行的过程中，行政秘书要做好以下工作：(1) 负责接待宾客，并做好签到工作，由迎宾小姐引导领导和宾客到休息室稍作休息；(2) 引导领导和来宾到主席台或开幕式场地，主持人宣布仪式开始，领导和来宾致辞；(3) 按照开幕式程序，辅助进行剪彩及其他仪式；(4) 如有记者采访和来宾提问，应帮助领导及时、妥善回答各类问题。

3. 结束工作

开幕典礼的结束工作主要包括：(1) 根据各类开幕典礼的具体情况和专题活动的规模，安排必要的余兴节目、锣鼓、礼花、礼炮等助兴；(2) 仪式后组织参观、座谈或宴请招待；(3) 开幕典礼结束后，应对嘉宾表示衷心感谢，征求嘉宾的意见，并做好嘉宾的送别工作等。

范例：

某集团20周年庆典暨合资启动仪式活动策划执行案

活动背景

某集团成立于1987年，经过20年的发展，已成为亚洲最大的超市、连锁店货架、收银设备制造商。2007年3月，该集团与世界最大的超市货架供应商法国艾美斯集团达成合资备忘，并经过中国国家商务部批准备案。

为回顾20年的发展历程，宣传企业文化，凝聚员工士气，答谢新老客户，同时为合资企业进行盛大揭幕，集团定于2007年5月24日在上海举行隆重盛大的庆祝典礼。

活动目标

1. 沟通和加深与客户、政府的感情。

2. 在行业内进一步强化品牌号召力和话语权。

3. 为企业打造一个强大的公关营销平台，为产品今后的市场营销工作铺路。

4. 回馈各界对企业发展的关心和支持，同时也向业界展现企业的未来战略规划和发展愿景。

活动概况

活动时间：2007年5月24日。

活动地点：上海某酒店。

活动形式：答谢，回报，展望。

邀请嘉宾：政府官员，客户代表，大众和行业媒体记者，员工代表，共计300人。

活动纪念标志设计

含义：用中国文化的精髓——书法笔触一挥而就的标识，具有深刻的内涵：如一条欢庆飞舞的彩带横亘空中，组成“20”的造型，迎接着20周年的到来；如一条东方的巨龙，象征着集团行业翘楚的坚实地位；如一轮朝阳在地平线冉冉升起，象征着集团的未来灿烂而美好。

标志应用：作为集团20周年的历史见证，纪念标志将被用于会场内外的制作物上，以及画册、礼品、公司网站等宣传中。

活动物料准备

1. 请柬；2. 信封；3. 停车证；4. 会场分区牌；5. 接机牌；6. 接待处台卡；7. 签到处背景墙；8. 代表证；9. 庆典宣传画册。

活动执行流程

（一）嘉宾邀请

1. 嘉宾邀请方式：开列邀请领导名单，落实电话邀请安排，提早发邀请函，请求寄确认回执，活动前一周电话再次确认。

2. 请柬设计和寄送：开列请柬寄送名单（包括贵宾、来宾）。

3. 嘉宾确认：接待来宾时有企业专门人员和服务人员配套，通过识别贵宾用车来识别来宾身份，并及时通知服务人员准备接待，礼仪小姐为贵宾戴上特制胸花以便识别。

4. 媒体邀请名单：

- 报纸媒体：《新闻晨报》、《新民晚报》、《文汇报》、《解放日报》、《青年报》、《申江服务导报》。
- 电视媒体：上视新闻综合、东视新闻娱乐、第一财经。
- 网络媒体：新浪、网易、搜狐、上海热线、东方网、雅虎。
- 专业媒体：待定。

（二）嘉宾接机入住

1. 所有接机工作人员身穿统一的服装。

2. 接机车内为每位来宾准备毛巾和矿泉水。

3. 车辆正面张贴活动标识。

4. 上车后，每人发放矿泉水和甜点。

5. 车上播放轻松的音乐，扫除嘉宾的疲惫。

6. 工作人员负责帮与会者安放行李。

酒店入住：

1. 门口及接待处有工作人员引领，并作场内支持。

2. 登记人员拿到客人身份证等资料并帮助填写入住表。

3. 领取房卡。

4. 发放反馈表（回程票务登记及特殊要求）。

5. 设旅游咨询（了解上海的一些旅游信息）。

VIP的接待工作：

1. 安排专人负责联络、接待VIP。

2. 配备专车接送。

3. 房间备有水果、鲜花。

4. 专人负责VIP回程票的办理。

房间布置：

1. 欢迎信。

2. 水果篮安放（并有大会赠词卡）。

3. 铺夜床时，安放晚安卡。

4. 早上根据嘉宾时间，安排 morning call。

（三）引导

1. 大堂设有欢迎牌。

2. 大门口、楼梯拐角处、通道两侧都设有指示牌。

3. 关键通道有礼仪小姐引导。

（四）签到处布置

1. 背景板（双面板墙，防火板贴面，水晶立体文字）。

2. 鲜花、花篮。

3. 签到处物品和人员（签到桌台卡、签到簿、签到笔、"请赐名片"立体牌、托盘）。

4. 资料袋（内含致谢信、集团 20 周年纪念画册、晚会流程和节目单；媒体资料袋除以上物品外，还有分别针对大众媒体和行业媒体的新闻通稿）。

签到处接待方式：

1. 政府官员和大客户由集团高层接待。

2. 一般客户由销售经理接待。

3. 媒体由活动代理公司接待。

（五）酒会

酒会布置：吧台、吧椅、沙发、茶几、酒会现场背景、LED 显示屏、酒会区地台、投影仪、艺术大门造型、雾屏门帘成像系统、时光走廊区域布置。

酒会流程安排（略）

（六）庆典仪式及宴会演出流程安排（略）

资料来源：http://www.bandy.com.cn/shbandy/hwzl-2.htm，2009-12-17。

4.4.4 宴请

宴请是交往中最常见的交际活动之一，各国、各地、各民族宴请都有自己的特点和习惯。国际上通用的宴请形式有宴会、招待会、茶会、工作餐等，而举办宴请活动采用何种形式，通常根据活动目的、邀请对象以及经费开支等因素而定。

要达到宴请的预期效果，组织者必须认真做好相关的准备工作，尤其是涉及和组织利益密切相关的公务活动，更应如此。

1. 明确目的和对象

主办方应该首先明确宴请的目的，根据目的来选择相应的宴请形式。宴请对象、规格和范围的依据主要是宴请的性质、目的、主宾的身份、国际惯例及经费等。

2. 确定时间和地点

宴请的时间应对主、客双方都合适，不要选择对方的重大节日、有重要活动或有禁忌的日子和时间；地点的选择也要视具体情况而定，如官方正式隆重的活动，一般安排在政府、议会大厦或宾馆内举行，其余则按活动性质、规模大小、形式、主人意愿及实际可能而定。

3. 邀请

邀请分为正式邀请和非正式邀请两种。针对正式的宴请，可以向宴请对象发送邀请函或请柬；针对领导私人宴请或小范围宴请，可当面邀请或电话邀请。

◆ 情景模拟 ◆

领导请客的安排

背景材料

年底快到了，这天上午秘书于雪正在三楼的办公室赶材料。下午四点来钟，老总来电话让秘书过去。老总交代完一些正事后，想起一件事来："今年我们公司的销售不错，市场部的几个人功不可没。明天晚上没什么事，我想请他们吃顿火锅，你帮忙安排一下。"于雪就吃火锅的具体时间、地点和标准进行了确认之后回到了自己的办公室。市场部的办公室在一楼，用什么方式通知他们？面对这种情况，于雪应该如何处理？现在于雪有这么几种选择：

a. 正好有人去一楼的市场部，托他带话。

b. 用内线电话通知市场部经理。

c. 暂时放下手中的工作，专程去一趟市场部。

d. 打电话叫市场部经理来自己办公室一趟，把具体事项交代一下。

e. 用 MSN 通知市场部经理。

资料来源：谭一平编著：《现代职业秘书实务：秘书工作案例分析与实训》，北京，中国人民大学出版社，2007。

角色扮演

假设你是秘书于雪，应该如何选择？

参考答案

选择 c 无疑是最合适的。作为秘书，只有真正领会了老总的意图，才能选择出最合适的执行方法。老总为什么要请客？无非是要给市场部的人一种精神鼓励。所以，亲自去一趟，当着市场部全体人员的面宣布老总请客的事，会让市场部的人感到欣喜。老总的饭还没有吃，目的就大部分实现了。

4. 制定菜单

宴请的菜谱要根据宴请规格，在规定的预算标准内安排，选菜时不应以主人的喜好为标准，主要考虑主宾的口味喜好与禁忌，菜肴道数和分量也都要适宜。

◆ 情景模拟 ◆

宴客菜单

背景材料

李小姐是某公司新聘用的总经理秘书，她上任的第一个任务是负责宴请公司的俄罗斯客人。李小姐虽然从未接手过此种事务，但她细心地考察了来客的习俗，首先了解到俄罗斯人的饮食禁忌和喜好，最后确定了在本地最好的丽歆酒店设宴款待。她选择了当地有名的菜肴，并且以俄罗斯的伏特加酒点缀其间，受到了客人和上司的夸奖。

角色扮演

假设你是秘书李小姐，确定菜单时应注意什么？

参考答案

在设宴款待确定菜单时，首先要考虑的是客人不吃什么。只有事先了解客人的饮食禁忌，才不至于犯忌，给客人留下良好的印象。

其次，在考虑了客人的饮食禁忌后，制定菜单时，可以将具有民族特色和本地风味的菜肴列入其中。

5. 席位安排

较为正式的宴会，需要安排好桌次和席次，使邀请活动井然有序，也是对来宾的重视和尊敬。总的原则，既要按礼宾次序原则做安排，又要有灵活性，使席位安排有利于增进友谊和便于席间的交谈。正式宴会在请柬上应注明席次号。此外，两桌以上的宴会，其他各桌第一主人的位置可以与主桌主人位置同向，也可以以面对主桌的位置为主位。

◆ 情景模拟 ◆

宴会席位安排

背景材料

某公司年底为表示对客户的谢意，召开了客户联谊会，会后共进晚餐。负责接待工作的秘书钟苗根据上司的指示和宴会惯例，安排桌次座位。这次宴会共设 3 桌，餐厅正面靠墙为主桌，编 1 号，靠入口处为 2 号、3 号桌，摆成三角形，突出主桌。重要客户在主桌。为方便来宾入席，钟苗特意做了座位名签，并摆在桌上。但由于这次联谊会时间紧，与会人员名单确定得晚，钟苗在抄写时漏了应安排在主桌的一位重要客户，结果致使该客户入席时找不到座位，出现了十分尴尬的场面。

角色扮演

假设你是钟秘书，席位安排时应如何避免上述尴尬的场面？

参考答案

秘书钟苗在安排会议晚宴时，只注意到桌次的正确安排和名签的摆放，但忽略了对人员和名签的核对，致使重要嘉宾未能受到应有的礼遇，给单位的公关工作造成了不良的影响。因此，秘书在席位安排时应注意在宴会开始前对宴客的人员名单和名签进行再次确认，从而避免尴尬的场面出现。

6. **宴请礼仪**

行政秘书经常要协助上司举办各类宴会，正式宴请应该完全符合社交礼仪规则，准备宴会需要精心、细心和耐心。秘书对参加宴会的每一个人都应该彬彬有礼、温和体贴，不让任何人受到冷落。

此外，行政秘书应准备一份备忘录，自始至终留意细节问题，并列出需要解决落实的事项。

本章小结

本章内容旨在介绍行政秘书的会务管理的相关常识和具体工作，包括会议的要素、会议的分类、会务管理制度规范、会议筹备、会议组织与服务、会议善后等。行政秘书的会务工作协助性较强，其工作内容、工作范围、工作流程等皆有章可循。一方面，行政秘书需要了解行政秘书会务工作的具体要求和流程；另一方面，行政秘书需要不断提高自身的实际工作能力，才能满足职位的需要和会议职能的要求。

关键术语

会务管理　　会议筹备　　会议服务　　会议善后

复习思考题

1. 行政秘书的会务管理有哪些内容?
2. 会务管理制度包括什么内容?
3. 会议的筹备工作包括哪些?
4. 会中的服务需要行政秘书做好哪些工作?
5. 会后行政秘书需要做的工作有哪些?

阅读材料

中西方秘书会务工作的不同点

一、中西方秘书会务工作涉及的主要领域不同

中国秘书会务工作主要表现在党政系统、政府机关等行政领域，会务工作涉及的面相对较窄。西方秘书会务工作涉及的面相对较宽，广泛分布于社会政治、经济活动等各个领域。

二、中西方秘书会务工作的管理运作方式不同

中国秘书会务工作是产生在计划经济体制下，各级各类政府机构一般都有主要用于会议工作的内部招待所和开会的场所，机关后勤管理职能与服务不分，服务经费由财政拨款，工勤人员用的是行政编制，这种情况体现在管理方式上适用直接全面的行政管理。因此各级各类政府机构都是根据召开会议的需要而成立临时性秘书机构——会议秘书处或由机关办公室具体负责，从会议的筹备组织到会议管理服务工作的具体执行，都是由秘书部门全面负责，直接管理和具体操作的。宏观方面，秘书部门要了解掌握全面情况，确定会议主题，明确会议目的，组织发言文稿。微观方面，秘书部门要实施直接的管理与服务，亲自起草文件，布置会场，购买、分发会议所需的诸如纸张、笔墨、资料袋、文件夹、大头针以及录音、录像等音响设备。从宏观控制到微观操作，事无巨细全由秘书部门全面管理、亲自操办，其会务工作的组织运作模式是从上到下一杆子插到底，从纵向到横向，面面俱到，层层深入，实施的是全方位组织管理和直接操作的运作方式。

西方秘书会务工作的运作方式则不同，由于西方国家几乎没有专门用于内部接待的宾馆和招待所，机关后勤服务均依托社会服务经纪公司进行，高度发达的第三产业服务门类齐全，功能完善，服务项目包罗万象，规模化、网络化程度较高，只要一个电话就可提供会议服务，包吃、住、行，还可提供一般会议文件的制作服务。所以，秘书会务工作的实施主要是在秘书主导下由社会各服务经纪公司具体操办来实现的，会务工作运作方式相对比较简捷。

三、中西方秘书承担的会务工作任务轻重程度不同

中国秘书会务工作既注重宏观控制与协调，又强调微观管理与服务，从全局到局部，秘书承担的会务工作任务渗透到每一个层面和每一个具体环节。宏观方面，秘书部门要了解掌握各方面的情况，做好方方面面的组织安排；微观方面，行政秘书还要承担会议全部文书的撰写制作工作，从会议的指导文书、主题文书、参考文书，到会议的程序文书、管理文书以及会议简报的撰写制作都是秘书会务工作的重要任务。不仅如此，秘书会务工作任务还包括了会议全部经费的预算、结算，以及会议精神的贯彻执行和收集会议反馈信息等工作。因此，中国秘书会务工作任务重、头绪多、涉及的面广，综合性较强。

西方秘书会务工作任务主要是通过秘书与社会各服务经纪公司的联络、催询、引导手段来实施的，会务工作任务通过不同的渠道分流到各个社会服务部门，秘书只需要根据他的直接上司的要求，与社会各服务经纪公司联络组织安排有关会议服务工作，如提供会议场地、器材设备，分发会议文件资料，做会议记录等具体工作。会议文书的制作不一定全部由秘书承担，部分文书有时可根据会议的主题、性质、内容和具体需要由与会者或社会服务部门以及有关组织部门提供。另外，由于会议经费开支渠道与中国行政机关会议经费开支渠道不同，一般不涉及全部会议经费的预算结算任务。因此，西方秘书会务工作任务相对较轻。

四、中西方秘书会务工作任务分配的粗细程度不同

中国秘书会务工作任务的分配一般是针对秘书机构而言的，会务工作任务由临时组成的会议秘书处或机关办公室全面负责，具体工作任务则根据不同会议的需要由会议秘书处再分配给其临时下属机构：会务组、文书组、后勤组等各个小的群体，或者由机关办公室

全面指挥，组织或安排临时抽调人员承担具体会务工作任务，会务工作任务分配比较粗放、灵活，强调相互间的协作配合、群策群力。

西方秘书会务工作任务的分配一般是针对秘书个体而言的，根据直接上司的要求，明确规定秘书要完成哪些具体的工作，并一项一项地用文字形式具体说明，工作任务的分配比较详细具体，强调的是职责明确、分工具体。

资料来源：马培新：《中西方秘书会务工作比较研究》，载《西藏民族学院学报》，2002（6）。

思考题

中西方秘书会务工作有哪些不同点？

第5章

行政秘书的综合能力

本章从行政秘书工作的全局角度探讨行政秘书应该具备的综合能力。行政秘书的综合能力提高在于打造五星级行政秘书，提高全方位综合能力。本章将重点讨论四个问题：行政执行能力是行政秘书完成任务的能力，是行政秘书综合能力的基础；统筹能力是行政秘书协调工作的能力，行政秘书综合能力实现的过程；公关能力是行政秘书维护组织形象的能力，是综合能力提升的重要手段；学习能力是维持行政秘书发展的重要保障。

本章学习要点

- 执行能力
- 统筹能力
- 公关能力
- 学习能力

5.1 执行能力

行政秘书代表管理层行使职权，在管理层与普通员工之间负责沟通联络工作。行政秘书所处的位置，使得他们有机会了解单位的行政全貌，有条件掌握事件的来龙去脉，有能力利用自身的权力和影响力处理各种棘手问题。办公室事务的处理通常取决于执行的情况，而执行的关键又在于细节的恰当拿捏。要完成这些工作，行政秘书仅有良好的工作态度是不够的，还需要有高效的执行能力。行政秘书执行能力的强弱，直接影响着领导决策的落实与否，影响着领导工作的效能。

5.1.1　执行能力的含义

执行是一种基于现实并根据现实采取行动的系统化方式。执行并不是一个简单的完成任务的概念，同样是去执行某项任务，达成某种目标，但结果却有好坏之分，因此执行也是一门学问。

执行能力是执行者贯彻战略意图，完成预定目标的操作能力，是把组织战略、规划转化成为效益、成果的能力，同时也包含完成任务的意愿、技能、效果和程度。执行能力可以用来衡量执行水平高低、执行者能力大小、执行效果好坏。

◆ 情景模拟 ◆

买火车票

背景材料

今年五一节，××医疗设备公司要派 10 个人去青岛参加一个展会。每逢节日，铁路客运就非常紧张。4 月 27 日（预售的第一天）一大早，公司领导就派小刘去火车站买车票。过了很久，小刘满头大汗地回来了，说："售票处人太多了，我挤了半天，排了 3 个小时才轮到我，但是窗口的所有火车票，包括软卧、硬卧、硬座都卖完了。没办法，我只好回来了。"领导听了欲言又止，最后还是忍不住将小刘训了一顿。小刘感到很是委屈，心想：我辛苦了一早上，的确是没票了，为什么还要怨我？

领导又派小张去火车站看看，小张过了好长一段时间才回来，他的回答是：火车票确实卖完了，我调查了其他一些方法，请领导决策：

（1）买高价票，每张要多花 100 元，现有 15 张。

（2）如果找关系，我有一个朋友在火车站派出所，可将 10 人送上车，但晚上没地方休息。

（3）可以中途转火车，南京到济南有×趟，济南去青岛有×趟，出发时间：××；到达时间：××。

（4）可以坐飞机，××日有×班飞机，时间是……

（5）可以坐汽车，包车费用是××元；豪华大巴每天有×次，时间分别是××，票价××元。

小张的分析与方案得到了领导的肯定。

角色扮演

假设你是小刘，请总结为什么你的做法不能得到领导的肯定。

参考答案

当行政秘书面临困难的工作时，不能只告诉领导你已经努力了，而是要拿出可选择的替代方案供领导决策，能够给领导提供任务的结果才是高效的执行能力，执行的目的是达到满意的结果。

5.1.2 执行能力的表现

行政秘书的执行能力是行政秘书岗位价值的直接体现。有较高执行能力的行政秘书一般会表现出端正的工作态度、高效的行动能力、独立的处理能力。

1. 端正的工作态度

工作态度是对工作所持有的评价与行为倾向，包括工作的认真程度、责任程度和努力程度等。比尔·盖茨概括出优秀的工作人员应该具备端正的工作态度，表现在“敬业”、“勤业”、“精业”、“乐业”四个方面：（1）敬业，对职业和与职业相关的规矩、制度等都有恭敬的态度，对本职工作尽职尽责；（2）勤业，对工作勤勤恳恳，踏踏实实，绝不拖延；（3）精业，工作精益求精，立志在所从事的行业中成为专家；（4）乐业，职业就是事业，工作就是乐趣。即使报酬低于所作出的贡献，依然津津乐业。

2. 高效的行动能力

行动能力是指行政秘书能够制订计划，并具备超强的自制力，下定决心去完成任务的能力。具备高效行动力的行政秘书能够及时将该做完的事情尽快付诸行动，不拖延和抱怨，并且做事分出轻重缓急，有条理和顺序。

具备高效的行动能力的行政秘书通常表现出以下四方面的特征：（1）分清工作的主次。行政秘书能够从众多繁杂的事务中挑出最重要的事情，然后把那些无关紧要的工作先放在一边，再排除那些虽然有价值但由别人干更合适的工作，最后再剔除那些认为以后再干也无关紧要的工作。（2）工作具备条理化、有序性。对于那些必须目前就干的工作，能很好地进行组织，使工作做起来有条不紊。只有明确自己的工作是什么，才能认识自己的工作，才能从全局观察整个工作，避免每天陷于杂乱的事务中。（3）办事不拖拉，立即行动。行政秘书能够用行动代替抱怨，多做一些分外工作。做任何工作都要主动把截止日期提前，增强效率意识。（4）变被动为主动。有些事情不必等领导交代再做，应该把组织的事情当作自己的事情，对工作充满热情。

3. 独立的处理能力

独立的处理能力主要是指行政秘书能够独立完成领导交给的各项事务，能够承担工作的责任，这是对行政秘书较高的执行能力的要求。首先，行政秘书应该熟悉办公环境和设备，能够独立完成工作。行政秘书日常的办公、办会等事务需要他们能够熟悉电脑、复印机等设备的应用，熟练掌握各项办公技能，为领导提供各方面的工作保障。其次，行政秘书具备独立思考的能力，领导交代任务后不盲目出击，而是深谋远虑，做事有创造力。做事能够独当一面，让领导放心。

5.1.3 提高行政执行能力的方法

1. 良好的工作作风是保证

良好的工作作风是行政秘书有执行能力的保证，行政秘书的工作作风主要包括责任感、细致程度、效率和主动性四个方面。

（1）工作有责任感。行政秘书要做好组织交给的每一项工作，就要有工作的责任感。不管是办文、办会还是办事，只要领导命令一下达，就要认真，想方设法地去完成。把完成上级领导安排的工作当作自己的一种责任。

（2）工作要细致。行政秘书的工作内容要求工作要细致，细节决定成败。不细心就可能出现文件找不到、泄漏机密文件等问题，造成不良后果。因此，行政秘书要有一种“粗不得”的危机感，养成细致的工作作风和精益求精的工作态度，增强危机感。

（3）工作要有效率。行政秘书处于信息的中枢位置，很多信息要通过秘书中转，如果枢纽跟不上信息快速传递的需要或是出了故障，整个单位的工作就难开展了。行政秘书要有一种“慢不得”的紧迫感。要强化效率意识，落实工作责任。对各类文件、会议通知或领导交办事项，要做到“马上就办，立即行动，有请必复，限时办结”。能够紧张有序、高效运转，努力提高工作节奏，保证有效工作时间。

（4）工作要主动。“等”、“靠”、“拖”、“推”是行政秘书工作的禁忌。行政秘书的工作，特别是一些文件、会议通知要求很急，完成的时间也很紧，行政秘书需要想方设法把上级领导的意图、决策迅速报告给其他部门，传达到经办个人，并认真抓好检察监督的工作，及时向领导和上级反馈完成情况。

2. 过硬的职业技能是基础

职业技能是行政秘书有执行能力的基本条件，行政秘书的职业技能主要包含了公文写作技能、会议管理技能、事务性项目组织技能、沟通协调技能等。

（1）公文写作技能。公文写作是领导传递政策指令、沟通情况、交流信息和推动公务活动开展的重要工具，是行政秘书做好执行工作的基本技能。首先，在审核公文时先主动征求相关业务处（室）的意见，发挥他们熟悉情况和相关政策的优势，集群体智慧合力提高公文质量。其次，在审核公文时严把四大关口，即把好内容、主旨关，政策、法规关，结构、体式关，语言、文字关。同时，加大公文校核力度，在校对公文时实行“三校制”，从字到词，从词到句，从句到段及至全文的结构布局进行细致校核。对公文内容中提法有争议之处或把握不准的词句，逐一进行商议修改；对发现的问题，如果涉及内容实质性修改，及时报原审批领导复审，做到准确无误后进行编排，传送文印中心付印。在公文分发前，再对公文格式、印制份数等进行校核，在高标准严要求中出精品，努力实现零差错，确保公文优质高效。

（2）会议管理技能。主要包含了会议议题的收集和安排、会中协助即会议主持及会中异常情况的灵活应对、会后整理即如何做会议纪要及会议决议的跟进工作。充分掌握会议管理技能才能有较高的行政执行能力。

（3）事务性项目组织技能。行政秘书应该了解事务工作有哪些，举办一个较大的项目需要提前做好哪些工作。这些办事的技能都掌握好，才能提高执行能力。

（4）沟通协调技能。行政秘书所处的岗位比较特殊，需要经常性地承上启下、协调左右、联系内外、衔接各方。在综合协调的过程中要顾全大局，克己忍让，协助领导掌握员工的思想动态，协助领导调动并增强员工的责任感和积极性，正确地处理员工之间的矛盾，共同推进工作的开展。

3. 系统思考是必要条件

系统思考就是以整体的观点对复杂系统构成组件之间的连接进行研究。行政秘书的系统思考能力就要求行政秘书在执行任务时能够站在全局的角度思考问题，正视本职工作与其他部门工作的关系。提高系统思考能力需要注意以下三个方面：

（1）把握全局。行政秘书是为领导服务的，领导工作具有全局性和整体性。必须加强培养行政秘书的政治理论素质与修养，建设学习型、创新型、服务型集体。因此，行政秘书的工作也需要把握全局，从全局角度思考问题。只有为领导想问题、出主意，才符合组织的整体发展要求。

（2）换位思考。行政秘书工作中时时要与人交往，而由于其不具有支配性的权力，在沟通中往往处于被动的地位。行政秘书必须经常从他人的角度思考问题，才能提高人际沟通的效率。首先，行政秘书要善解人意，对领导的工作要换位思考，站在领导的角度多思考问题；其次，要善待对方，不随意打断、指责、补充和纠正别人的谈话；再次，要想人所想，以己度人，选择适当的沟通策略。

（3）明确自由裁量权。行政秘书有时会经领导授权得到自由裁量的权力，即有权力独立处理一些事务。当然，这种独立行使的权力不是无限大的，过度地使用领导赋予的自由裁量权会出现越权等问题。行政秘书应该明确自身的职责范围和领导的要求，斟酌领导的意图，不能过分使用权力，否则将危害自身。

5.2 统筹能力

统筹即统一筹划的意思，它包括了统一筹测（预测）、统一筹划（计划）、统筹安排（实施）、统一运筹（指挥）、统筹兼顾（掌控）五个步骤。

行政秘书做好统筹工作就是将自己的工作有条不紊地完成，有计划有目的地办事才能为综合事务的处理奠定良好的基础。行政秘书的统筹管理能力既包含了对自己工作的目标管理、时间管理，也涉及对领导工作时间、活动等的管理。

5.2.1 统筹管理的内涵

统筹管理能力是指管理者面临复杂的问题和众多的部署，把问题分出轻重缓急，把人员分出长短强弱，合理排序，制定目标和计划，做到统筹安排。统筹既包含了对人际关系的统筹，也包含了对基本业务的统筹；既包含了单位内部关系的统筹，也包含了单位外部关系的统筹；既包含了统筹后勤保障服务性的工作，也包含了统筹参谋与助手事务工作。

1. 统筹管理的原则

行政秘书的工作内容是多种多样的，但是不论行政秘书所要从事的工作形式如何，都应该遵循以下工作原则，以便提高统筹能力。

（1）立足自身，在强化内功上提高统筹能力。行政秘书只有站在时代前列，善于学习所需要的知识，既刻苦学习马克思主义基本原理，牢牢把握政治方向，又狠抓专业知识学习，做业务上的行家里手，才能不断增强辩证思维能力和发展前瞻力，切实提高科学统筹能力。

（2）把握全局，在服务决策上提高统筹能力。行政秘书只有处处、事事站在领导的角度思考问题、谋划问题，工作才会有成效，事业才会有进步。行政秘书只有自己具备全局意识，才能在辅助领导谋划全局过程中发挥作用。

(3) 着眼当前，在行政实践上锤炼统筹能力。所有观察、分析、决策，最终都要以行政的实践来体现。行政秘书只有在具体的工作中不断锤炼自身的统筹能力，才能彰显出管理才能。

2. 统筹管理的内容

(1) 内部设施的统筹。办公室一般会负责电话管理、复印机管理、车辆管理、手机话费管理、食堂管理、办公室布局管理等内容。行政秘书良好的统筹管理能力能够使这些设备效用达到最大化。

(2) 领导工作的统筹。行政秘书的工作管理需要有较强的时间管理能力。行政秘书的重要统筹工作之一就是安排好领导的出行工作时间，这包括了日程安排、约会安排和旅行安排。行政秘书日程安排的内容是把领导或组织每月、每周、每天的主要活动纳入计划，并下发给组织相关单位或部门。

领导或组织日常工作安排一般涉及以下内容：1) 各种接待、约会，包括接待或会见本单位秘书、外单位或国外的来宾；2) 商务旅行活动，当前各组织领导特别是企业领导经常到各地、各国去联系合作事宜，进行市场调研和参观学习；3) 参加各类会议，各类组织都会经常举行不同类型的会议，或领导部署重要的任务，或听取秘书的建议，或组织各类表彰会议等；4) 到基层进行实际检查或指导，优秀的管理者都注重及时了解本组织的生产、营销、资产运算等方面的情况，这都离不开亲自到基层做调研和分析；5) 组织各类重大活动的安排；6) 领导私人活动的安排，行政秘书可能还要对领导的私人生活进行安排，例如休假时间，替领导安排好接待私人亲朋的日程表等。

5.2.2　统筹管理的工作要求

统筹管理是保证秘书部门的工作和组织机构的同步运转，充分发挥秘书部门的职能和加强秘书队伍建设，提高秘书人员的素质和秘书部门的工作效率的基础。统筹管理的工作要求包含了以下几个方面：

1. 合理部署常规性工作

常规性工作既包括经常出现、反复进行的工作，如办文、办事、办会、办信、接访等；又包括周期性的工作，如年初的计划，半年和年终总结，重大节日领导活动安排等。常规性工作往往事先有预见、有计划。在正常情况下，行政秘书需要有长期的计划和稳定的部署，使工作一环套一环地按常规运行。

合理部署常规性工作需要行政秘书着重从以下三个方面入手：(1) 熟悉行政秘书的工作，办文、办会、办事的效率和效果，都与是否熟悉情况密切相关；(2) 规范运行程序，行政秘书的运行流程需要掌握两项基本原则，一是严密，二是有序。在科室设置、事权划分、人员配置等方面严格按程序办事，不能越权越位，做到既各司其职，又相互衔接；(3) 做好协调工作，特别是遇到重大活动，办公室要提前与有关部门协调研究，对活动方案和具体计划进行全面审查，周密部署，统一协调，安排好活动的时间、地点、内容和出席的领导，例如全局性的会议什么时间开、怎样开、参加人员范围、研究的议题等，都要进行大量协调，拿出初步意见，然后报领导审定。

2. 明确工作的重要性排序

行政秘书面对繁杂的工作，需要确定自己的工作顺序，这是当好秘书的基础。确定什么事情优先做的原则，有三种方案：一是按出现或到达的先后次序，先来先做；二是根据缓急的程度，先急后缓；三是根据事情的重要性和贡献大小。有效的管理者，通常首先专注于最重要、贡献最大的事情上，其次是考虑缓急程度，一般不按出现的次序。

具体来说，办事前要先对手头工作作出判断：（1）评估重要性，根据重要程度，将工作大致分为三类：非常重要、重要、不重要；（2）明确处理时限，根据上级的要求及自己的计划，将工作大致分为三类：眼前就要完成的工作、可推迟几天完成的工作、可在一个较长时段内完成的工作；（3）判断有无可取舍的工作，主要判断是否有重复性的琐碎工作，或是否有可做可不做的一些细小工作。基于以上判断，就可先集中精力办最重要、最紧急的事，后办其他事情。切忌先办轻的、后办重的，先办缓的、后办急的，或者不分主次、机械地按领导交办的次序办事。

3. 妥善处理突击性工作

突击性工作，既指事先未预计到的、突然发生的、需要秘书突击处理的事项，如重大灾情、社情、重大事故等偶发事件，必须刻不容缓地突击处理，又指秘书临时接到某项突击性任务，如临时受命调查某一事件，为临时决定召开的会议准备材料，向突然到来的上级视察人员提供有关资料等。

应对突击性工作，首先，行政秘书要具备良好的心态，能够沉着冷静，积极面对。其次，要求行政秘书具备过硬的能力素质，善于应变，反应迅速敏捷，同时有吃苦的精神、顽强的作风。再次，做好突击工作与日常工作的统筹。在突击性任务到来之际，秘书部门主管在调动主要力量，保证突击工作任务的同时还要分配力量，坚持常规性工作，以保持常规性工作的连续性和组织整体的正常运转。

4. 善于分工与合作

在一般情况下，秘书部门要按照群体工作任务和行政秘书个人专长，进行合理分工，做到职责明确，各司其职。在应对突击性任务时，要强调机动性，加强配合，发挥整体效能。办公室主任要协调好各秘书之间的工作，通过秘书会议制度等形式沟通各秘书工作情况，协调相互的工作。

◆ 情景模拟 ◆

某市政府秘书处的职责分工与合作

背景材料

在政府部门，秘书处一般有秘书长和秘书。秘书长的主要职责是协助领导处理市政府日常工作和有关政策的调研、协调工作，完成领导交办的工作，负责与其他几个班子秘书长的联络，协助市长确定政府常务会、市长办公会议题和纪要的签发。办公厅副秘书长的职责是协助秘书长工作，并负责市政府收到的文电的签批、领导同志参与接待和公务活动的安排、综合性会议的筹备和组织。主管综合文字的副秘书长的职责是负责市长和大型综合性会议上相关副市长的讲话稿、应由市长签发的文件，负责与新闻单位的联络，主持召开政府新闻发布会，审核涉及政府工作的新闻稿件，协助市长调查研究，随时完成市长交办的其他工作。专职协助某一副市长工作的副秘书长的职责，由于分管工作不同和各位副市长工作方法不同，对相关副秘书长的工作要求可能会有一些差异，但大体上不外乎这么几件事：第一，参与主管副市长的调研活动，审定调研报告；第二，为主管副市长当好决策参谋；第三，抓好市政府全体会、常务会、市长办公会、专题会决策以及市长、副市长决定事项在分管口内的落实；第四，筹备并组织好分管口内会议，组织起草并审定市长、副市长在非综合性会议上的讲话稿以及应由相关副市长签发的文件，审定口内各部门提请常务会、市长办公会讨论的议题材料；第五，协调好分管口内各部门之间的相互工作关系；第六，安排好所协助的副市长参加的接待和其他公务活动；第七，协助主管副市长做好其他各项工作。各副秘书长之间相关联的工作很多，一件事如涉及几个部门，按照分工负有主要责任、承担主要工作任务的部门的主管秘书长，就要牵头抓好协调，防止相互推诿。

角色扮演

假设你是秘书处的负责人，为什么秘书处要进行职责分工？

参考答案

秘书处的职责分工是工作的需要，一方面，合理的分工能够提高工作效率，有助于工作任务的高效高质完成；另一方面，分工有助于职责的明确，各部门和各职位各司其职。

5. 适度监督

监督是秘书部门的工作内容之一，秘书部门处于沟通领导与下属的中枢位置，行政秘书在工作中有很多机会看到、听到不同部门所涉及的新问题、新情况，这些都需要行政秘书做好监督工作。

监督的内容主要包括：（1）各部门办公用品的监督。要做好库存控制，确定好库存卡，即确定最大库存量、最小库存量和再订货量，加强对办公设备和耗材的库存管理和监督。（2）监督领导。行政秘书与领导距离最近，对领导的思想、道德、作风最了解。行政秘书应该在工作生活中监督领导，促使其守法经营、勤政廉洁、敬业爱岗、善待员工等。当然，秘书要在服从中履行监督职能，监督中又不忘服从。行政秘书不仅要有监督领导的责任感和勇气，更要坚持原则性与灵活性相结合，使工作到位不越位、称职不越职，要以理服人，态度诚恳，注意场合，把握分寸，讲究技巧。（3）领导授权监督其他部门或组织。这主要发生在政府机关，行政秘书经常要随领导到实际工作部门做调研，监督相关部门的工作。行政秘书应该针对实际情况，全面分析，然后提出解决方案，为领导决策服务，起到参谋作用。

6. 有效控制

行政秘书的统筹管理需要能够有效地控制事件的发生和控制日常工作。常用的手段包括目标管理与时间管理。

（1）目标管理能力。目标管理是指参与者管理制定目标，并经过自我管理和自我控制等管理方式，建立各级人员的责任心与荣誉感，最终实现组织绩效的一套管理系统。行政秘书的工作往往有清晰的任务和要求，因此目标管理能力对行政秘书来说是至关重要的。

行政秘书提高目标管理能力时需要注意以下三点：

1）掌握制定目标的原则。目标管理有一套自成体系的原则，具体来讲是包含了以下四个方面：第一，明确性，要用具体的语言清楚地说明要达成的行为标准。明确的目标几乎是所有成功案例的一致特点。第二，衡量性，衡量性就是指目标应该是明确的，而不是模糊的。应该有一组明确的数据，作为衡量是否达成目标的依据。第三，实际性，指在现实条件下是否可行、可操作。可能出现以下两种情形：第一种情形，行政秘书乐观地估计了当前形势，低估了达成目标所需要的条件，这些条件包括人力资源、硬件条件、技术条件、系统信息条件、团队环境因素等，以至于下达了一个高于实际能力的指标；第二种情形，行政秘书可能花了大量的时间、资源、人力成本，最后确定的目标根本没有多大实际意义。第四，时限性，目标是有时间限制的。上下级之间对目标轻重缓急的认识程度不同，有时候会出现领导着急，但秘书不知道的情况。这就需要秘书掌握好制定目标的时限性，尽量与领导的要求相一致。

2）领会领导的决策意图。行政秘书作为领导的助手或参谋，无论是起草讲话稿、拟制各种公文，还是完成领导交办的任务，都需要完整正确地理解、领会领导的意图。通常，领会领导的意图需要从以下几个方面着手：第一，从主动询问中掌握，受领某项工作任务前，秘书要主动向领导请示、询问，了解领导对某一阶段、工作、问题的考虑和想法，尽量少走弯路；第二，从平时的言谈中捕捉，通过领导的发言和主张，领会领导的精神；第三，从日常的行为中发掘，行政秘书必须学会察言观色，从领导行为表现中发现其主张和思想；第四，从领导的批文中揣摩，领导亲自撰写的文稿、文件都会反映领导对某一问题的考虑和看法。行政秘书要熟悉这些批文，把握其思想的本质。

3）遵循目标管理的过程。目标管理的过程包含了以下五个环节：第一，仔细聆听命令，用最简洁的方式了解领导的意图和工作的重点，弄清楚领导命令的时间、地点、执行者、工作量等。第二，与领导探讨目标的可行性，领导下命令后，往往会关注下属对该问题的解决方案，希望下属能够对该问题有一个大致的思路，以便在宏观上把握工作的进度。秘书在接受命令之后，可以积极主动地开动脑筋，对即将负责的工作有个初步的认识。第三，拟定详细的工作计划，尽快拟定一份工作计划，再交与领导审批，计划中详细阐述行动方案与步骤，对工作进度要给出时间安排，以便监控。第四，工作进行中随时向领导汇报，应该留意自己的工作进度是否与计划书一致，不论是提前还是延迟了工期，都应该向领导汇报，让领导知道你现在在干什么，取得了什么成效，并及时听取领导的意见和建议。第五，工作完成后及时汇报总结，秘书尤其需要重视请示和汇报的作用，因为这是与领导进行沟通的主要渠道，以便总结成功的经验和其中的不足之处，在下一次的工作中改进提高。

（2）时间管理能力。成功的行政秘书必须掌握合理管理时间的能力。在实际工作中，个人业务能力大体相当的情况下，利用时间的差别可能会导致工作绩效的不同。下面提供三种时间管理的方法。

1）计划管理法。行政秘书可以通过制订不同阶段的计划来管理时间，这是节省时间的最好方法。通常可以在每年年末制订下一年度工作计划，每季度末制订下季度工作计划，每月月末制订下月工作计划，每周周末制订下周工作计划。同时要养成记录自己实际耗用时间的习惯，一般是当时作出记录，不得已的情况下可事后回忆补记，尽量做到事前控制；或准备一个待办事项清单、时间记录本或效率手册，以备分析检查或查阅待办事项；也可在电脑系统或电子记事本中设置发声装置以便及时提醒。

2）工作分类法。通常采用的分类法有以下几种：将工作按轻重缓急分为紧急、重要、次要、一般四类，以便于安排各项工作的优先顺序，粗略估计各项工作时间和占用百分比；在工作中记录实际耗用时间，对比每日计划时间与实际耗用时间，分析时间运用效率；将日常工作与非日常工作区分开来，先将日常工作的时间大体固定下来，然后再合理地安排其他事务，以避免不必要的混乱和相互干扰。

3）工作内容交错安排。为了高效地利用时间，切实提高工作效率，行政秘书应把一天的工作内容交错安排。这是因为长时间持续同一个活动内容，大脑细胞长时间接收一种信息刺激，会导致工作效率降低。如果穿插进行其他内容的活动，人体原有的兴奋区产生抑制点，在其他部位出现新的兴奋区，就会提高工作效率。

5.3 公关能力

公关能力表现为一个人在社交场合的介入能力、适应能力、控制能力和协调能力等。良好的公关能力是现代社会生活中人的重要素质之一，也是行政秘书的重要工作技能。行政秘书在公关方面起到的作用主要体现在两方面：一是常态的公关，为组织树立良好的形象；二是面对危机，处理突发性危机的公关。

5.3.1 常态公关能力的意义与要求

行政秘书的言谈举止不仅代表着单位形象，同时也对其工作环境的人、事产生重要的影响。行政秘书的形象在一定程度上反映了其所在单位的文化理念以及其领导的品格特征。行政秘书的常态公关能力主要表现在职业形象塑造上。

1. 形象塑造的含义

形象塑造是指行政秘书在公众面前树立的形象，它是通过衣着打扮、言谈举止反映出行政秘书的专业态度、知识、技能等。其构成体现主要包括仪表、表情、举止动作、服饰、谈吐及待人接物等，这是行政秘书常态公关的核心内容。

2. 形象塑造的重要性

良好的形象塑造不仅能够提升个人品牌价值，而且还能提高自己的职业自信心。具体而言，行政秘书的形象塑造的重要性体现在以下三个方面：

（1）行政秘书的良好形象能够给宾客留下良好的第一印象。行政秘书的仪容仪表在一定程度上体现了单位的服务形象，而服务形象是单位文明的第一标志。行政秘书可以说是单位的形象大使，其一举一动对单位对工作的开展有重要影响。形象代表档次，档次决定价格，价格产生效应，这是一个连锁反应循环圈。如果宾客接触到的行政秘书是仪表堂堂、彬彬有礼、精神焕发、富有朝气、充满活力，自然会对单位产生良好的第一印象。

(2) 行政秘书的良好形象是自尊自爱的体现。行政秘书的良好形象体现的是一种自信、热情、向上的精神风貌。整洁美观的公司制服与端庄大方的仪容，既是行政秘书自尊自爱的表现，又是对本职工作的责任感和事业心的反映。

(3) 行政秘书的良好形象是单位管理水平和服务水平的反映。行政秘书作为领导的辅助者，需要完成各种有助于领导管理、决策的工作事务。因此，行政秘书是一个外向型的岗位，要广泛接触各色人等，处理各种关系，安排各种活动。如果行政秘书具有较高的礼仪修养，就能够给人一种真诚可靠的感觉，并由此对单位的产品与服务产生信赖感。

3. 形象塑造的要求

从常态公关的角度来看，行政秘书的形象塑造需要注意以下五点：

(1) 行政秘书应仪容干净、整洁。仪容主要是行政秘书的外貌给客人留下的印象。基本的仪容包含了以下四点要求：第一，整洁的发型，即头发干干净净、整整齐齐、长短适当，发型简单大方、朴素典雅。第二，清爽的面孔，不允许面部不干净、不卫生。第三，干净的手部，勤洗手，常剪指甲，绝不要留长指甲。第四，女秘书可适度化妆。

(2) 行政秘书应仪态优雅、举止大方。行政秘书在对外活动中，大都要涉及个人的举手投足、言谈举止等细节，这些细节关系到个人及单位的形象。行政秘书优雅、得体、自然的举止是一种长久熏陶的结果。在日常工作和生活中，行政秘书要注意以下五点：第一，优美的站姿；第二，优雅的坐姿；第三，优美的走姿；第四，体态举止要优美、得体；第五，表情热情、友好、自然。

(3) 秘书应仪表端庄、着装规范。行政秘书个人着装是个人修养的标志，是审美情趣的体现，是单位形象的体现。具体包括以下三方面的要求：第一，行政秘书的服装应该是简单线条加上剪裁大方的组合性套装，既能够表现行政秘书的身份和地位，又能增加别人的信任；第二，行政秘书应根据不同的场合选择色彩、款式等恰当的着装；第三，行政秘书在接待中应掌握正确的招呼语，展现合宜的肢体语言。

(4) 行政秘书应掌握握手的礼节。握手是人与人之间见面和离别时的礼节，同时它也包含了感谢、慰问、祝贺或相互鼓励的意思。握手要掌握以下四个方面的要素，第一，握手的先后顺序。最有礼貌的顺序是：先上级后下级，先长辈后晚辈，先主人后客人，先女士后男士。第二，握手的时间。握手时间不宜过长或过短，一般控制在3～5秒钟之内。第三，握手时为了表示热情，可以稍许用力，但以不握痛对方的手为限度。

(5) 行政秘书应注意对外接待时的举止仪表。在对外交往中，接待人员的举止仪表对创造良好的单位形象至关重要，直接影响着外界对整个单位的第一印象。行政秘书需要注意自己在接待来客的每个细节过程中的举止仪表。

5.3.2 危机公关的原则与要求

随着当前公共危机的发生日益频繁，危机发生的领域日趋宽泛，领导面临着提升危机公关能力和应对公共危机的严峻挑战。行政秘书作为领导的助手和参谋，也需要不断地提高自身应对危机的能力。

1. 危机公关的含义

危机公关也称为危机公关管理，它有广义和狭义之分。广义的危机公关是指在公共关系理论指导下，对可能发生或已经发生的公关危机事件进行预测、监督、控制、协调处理的全过程。狭义的危机公关，是指领导和公关人员在公共关系理论、原则的指导下，运用公共关系的策略、措施和技巧处理因突发事件而造成的公共关系主体所面临的危机局面的过程。本节将重点探讨的是行政秘书在危机公关中对可能发生或已经发生的公关危机事件进行预测、监督、控制、协调处理的全过程。

2. 危机公关的原则

危机处理专家们在实际处理危机的过程中，总结出以下五项常用的危机处理基本原则：

（1）承担责任原则。事件一经报道，公众马上高度紧张，强烈关注。这时的公众有四大心态特点：第一，相信媒体报道，不相信当事单位言论，情绪激动；第二，宁信其有，不信其无，有罪推定；第三，渴望新信息，追逐新信息，认为新的就是真的；第四，以偏概全，全盘怀疑，全面否定。在这种情绪化的心态下面，潜藏着公众冷静的价值关注。当事单位处理危机的首要原则，就是承担责任，不管当事单位有没有责任，责任轻还是责任重。宣布承担责任，是单位作为社会一员必须履行的道德义务，也是单位化解危机的最佳选择，能有效快速平复公众激动的心情，避免危机进一步激化的危险，为解决危机创造良好的舆论环境。

（2）速度第一原则。从危机管理的角度看，事件发生马上正确处理，这是危机管理的前提；事件发生马上对外传播正确的信息，则是危机管理的核心。传播的信息内容不仅要正确，传播的时间还要"马上"。从传播学的角度讲，事件发生后最初的 12～24 小时内，是消息传播最快、变形最严重的时段，也是受众最焦虑、最渴望信息、最惶惶不可终日的时段。当事单位的一举一动，都被媒体广泛报道，因此第一时间采取正确的传播手段传播正确的内容，几乎就等于奠定了成功处理危机的胜局。

（3）真诚沟通原则。事件出来了，谁也无法改变，但谁都想改变媒体、公众、受害者的看法。只有真诚沟通，才是有效的方法。任何非真诚的做法，都只能激化矛盾，引发更大危机。真诚沟通的方法包括以下三个要点：

1）充分传播。当事单位向媒体、公众、消费者及一切关注事件的人，提供一切可能的沟通办法，如新闻发布会、媒体现场采访、网络互动、热线电话、公开信、广告、短信等传播方式和手段，保证社会大众的知情权。

2）承担责任。当事单位利用多种传播手段和工具，不是要辩解、争论、推卸责任、指责别人、鸣冤叫屈，或者点头哈腰、满口答应、讨好社会等，而是要宣布对受害者承担必要的责任。

3）有人情味。事实真相无疑是重要的，但在事件传播过程中，受众感受的重要性甚至超过了事件本身。如果当事单位一味"以事实说话"，忽视了大众的内心感受，仍会被认为"不真诚"。

（4）系统运行原则。危机管理要保证当事单位采取的各项措施及时、正确、连贯，符合长远利益。概括来讲，危机管理程序包括如下要件：第一，成立危机处理小组，相关人员参加，单位的高级领导负责指挥，连续作战；第二，单位内部实施特殊管制，保证内部安定，对外信息统一；第三，全力做好危机传播，与媒体和公众保持良性沟通、互动；第四，果断采取措施，解决问题，标本兼治。

（5）权威证实原则。一个事件被报道而引发一场危机，无论当事单位怎么解释，媒体和公众都不会相信，这是很容易理解的。通过政府主管部门或第三方权威机构经过缜密调查研究，发布最终结论，争取公众的理解和支持。

3. 危机公关对秘书的要求

秘书部门处在单位的枢纽位置，面对危机事件，行政秘书应该承担的危机公关责任如下：

（1）预警危机的能力。

公关危机在单位的整个生命周期中是不可避免的。对于危机，最重要的是预防它的发生。这要求行政秘书具备一定的危机预警能力。首先，行政秘书应该树立危机意识，对危机的征兆敏感，能及时发现危机迹象，对有可能导致危机的小问题尽早加以控制；同时对危机的到来有充分的心理准备，当危机到来时从容镇定，能够在危机中看到并抓住改善管理、重塑单位形象的良机，而不至于束手无策或手忙脚乱。其次，监测危机前的信号。单位公关危机是内外环境出现问题造成的，因此，在危机爆发之前，必然要显示出一些信号，需要行政秘书及时察觉并总结。

（2）科学决策支持的能力。

行政秘书作为领导的助手、参谋，在危机公关面前应该起到辅助科学决策的作用，这需要行政秘书加强危机公关中以下几个方面的能力：第一，信息管理能力。行政秘书可根据单位的性质，将危机信息和呈报范围分成不同级别，对收集到的事关危机的信息进行筛选、分析和整理，借助科学的方法，对危机可能造成的后果或损失进行初步的评价，然后根据具体情况决定该信息呈报或发布的范围和时机，要防止漏报或误报。第二，参谋能力。现代决策通常是集体决策，领导要依赖大批咨询人员作为参谋，行政秘书在领导的决策中，应该发挥自己的聪明才智，为领导提供满意的或最优化的方案、策略，尤其在单位遇到突发性事件时，秘书就应充分发挥其参谋作用。要认真分析事件发生的原因，尽快将危机的前因后果、公众的反应、媒体的报道传达给领导，提出解决危机的办法供领导参考，并做好善后工作。第三，知识管理能力。行政秘书应具备基本的危机公关能力，了解危机公关处理的原则、方法和对策，建立决策知识管理库，提高决策的科学性和专业性。

（3）有效执行公关方案的能力。

首先，立即行动，应对突发事件，迅速掌控局面，把握全局，变被动为主动。其次，协助社会公共组织开放信息传播的通道。再次，协助相关责任单位或社会公共组织，争取最广泛的支持，是处理危机事件的关键。

（4）协助单位开展常态形象工作的能力。

第一，协助组织确立新的公关目标。从危机开始发生起，行政秘书就要识别和判断危机的类型，掌握组织形象受损的程度，逐步明确重塑形象的目标和内容，为开展新一轮的公关活动做好充分准备。第二，行政秘书应该与周围环境建立广泛的联系，准确观察和预测环境的变化，并及时地制定或调整组织的政策和目标，适时准确地与公众沟通，为领导建立良好的威信。第三，行政秘书要协调关系，沟通不同意见，促使问题的解决和工作的顺利进行。第四，行政秘书在不同时期，都要协助领导做好单位的宣传工作，提高单位的知名度和美誉度。

5.4　学习能力

学习能力是国家和民族核心竞争力的基础。学习型社会的一个重要特征是以知识经济为依托，而人才在知识经济中的作用愈加重要。行政秘书作为当今社会需要的人才，更应该有较强的学习能力。学习能力是解决行政秘书可持续发展的必要途径。

5.4.1　学习能力的含义及必要性

1. 含义

行政秘书的学习能力是指行政秘书通过多种渠道、运用多种形式、采取多种手段获取知识、提升自己的能力。学习能力是行政秘书最核心、最本质的能力，学习能力的强弱取决于其学习的动力是否强劲、学习的基础是否厚实、对学习的运用是否自如。

行政秘书的学习一般分三种，第一种是基础知识的学习，第二种是专业知识的学习，第三种是实践经验的学习，三者相互区别又相互联系。没有基础知识的学习，就学不了专业知识，没有专业知识，就难以运用于工作实践。工作经验固然重要，但它代替不了基础知识和专业知识，从事行政秘书工作的人，当前最紧迫的是要结合本职工作学习基础知识和专业知识。对于基础性知识，学习时要温故知新，学以致用，如哲学、历史、管理、人文等知识，行政秘书无论今后从事什么工作都必须具备。对于专业性知识，要学深学透，学广学新，对不同岗位上的人来说，这是“看家”本领，还要及时更新，赶上发展变化的需要。对于经验性知识，学习过程中一定要认真消化吸收，并与自己的观点相结合，确实变成自己的东西，并注意在工作中创新运用。

学习能力的强弱，不仅表现在获取知识的能力上，还体现在通过学习来提高自身能力上；不仅表现在从书本中学习知识的能力上，还表现在从实践中学习知识的能力上；不仅表现在对知识掌握的广度和深度上，还体现在实际工作中对知识的创造性运用上。

2. 必要性

当前，政府部门和企事业单位都面临变动的环境和竞争压力，行政秘书为避免被淘汰或者适应岗位的变动、职务升迁和职业变更的需要，都需要加强知识的学习，知识是生存的保障。任何知识都不可能保障一辈子受用，因此行政秘书必须不断地学习，才有可能在激烈的人才竞争中使自己立于不败之地。

（1）学习能力是行政秘书能力的综合反映。发现问题、分析问题、解决问题是行政秘书履行职责的基本内容。学习能力不仅代表着一个人的文化知识水平，还代表着一个人的价值观，更是一个人能力的集中体现。学习能力的内化层面决定着一个人发现问题、分析问题的水平，而学习能力的外化层面则决定着一个人解决问题的能力。

（2）学习能力是动态衡量行政秘书能力的真正尺度。行政秘书到新的工作环境、更高层级的工作岗位上，能否胜任新的工作要求和工作任务，取决于其学习能力。通过评价行政秘书对新知识的态度以及获取和运用新知识的能力，可以预测行政秘书未来所能具备的知识和能力。

(3) 学习能力是行政秘书职业发展的重要因素。行政秘书良好的职业发展需要不断地学习，只有不断适应社会提出的技能和知识的新要求，才不会被社会淘汰，才能有更长远的职业发展。

(4) 学习能力决定着创新力。学习是一个能动地获取、运用和创造新知识的过程，学习过程的本质是创新，创新与学习是一个相互交融、不可分割的整体。创新的源泉在于学习，学习的成效体现于创新。毫无疑问，一个不注重学习新知识、不注重研究新情况、不注重探索新问题的行政秘书，是不可能具有创新力的。

5.4.2 学习型行政秘书的特征

行政秘书组成一个学习型团队，通过多学科、多领域知识经验的交流、共享和更新，常常会产生突破性想法，有利于管理工作出现理念、技术手段、制度等方面的创新，从而强化行政管理效能。团队学习可以产生相互学习、相互感染、相互促进的良好学习氛围。当一段时间的学习明显地或者潜移默化地改善了工作的时候，会激励进一步学习的热情和积极性。学习型行政秘书有如下五项基本特征：

1. 为未来学习

学习型行政秘书着眼于未来，有明确的学习目标，即为实现个人的人生理想、为事业和未来社会的需要而学习。长远的学习要摒弃短视症和急功近利，懂得知识的更新周期越来越短。

2. 为创造学习

学习型行政秘书不是为学习而学习，不是把自己的大脑只当作需要填充知识的容器。学习型行政秘书总是自觉地、主动地、创造性地学习。行政秘书要有充沛的求知欲、好奇心，有持续学习知识的兴奋和冲动，并把学习的过程作为创新和创造的过程。

3. 终身学习

学习型行政秘书把学习作为一生的成长过程，把终身学习作为成人、成才、成事、成功的内动力。终身与学习为伴、与知识相约，把学习作为在新时代的一种生活方法。

4. 把学习作为一种生存状态和生活方式

学习型行政秘书的生存意义是用勤劳的双手创造财富，分享果实，也是用智慧的大脑创造财富，实现人生价值。让学习走进生活，让生活伴随学习，把追求知识作为人生的需要，把不断学习作为幸福生活的一部分。

5. 不断改善心智模式并超越自我

一般而言，每个人的心智模式都有缺陷之处，例如自我感觉良好、容易满足、不易改变自己的习惯等。学习型行政秘书善于用知识、真理、科学检查自己、解剖自己、批评自己，开放心灵，容纳别人的意见和建议，使自己的心智模式处于稳定的、健康的、与时俱进的状态。行政秘书能够通过学习不断认识客观世界，自觉地发挥主观能动性，努力地超越自我。

6. 善于驾驭时间

学习型行政秘书懂得时间的重要和宝贵，懂得失掉时间和浪费时间的不幸，懂得时间的价值与人生价值之间的关系。因此，学习型的行政秘书必然十分珍惜时间，科学地分配时间，有效地利用时间，做时间的主人。

5.4.3　增强学习能力的方法

行政秘书只有不断地积累知识，才能在竞争激烈的社会中立于不败之地。行政秘书提高学习能力的途径主要是日常工作中的学习、实践经验总结和外出培训等。

1. 掌握在工作中学习的方法，常态学习

掌握良好的学习方法是增强学习能力的第一步，也是最关键的一步，良好的学习方法需要从以下四个方面着手：

（1）制订合理的学习计划，把握学习的规律。有计划地学习才不会感觉学习的疲惫和繁重，要在时间上确定学习的远期目标、中期目标和近期目标。行政秘书在实际工作中，应该有阶段性的学习目标，确定学习的内容、效果和时间投入等。

（2）正确的研究方式。行政秘书可以通过各种渠道学习，掌握各种学习的工具是取得好的学习效果的重要步骤。一般而言，包括在研究方法中归纳的学习方式（见表5—1）。行政秘书可以充分利用调查研究、实验研究、实地研究、文献研究等方式来学习不同的内容，提高自身学习的科学性。

表5—1　　社会学研究方式

研究方式	方法论	子类型	资料收集方法
调查研究	实证主义	普遍调查 抽样调查	统计报表 自填式问卷 结构式访问
实验研究	实证主义	实地实验 实验室实验	自填式问卷 结构式访问 结构式观察 量表测量
实地研究	人文主义	参与观察 个案研究	无结构式访问 无结构式观察
文献研究	实证主义	参考文献 二次分析 统计资料分析	官方统计资料 他人原始数据 文字声像文献

资料来源：风笑天：《社会学研究方法》，北京，中国人民大学出版社，2001。

（3）先进的学习手段。要学会利用各种现代学习工具，熟练掌握计算机、网络等的基本操作技能，学会利用网络等现代手段查询、检索、归纳、整理知识和信息，交流、沟通、探讨新情况、新问题，充分及时地从各种现代媒体接受新知识、新观念、新思想。

（4）创新性的学习方法。实际工作中较有代表性的学习方法有两种：一是案例式，围绕某个特定的案例，就某个问题的解决畅所欲言、各抒己见，不设定统一的标准答案，进行发散思维，鼓励互动和辩论。二是主题联学，对于办公室人员少的单位，可以跟相关的部门如人力资源等在一起开展联学。

2. 把握实践出真知的学习规律，学以致用

行政秘书的工作岗位是实践性很强的，要通过在日常工作中不断地尝试新方法、新事物来增长见识。行政秘书要学会如何与领导相处，明白领导的意图，做好领导参谋等工作不是仅靠学习知识能够得来的，更多的是要参与实践，从实际工作中总结经验和教训。其方法主要包含以下三点：

（1）熟悉并掌握实际情况。行政秘书一定要把熟悉并掌握第一手情况作为一项基本功来强化，以便为领导决策提供准确的信息和可靠的依据。

（2）深入基层调研。围绕领导工作展开基层调研，积极主动帮助领导充实完善决策。行政秘书要在调研论证的基础上，深入基层，了解实际情况，敢于大胆地尝试与实验。只有这样才能就某些工作或某一阶段的任务，提出几种看法和设想供领导参考，以启发领导的思路。

（3）积极参与讨论，建言献策。在与领导研究工作、探讨问题时，要充分发表自己的意见，特别要注意站在领导的角度、全局的高度来思考问题，提出真知灼见，供领导选择、借鉴。

3. 利用培训等外在的学习机会，事半功倍

（1）参加专门的培训课程。目前社会上有很多专门针对秘书工作的培训课程，一般是由在企业做过高级主管的培训师，专门讲解行政秘书工作。主要的讲授内容包括行政秘书的办文、办事、办会，还有如何处理与领导、同事的关系等方面。这些课程有较强的针对性，而且培训的时间较短。对于刚进入职场的新人，参加一些这样的培训是有必要的。

（2）参与单位学习。大部分单位都很注重人力资源的培养，每年会定期举行培训课程，行政秘书应该抓住机会，积极参与单位组织的学习。单位学习可以分为三个层次，一是单位整体的培训，一般培训以理论为主，辅以考察观摩，提高行政秘书的思想素质，增强新知识、新设备、新技术的学习应用，提高行政秘书的知识水平；二是基层单位培训，以应用为主，结合工作任务，开展实用性培训，提高业务素质和工作能力；三是部门培训，以答疑解惑为主，可以通过师带徒、技术要点分析、工作负责人讲课等多种方式，解决工作中的实际问题，提高行政秘书应对工作任务、处理工作难题的能力。

（3）带职上学。一些单位鼓励行政秘书带职上学，与大学联合办学，开展学历教育，提高行政秘书学历层次。目前许多高校开设了专业学位的硕士研究生培养班，如 MBA、MPA 等研究班。行政秘书可以通过利用周末时间进入高校学习，增强其理论水平，改善行政秘书专业结构，提升行政秘书技能水平。

本章小结

行政秘书的综合能力包括行政执行能力、统筹能力、公关能力和学习能力。其中，执行能力是执行者贯彻战略意图，完成预定目标的操作能力，是把组织战略、规划转化成为效益、成果的行为，包含完成任务的意愿、完成任务的技能、完成任务的效果和程度。统筹能力是指管理者面临复杂的问题和众多的部署，要学会统筹安排，把问题分出轻重缓急，把人员分出长短强弱，要有合理的排序，有合理的目标和计划，而不是随心所欲。公关能力是指在公共关系理论指导下，对可能发生或已经发生的公关危机事件进行预测、监督、控制、协调处理的能力。学习能力是在学习过程中形成和发展起来的，是学习主体运用科学的学习方法独立获取、加工和利用信息，并用来分析和解决实际问题的一种能力。

关键术语

执行能力　　统筹能力　　危机公关能力　　学习能力

复习思考题

1. 如何提高行政秘书的执行能力？
2. 统筹管理的工作要求有哪些？
3. 行政秘书应具备的危机公关能力包括哪些？
4. 行政秘书提高学习能力的方法有哪些？

阅读材料

行政秘书处理“CEO 丑闻”公关

“CEO 丑闻”对企业来说，一直都是个棘手的问题，一旦爆发，很可能会出现“当家人一倒，江山变色”的局面，甚至公司会因此轰然倒塌。从公共关系角度而言，企业的“CEO 丑闻”当属于危机公关的范畴。那么，当丑闻出现的时候，秘书该如何应对呢？

在企业“CEO 丑闻”被曝光后，公司本身如何进行有效的沟通和公关，从而减少“CEO 丑闻”对公司的影响呢？

首先要建立一个有效的沟通和公关框架，公司的董事会必须思考如下问题：

企业的相关利益者是谁？

企业的目标是什么？

企业要传达的消息是什么？

企业希望相关利益者怎么做？

当事态发生变化时，企业的组织怎样及时向相关利益者提供更新的信息？

在“CEO 丑闻”中，企业的董事会和危机处理小组必须了解由丑闻带来的受众，这种了解是使组织从“CEO 丑闻”中恢复正常的基本要素。

公司应该围绕一个“以受众为中心”的危机管理反应方案，这意味着在企业领导者面临舆论或者形象危机时，企业的危机处理工作要围绕对内和对外两方面展开。

对内来说，企业领导者出现了危机，各种传言就会满天飞，错误和失真的消息会影响公司的凝聚力。此时，公司的董事会应当机立断，成立临时管理层，及时召开公司内部的沟通会议，传达真实的情况，将公司准备的处理方案和进程及时与员工进行沟通。

一般来说，公司“CEO 丑闻”事件发生后，企业的公关部门和董事会秘书应首先和董事会一道成立危机公关小组，制定出危机公关处理的应对策略。小组人员主要由公司的董事长亲自负责，董事会秘书或者公司的公关部经理作为企业的对外新闻发言人，及时与外部进行相关的信息沟通。比如在伊利的总裁被捕事件中，董事会迅速成立了相关的公关危机小组。一天之内，开了三场媒体沟通会，这就是一种良好的做法。

就公司外部来说，危机处理小组即使不能立刻对高管的问题给出一个清晰的解释，也要先发表一个声明，给出一个基本的态度、立场，让公司之外相关人员明确危机处理的进程、时间和方式。在波音的“CEO 丑闻”中，不少中国记者都收到了波音公司的新闻稿，而这些记者按照新闻稿提供的信息对外发布，这其实对波音公司是很有利的。

由于媒体传播的速度快，危机处理人员必须确保媒体能够将真实的情况准确地传递出去。为了确保新闻媒体从发言人那里得到的信息口径一致，同时也由于公司的高管不可能逐一接受众多记者采访，因此，记者招待会成为公司向记者和公众传达信息的有效措施，该措施也是和其他利益相关者的良好沟通方式。但是我们同时应该注意一点，记者们善于添加“CEO 丑闻”的故事性，在丑闻危机中，除非组织能够提供一个重要的、合乎时宜的声明，否则不要轻易召开记者招待会。

同时，公司也应该积极将情况和投资者、银行、相关政府机构进行沟通，取得他们对公司的支持，稳定公司的股价，使消费者和经销商继续使用公司产品。因为除媒体之外，关系着企业命运的当属上述相关组织。

企业应该对其分支机构就如何回应消费者的询问、竞争对手的打击、经销商的质疑等统一口径，做出合理的解释。公司总部应该将全国重要的经销商大户和供应商邀请过来，倾听他们的意见，并向他们阐述企业的发展战略不会因为“CEO 丑闻”而影响合作关系，同时保证营销政策的稳定性和连续性。

如果是上市公司，一旦发生“CEO 丑闻”，则要考虑如何保持股市的基本稳定，如何稳定股东、股民、基金经理、证券商等对企业的信心等问题。一方面，利用证券类报纸、财经类报纸、影视媒体等对影响股市的众多要素进行舆论引导；另一方面，还要适时召开股东、股民代表、基金经理等与公司的见面会，就丑闻的相关情况做出解释，而不仅仅是董事会秘书在证券市场上做一个简单的公告。

丑闻处理注意事项

在“CEO 丑闻”危机处理中，要注意如下几点：第一，对公司内部网络和互联网的管理。公司内部员工可能会将公司 CEO 或者公司一些不想向公众表达的信息通过网络传播出去，危机处理小组应在这个阶段加强对网络的监控和管理。第二，可以让一些专家出面，这样可以降低“CEO 丑闻”和公司的联系，增加信息的可靠性。第三，如果要举办新闻发布会，注意要将记者招待会现场与公司 CEO 和公司有关的所有标识物拿走，包括公司的名称、条幅、LOGO 等。原因在于，公司的 LOGO 等是公司在公众心目中声誉的重要代表，撤走它们，如果有电视台的记者到场，或者是第二天在报纸上出现 CEO 的照片时，就能减轻公众对公司的关注程度，哪怕只是暂时的。

总而言之，不论是企业还是事业单位、政府机关，如果行政秘书遇到领导的丑闻事件，都要学会危机公关，只有具备这些能力才能帮助单位和领导渡过难关，体现自身在危机公关中的关键作用。

资料来源：叶秉喜、庞亚辉：《“CEO丑闻”的危机公关策略》，载《国际公关》，2005（2）。内容有所删减。

思考题

1. 行政秘书在处理“CEO丑闻”的过程中，危机管理方案应围绕什么为中心？危机处理工作应该围绕哪些方面展开？

2. 行政秘书在“CEO丑闻”危机处理中应主要注意哪几点？

第三篇

做人与职业素养

第6章

角色定位与职业规划

了解行政秘书的角色定位是做好行政秘书工作的基础，本章全面介绍行政秘书的角色定位，对行政秘书角色认知和角色分类进行重点阐释。行政秘书角色的变化就是行政秘书职业发展的变化，从行政秘书角色的动态转变来规划行政秘书的职业生涯。

本章学习要点

- 行政秘书的角色认知
- 行政秘书的角色种类
- 行政秘书的职业规划

6.1 行政秘书的角色认知

行政秘书的角色认知包含对行政秘书的角色含义及角色特点等方面的了解，行政秘书的角色认知是把握好行政秘书在工作中的角色定位的第一步。

6.1.1 行政秘书角色的内涵

角色是指某人居处的地位、拥有的身份和担任的职务。一个行政秘书所要扮演的角色是非常复杂的。行政秘书在工作中，由于时间、场合、情景、环境和条件的不同，将扮演不同的角色，它需要通过扮演各种不同的具体角色才能完成。行政秘书的角色最终实现与他所担负的工作任务有直接的关系。

6.1.2 行政秘书角色的特点

行政秘书处理的是综合性事务，在社会活动中所扮演的角色也是复杂的。行政秘书的多种不同角色称呼，正是源于行政秘书角色的复杂性和多样性，表现出与其他职业不同的特点。其职业角色的特点主要表现在以下三个方面：

1. 定位从属性

行政秘书职业定位的从属性，是由自身地位所决定的。行政秘书的产生是由于领导工作的需要，没有领导就没有行政秘书，行政秘书是依附于领导而存在的。行政秘书的首要职能是为领导服务，领导的活动决定了秘书活动的基本范围和利益指向，行政秘书必须从属于领导。

2. 工作辅助性

行政秘书工作具有辅助性的特点，秘书本身只能按照领导的指示和意图来处理问题、办理事务，绝不能超出自己的职责范围擅自替领导做主、发号施令。一些高级秘书有参谋的职能，但是即使在充当领导参谋时，也只不过为领导的决策提供各种参考意见和启发思路而已，绝对不能代替领导做决策，更不能以领导自居。

行政秘书在辅助领导工作的全部过程中，无论在思想上还是在行动上，基本上是被动提出和实施，都只能是直接为领导服务。行政秘书只有按照领导的意图办事才不会违背工作使命，同时行政秘书要注意积极主动去理解、领悟、验证领导意图，才能做好辅助的角色。

3. 任务多重性

行政秘书职责的多样性决定了任务的多重性，其工作内容包括文书处理、文稿起草、公务接待、调查研究、收集信息、会务组织、协调沟通、信息保密等。在具体工作中，行政秘书又扮演着领导助手、参谋、代理人等角色。因此，任务的多重性要求行政秘书在实际工作中及时调整好自己在不同场合中的角色，履行相应的职责。

6.1.3 行政秘书权力与角色的关系

行政秘书的角色基础是行政秘书的权力，行政秘书权力及影响力决定了他们扮演的角色身份。因此，对行政秘书角色的分析首先要了解行政秘书的权力来源及权力特征。

1. 角色权力分类

行政秘书的权力来源于秘书部门贴近领导权力，是领导权力的一种延伸。这种职位本身不具有权力，但在实际工作中具有很大的权力，并且处在不同岗位的行政秘书拥有的权力不同。只有了解这些权力，才能够全面地认识和看待秘书的角色。行政秘书权力的种类可分为以下三种：

（1）职位权力，硬性决定角色。职位权力是行政秘书所在的职位赋予其的合法权力，是行政秘书最重要的权力来源。它包括三个方面：1）单位内部事务管理权，如掌管单位的印章和机要文件，代表单位或领导收集信息或对外发布信息、接待内外宾客，有权审核以单位名义发出的文稿，有权调查并汇集单位内部有关的情况和信息等。2）执行性权力，秘书部门是领导机关的办事机构，领导的意图需要行政秘书撰制成文件，并予以传达、贯彻执行或推动执行，在领导和领导机关做出的决策或决定颁发实施后，行政秘书直接负有检查、督办、催办和落实的义务。领导工作的许多事项都需要行政秘书来处理，离开了行政秘书，领导很难开展工作。3）代位性权力，行政秘书在某些情况下有权代表机关领导行使某些权力。行政秘书还经常秉承领导的意图，被授权代表领导去传达指示，指导工作，处理有关重要问题，如代表领导参加集会、庆典、宴请、接待等活动。

（2）机会性权力，柔性决定角色。由于行政秘书职位贴近领导，在适当的时间和地点所产生的机会也能给行政秘书带来权力。包括以下四个方面：1）信息处理权。秘书部门掌管并处理单位内外的相关信息，行政秘书负有搜集、掌握、储存大量经济、行政、社会信息，并及时向领导提供必要情况的责任，领导决策和有关职能部门开展工作，都必须依赖秘书部门信息工作的支持。2）建议权。行政秘书贴近领导，且没有部门利益，因此行政秘书提出建议的频率和被采纳的概率均比其他组织成员要高很多，同时行政秘书也比较熟悉领导的需求和部门的要求，能够起到为领导参谋的作用，这也无形中提高了行政秘书在单位中的威信。3）容易建立起各种关系。行政秘书处于领导的身旁，有很多机会与单位内外各种各样的人进行接触，建立起广泛的人际关系，尤其是与领导的默契和谐关系。4）获得提拔重用的机会比较多。行政秘书接近领导，领导的全局观、把握政策的能力、决策水平、组织能力和处理问题的能力都对秘书有潜移默化的影响，而且行政秘书经常受委托代表领导处理有关事情，因此，行政秘书容易脱颖而出，受到提拔重用的机会很多。

（3）个人影响力，弹性决定角色。行政秘书通过人格特质来影响他人也能获得相应的权力。一般而言，行政秘书需要具备良好的个性特征，比如有高尚品德、公正廉洁、敬业奉献、为人热情、处事周全、见识超群、阅历丰富、人缘融洽等，都会增强其个人影响力。同时，行政秘书的个人专家性权力越强，其拥有的权力也会相应增长。行政秘书对组织内部结构、政策制度、组织目标的熟悉，在处理内部事务管理、文书撰写和处理、档案管理、会议会谈的组织和服务、信访接待、调查研究以及日程安排等方面的专长和经验，为组织运转所依赖，也被领导开展职能工作所依赖，这为行政秘书赢得了专家性的权力。

2. 权力决定角色的特征

行政秘书作为领导的参谋和助手，其权力与领导的权力相比，最大的不同是不具备强制性，但行政秘书的权力与领导的权力有千丝万缕的联系，表现出以下四个方面的特征：

（1）行政秘书权力有伸缩性。行政秘书的权力不是固定不变的，具有很强的伸缩性。具体表现在以下三个方面：1）行政秘书的权力大小与服务的领导职务高低有关。领导的职务级别越高，拥有的权力越大，行政秘书的权力也会越大。特别是在党政机关，高层的领导秘书直接拥有的权力要高于下级领导的秘书的权力。2）领导授权也直接影响到行政秘书权力的大小。不同的领导处事风格不同，授权的程度也会不同。一些领导喜欢事无巨细全部交由秘书去处理，行政秘书拥有的权力自然会很大；而一些领导事必躬亲，那么秘书则只能做一些辅助性的工作，拥有的权力就会小。3）行政秘书权力的伸缩性还表现在权力会随着场合不同而变化。不同的场合，行政秘书拥有的权力也是不一样的。由于行政秘书的权力具有很强的伸缩性，这要求行政秘书的权力受到制约和控制，不能过度膨胀。

（2）行政秘书权力不具有强制性。行政秘书的权力是领导授予的，是依靠领导权力的影响力，是领导权力的延伸，行政秘书的工作只起辅助作用，因而行政秘书的权力不具备像领导权力那样的强制力。行政秘书没有资格强制要求同事做事情，因此，行政秘书必须委婉地行使权力，尽量少用强制的方式做工作，要在工作中建立良好的人际关系，取得别人的支持和配合，以便更好地开展工作。

（3）行政秘书权力具有广泛性。行政秘书的权力是一种广泛性的权力，这与行政秘书的工作性质有关。行政秘书是围绕领导工作的，领导工作到哪里，行政秘书就要服务到哪里。行政秘书的权力范围必然辐射到整个组织系统，甚至可以说与领导的权力范围相一致。因为只有这样才能确保秘书人员全方位地为领导服务，充分地履行自己的职责。

（4）行政秘书权力具有隐蔽性。行政秘书的一部分权力由领导授予，属于显性的权力。除此之外，还存在派生出的权力。由于行政秘书处于核心权力与实施对象之间的关口，往往成为在某一个权力体系中接近权力核心的必经通道，在上下级沟通渠道中行政秘书掌握了隐蔽的权力。在缺乏透明度的体制中，行政秘书运用权力时的“隐蔽性”经常存在。

6.2 行政秘书的角色种类

行政秘书作为一种社会角色，有特定的角色要求。他们因领导的需要而存在，这决定了行政秘书的基本职业角色行为就是辅助领导实施管理，提供领导需要的服务。但在实际工作中，行政秘书所在的单位及个人能力的差异决定了秘书所扮演的角色的不同，此外，单个行政秘书身上可能会体现若干种不同的角色。按照行政秘书扮演不同角色需要的能力不同，可以将行政秘书扮演的角色分为三类：助手、参谋和代理人。

6.2.1 助手

在党政机关，行政秘书作为领导助手的角色很早就被确定了。1985 年 1 月，全国秘书长办公厅主任会议提出了各级办公厅（局）的秘书要加强领导助手的作用。不论是在党政机关还是在企事业单位，行政秘书的工作角色都包括领导的事务助手，辅助领导完成日常的工作。

1. 助手的含义

行政秘书是协助领导处理政务，直接在领导的授权下处理机关中发生的公务的人员。行政秘书需要承担领导决策和管理中的绝大部分具体事务，节省领导的时间和精力，使领导能够集中精力考虑大政方针和全局性问题。

2. 助手角色的定位

行政秘书的助手角色主要反映在行政秘书的办文、办会、办事等方面。领导的助手需要承担以下七个方面的工作：

（1）办理文书。办理文书是一项经常性与基础性的工作，也是秘书部门的传统职能。

办理文书的职能可分解为：依据领导意图撰制各类公务文书，处理文书，包括收文与发文两方面，组织内部的档案管理工作，以及与办文相关的信息工作。

(2) 安排领导会务。包括会前准备、会间服务和会后处理。行政秘书要制定会议预案、准备会议文件材料，布置会场、制作会议证件等，会后要整理文件、收集材料和总结。

(3) 信息沟通。行政秘书工作的信息传递与信息反馈作用直接影响着各级领导行政管理的效率。行政秘书作为单位的枢纽，工作中要与上下左右各方面打交道，需要及时地将领导的意图、指示和精神传递给下属，做好上令下达的工作。同时，行政秘书要将上级部门的各项制度规定，原原本本地传达给下属，使工作能够井然有序地开展。

(4) 后勤保障。后勤保障是行政秘书保障领导机构正常、高效运转的重要工作之一。其工作范围广泛，包括内部财务管理、物资设备管理、房产管理、基本建设管理、医疗保健管理、环境管理、车辆管理、资产与产权管理、职工生活质量管理、安全管理、职工福利与文化生活管理等。

(5) 管理办公用品。办公用品的管理环节有：办公用品的采购、保管和发放。办公用品管理要合理计划，保证重点，厉行节约，加强保管；要根据所在组织工作的实际需要，结合办公经费的具体情况，有计划、有步骤地逐步改善办公条件。做好办公用品的管理工作，为提高办公效率、保证工作的完成提供必要的物质保障，对合理调配和使用办公经费具有十分重要的意义。

(6) 管理档案。档案管理是对过去的文件和信息进行整理，行政秘书需要及时地整理档案，为领导的决策和规划制定提供有用的信息。同时，行政秘书要确保这些信息的保密性，信息的传递不能过宽。

(7) 安排领导的活动。合理安排领导活动是秘书的经常性事务工作。领导的公务活动有对外和对内两类，秘书部门通常发挥配合与协调作用，安排领导检查工作、调研、集体视察和参观游览等。

3. 助手的六大能力与素质

行政秘书扮演好助手角色需要多方面的基本能力和素质，具备以下素质的行政秘书才能扮演好领导助手的角色：

(1) 文书处理与撰写能力。行政秘书的重要任务之一就是撰写公文和调研报告等。文书处理与撰写能力是行政秘书的基本要求，也是行政秘书做好领导助手的必备条件。它要求行政秘书不仅具备相当的文笔表达能力，还要有较高的理论修养和思想深度。尤其是党政机关的行政秘书，必须具备一定的理论深度才能把握好政策法规的方向。此外，文书处理与撰写能力的提高还要求行政秘书善于观察社会，从实际调查中搜集信息，避免文章脱离实际。

(2) 事务活动管理能力。行政秘书要想处理好日常的事务，需要注意事务的条理性、计划性及工作效率。行政秘书的事务纷繁复杂，如何在最短的时间内完成领导交办的事务是其必须加强的能力。这首先体现在迅速明确领导的意图，不凭主观臆断办事，明白领导的指示才能沿着正确的方向办事，从宏观上掌控整个办事活动的筹备、办事过程中的服务和活动的善后等。

(3) 会议管理能力。会议管理能力是行政秘书的基本能力之一，包括会前准备、会议中的组织与服务以及会后的处理工作。在领导确定了会议诸要素以后，行政秘书要准备会议，逐一分析会议计划和成本核算，做好相关文件的准备和会场的布置，并且及时下达会议通知。会议中应做好会场的组织与服务，会议信息的收集和编发，起草会议文件等工作。在会议结束后要及时传达会议精神，并且做好会议的善后工作，如会场的清理、人员的离会和会议决算等。

(4) 信息收集能力。行政秘书在具体工作中应具备搜集、整理、分析、处理信息的能力，主要包括以下两方面的内容：1) 信息的获取能力。行政秘书应建立常规信息渠道，善于开发新的工作信息资源，及时、准确、全面地获取所需要的信息。2) 信息选择的能力。信息时代，行政秘书每时每刻都在面对着滚滚而来的信息，信息垃圾、信息干扰、信息焦虑难以避免，因此必须学会准确无误地整理、识别、判断、筛选所遇到的信息，以达到去粗取精、去伪存真、为我所用的目的。

(5) 项目管理能力。当得到领导授权时，行政秘书需要对某个项目进行统筹和管理。项目管理不仅是行政秘书参与管理、对组织机构资源进行计划、引导和控制的过程，也是行政秘书谋求职业发展、实现自我价值的重要途径。因此，中高级行政秘书应当具备项目管理的专业知识和能力，以便更好地完成工作和实现自身的职业发展。

(6) 服从和服务意识。行政秘书的职业定位具有从属性，要求其必须具有服从和服务意识。服从领导的命令是行政秘书开展工作的前提，在执行领导决策的过程中，行政秘书只能在艺术和形式上加以创造和丰富，不能在内容上偏离和改造，不同的意见、建议和想法必须在保障领导决策的贯彻上实施。服务性是行政秘书工作的根本目的，要认真领会领导意图，按照领导的意思办事，围绕领导工作目标和要求来调整自己的行为。此外，行政秘书在工作中要勇于主动承担责任，善于发挥主观能动性，做好领导的助手。

6.2.2 参谋

行政秘书具有参谋的职能，但不是每个秘书都要做领导的高参。参谋的角色会对行政秘书提出更高的要求。一般而言，党政机关的政策调研室和办公厅主任等高级秘书必须为领导提供智力支持，成为领导的“外脑”。

1. 参谋的含义

行政秘书的参谋角色有两方面的含义：一是指一种行为过程，参与策划与谋略，即为追求一定目标的服务对象争取最佳目标效果而出谋划策，也就是常说的出主意、提建议。换言之，参谋就是为决策者在决策过程中提出谋划和建议的一种智力辅助性社会活动。二是指从事智力辅助性参谋咨询活动的主体。①

行政秘书的参谋角色是行政秘书为领导进行有效决策和管理而直接、综合、及时提供智能辅助的活动，属于秘书部门或行政秘书更为重要的工作和深层次的活动。行政秘书参谋的价值在于针对领导的管理和决策活动，补充延伸和放大完善领导指挥全局的智力和能

① 参见张同钦、杨锋主编：《秘书学概论》，87页，广州，暨南大学出版社，2006。

力，其实际作用渗透在领导的管理中，并通过领导的管理活动体现。行政秘书的参谋角色主要体现在两方面：一是行政秘书为领导办文、办事、办会中，出主意、想办法、提供可行性方案和拾遗补缺等，能有效延展领导的思路，拓宽领导的思维领域；二是行政秘书的创造性和创新性的作用，主要通过文字工作、信息工作、咨询服务性工作等来体现。

2. 参谋的角色定位

参谋的角色定位主要是为领导提供智力支持，在整个决策周期中都发挥重要的作用，主要表现在以下六大方面：

（1）辅助决策。行政秘书需要在决策过程中在理论、能力、技术、经验和精力等方面给予决策者补充，以提高决策的科学性和时效性。任何一个科学的决策都包括提出问题、搜集信息、确定目标、拟订方案、分析评估、方案选择、试验证实、普遍实施、监督检查和反馈修正等环节。如果没有决策前的准备工作，决策所需要的各种信息，将无法得到或者缺乏准确性；如果没有决策后的实施反馈信息，将无法判定决策的正确性，决策的目标也将无法达到。因此，行政秘书在决策过程中应该积极为领导提供信息材料，以便于领导做出科学的决策。

◆ 情景模拟 ◆

秘书的咨询参谋作用

背景材料

1950 年，朝鲜人民军发动了洛东江战役。人民军第一军团在 20 天的时间里突破了洛东江部分防线，第二军团已经沿东海岸向南推进到浦项一线，从西、北两个方向把李承晚和美军包围在釜山地区。金日成元帅宣布，8 月份解放朝鲜全境，取得彻底胜利。美、李军队则以洛东江为天然屏障，以釜山为依托，固守待援。一时间，洛东江成了全世界关注的焦点。

在此风云变幻之际，雷英夫——周恩来的军事秘书兼总参谋部作战副部长——每天要向总理汇报情况，有时候一天去三四次。8 月 23 日晚，雷英夫参加了一个小型战情研讨会，参谋们讨论热烈，各抒己见，雷英夫亮出了自己的见解：美军下一步会搞登陆作战，可能性最大的登陆场就是仁川。

当天晚上，雷英夫就向总理陈述了自己的观点和六条理由：第一，敌军现在在洛东江地区集中了几十个师固守，那么狭小的地带挤满了兵，不进攻又不退，目的无非是想吸引人民军的主力。第二，美军在日本原有的两个师，最近又成了新的机动兵团，既不驰援又不布防，反而搞登录训练，意欲何为？第三，麦克阿瑟及侵朝美军在第二次世界大战时一直在太平洋进行岛屿作战，登录是其拿手好戏。第四，美英等国正好有多只军舰往朝鲜方向调动，这些军舰不是为了解决供应问题。第五，人民军压到洛东江后，敌人形成密集防守，构筑了大量工事，这样的硬骨头看来一时啃不掉，啃不掉还在那里啃，就有被敌人机动兵团反咬一口的危险，最危险的是被敌人侧后袭击。第六，朝鲜半岛地带狭长，战略补给线就是从北到南那么一条，现在人民军的补给线已经拖得很长了，而汉城是铁路、公路交通的枢纽。所以，朝鲜战局表面上很好看，实际上很危险。

周总理很重视雷英夫的报告，毛主席听完报告后也觉得很有道理，当晚就采取了三个紧急措施：其一，命令东北边防军务必于9月底完成作战准备；其二，将我们的判断尽快通知朝鲜和苏联；其三，总参谋部和外交部密切关注战情变化，随时报告。

1950年9月15日，7万多美军果然在仁川强行登陆。雷英夫——被毛主席称为“洛阳才子”的秘书和参谋人才——为我军赢得战略主动权作出了贡献。

资料来源：孙荣等编著：《秘书工作案例》，上海，复旦大学出版社，2005。

角色扮演

假设你是军事秘书，你需要怎样做才能发挥参谋的作用？

参考答案

秘书的参谋作用的发挥需要做好以下三方面的工作：

（1）决策前准备工作要全面细致，对敌我双方情况进行全面了解。

（2）准确分析和把握当前形势。

（3）及时向领导汇报，提出观点并充分说明理由。

（2）政策研究。行政秘书需要辅助领导做好政策研究，在政策颁布之前分析政策的利弊，剖析政策可能产生的各种影响，为领导提供政策建议；同时对于已经制定出来的政策能够更深入地领会其精神实质，帮助领导抓住政策核心，有重点地开展工作。

（3）参与方案制订。行政秘书作为决策的协助者，有可能参与到方案的制订中。这表现在：1）秘书要草拟和收集供领导选择的多种可行方案；2）要参与对各种方案的分析、比较和评价；3）领导初选了决策方案后，秘书要参与对初定的决策方案的反复论证，并针对论证中发现的不足和问题，提出修改的意见和建议，将合理的意见和建议融入决策方案，使之得到充实和完善。

（4）协助政策方案的实施。行政秘书参与政策方案的实施需要在实施偏差、决策实施和实施环境把握等方面发挥参谋的作用。首先，行政秘书要对例行事务的疏漏做科学的论证，在实施过程中减少事务的漏洞，并且能够对实施过程中出现的问题及时回应，提出解决方案。其次，行政秘书要掌握实施政策的环境，根据环境的变化对决策的实施提出改进建议，能够在环境中寻找机遇，应对环境风险。

（5）参与政策方案的评估。行政秘书作为领导的参谋，应该在政策、规定或方案实施后主动调查了解实施情况，为领导下一步决策提供依据；对已经实施的政策进行补充和修正，以便于下一步更好地开展工作。

（6）政策方案的终止。如果行政秘书遇到政策无法实施或者已实施完成，应该及时向领导反馈信息，建议终止政策。这也是行政秘书作为参谋的工作之一。

3. 参谋的三大能力与素养

（1）善于进谏的能力。进谏是行政秘书发挥参谋助手作用的重要途径。优秀的领导一般比较注重听取他人意见，但行政秘书向领导进谏时要讲究方法，才能发挥作用。例如，毛泽东选择秘书要求“性格较温和，说话不甚刺耳”，就是对行政秘书进谏能力的要求。

（2）信息处理能力。行政秘书必须学会准确无误地理解、识别、判断、筛选所遇到的信息，以达到去粗取精、去伪存真、为我所用的目的。对所感知、选取和获得的信息进行深加工的过程，具体来讲就是对信息进行综合分析、整理排序、归类处理等工作。行政秘书在获取和处理信息的基础上，把自己的思想和见解融入其中，并通过恰当的渠道把这些信息传递给他人，与他人进行交流和共享，这是信息处理工作的最终目的。信息处理是行政秘书在现有信息的基础上对未来的一种推断和预见，它可能对行政秘书辅助领导决策具有决定性的作用。

（3）冷静沉着的素质。行政秘书要遇事不慌，遇险不惊，冷静沉着地思考解决问题的方法。同时，行政秘书要保持情绪稳定，避免冲动。只有具备这样的心理素质，才能在为领导决策提供建议支持时保持冷静的头脑，做出科学化的决策建议。

6.2.3　代理人

1. 代理人的含义

行政秘书的高级职能要求其能够在某些场合代表领导，根据领导授予的权力自主办事和行使权力。当然，并不是所有的秘书都能够扮演代理人的角色。通常在政府部门中只有领导的贴身秘书或者办公室秘书长在特定情况下能够代表领导；而在企业中，只有董事长及经理的高级秘书才能够在适当的场合扮演代理人的角色。

2. 代理人的角色定位

行政秘书作为领导的代理人，需要承担以下五方面的任务：

（1）对外代表单位。在企业中，董事会秘书在一定条件下一般具有对外代表公司的职权，例如就公司日常管理与外界签订民事合同，代表公司签署公司管理机关之间的文件和股权证书，代表公司发出通知、处理往来信函等。

（2）代表领导开展公关。行政秘书被认为是单位的“窗口”，许多与外部交往沟通的事项都是先通过行政秘书来开展，因此行政秘书扮演着重要的形象公关人员的角色。首先，行政秘书要做好接待工作。接待工作的质量直接关系到单位的声誉和领导的形象，行政秘书在接待中要锤炼作风，谨言慎行，树立良好形象，不能因为一时失态而引起来访者的不满，甚至影响整个单位和领导的形象。其次，行政秘书要开展宣传活动，增强单位和领导的知名度和美誉度。行政秘书要把单位取得的新成绩、新成果和服务的新方式等及时地对外宣传，扩大社会影响力，适时地策划一些宣传活动，例如会展、广告宣传、庆典、座谈会、记者招待会等。此外，行政秘书还要为领导做好宣传工作，为领导树立可亲、可信、可敬的良好形象。最后，行政秘书要做好危机处理。在单位遇到突发性事件时，行政秘书应认真分析事件发生的原因，尽快将危机的前因后果、公众的反应、媒体的报道传达给领导，向领导提出解决危机的方案和策略，并做好善后工作。

（3）代表领导综合协调关系。行政秘书作为领导的代理人，经常要协调好三种关系：1）部门关系。行政秘书是信息的重要枢纽，能够及时发现并消除部门之间、负责人之间和工作人员之间的误解、隔阂和矛盾等失调现象。行政秘书需要从大局出发，加强部门的沟通与协调，促进部门之间工作相互配合完成，维系单位的正常运转。2）工作关系。行政秘书能够全面掌握领导的工作规划，同时也了解基层工作的情况，因此行政秘书需要担负起沟通上下级关系的任务。当上下级出现矛盾时，行政秘书能够促使上情下达，联系沟通。3）领导关系。行政秘书在领导身边工作，有时处于几位领导之间，领导之间由于分管工作不同、工作上利益关系不清或拉帮结派等，可能会产生矛盾。行政秘书需要善于处理领导之间的关系，要凭借为领导提供服务、保持密切联系的信赖效应，主动进行沟通协调，努力取得良好的沟通效果。

（4）代表领导办理业务。一些企业的行政秘书作为业务型秘书，其主要工作是辅助领导办理业务。业务型行政秘书由于具有较强的专业技能，能够为领导提供更加专业的信息，因此他们可能会代表领导直接办理业务。

（5）代表领导出席活动。行政秘书贴近领导，而领导往往事务繁多，有些事情领导会交给秘书代为处理。这时，行政秘书就要善于进行角色转化，面对不同的对象要有不同的角色行为。例如当行政秘书代替领导参加会议、处理事情时，人们把行政秘书就当作领导，其角色也就发生了变化。角色意识强的行政秘书应能拿出领导的气魄和风度，这样才不辜负人们对角色的期望。需要注意的是，行政秘书是代替领导处理事情，并不是真正的领导，因此不能自视为领导，更不能以领导自居。①

3. 代理人的五大能力与素养

行政秘书作为领导的代理人，是行政秘书最高层次的角色，因此除了具备其他角色所需的能力外，还需要一定的领导能力。行政秘书作为领导代理人的能力需要从以下六个方面重点加强：

（1）良好的沟通协调能力。行政秘书作为领导的代理人，要能够快速领会上级单位的命令和政策，快速、准确地将重点内容传达给领导，以便领导做出相应的政策安排；还能把本单位的政策指令及时、有效地传递下去，避免发生失职误事的情况。同时还要做好信息的沟通，使单位员工及时了解自身与外部的情况。

（2）处事果断、办事高效的能力。办事雷厉风行是提高领导能力的有效手段。行政秘书作为领导的代表，在经过认真细致的调查研究后，要敢于坚持原则。要树立雷厉风行、说干就干、知难而上的工作作风，千方百计提高工作效率，敢于处理棘手问题，勇于承担工作责任，使他人从心底里产生对行政秘书的敬佩感和信任感，服从行政秘书的安排。

（3）责任与风险承担的能力。行政秘书代表领导出席活动或者代表单位开展活动，是经过授权的行为。一旦出现意外或有其他的责任与风险，行政秘书应该能够独立面对，应对自如。

（4）自如的社交能力。行政秘书的社交能力十分重要，因为行政秘书在公关工作中需要代表领导与各种人物接触，交际范围广。行政秘书应当了解和掌握基本的交际艺术和技巧，广泛地与社会各界接触，例如积极主动组织会议、招待会等宣传单位形象和文化的活动等，积极与外部沟通，建立和维系与外部的良好关系。

（5）学习能力。熟悉精通业务是代表领导做好工作的重要基础。随着社会的不断发展变化，领导所从事的各项工作日趋多样化和复杂化，这对领导决策的科学性和准确性提出

① 参见杨玮：《试论秘书的角色意识》，载《秘书之友》，1988（5）。

了更高的要求。行政秘书只有不断提高岗位技能，提升工作标准，落实岗位责任，培养自己的学习能力，全面了解业务需求，才能在代表领导办事时掌握全局，不出差错。

(6) 内外兼修的个人素养。行政秘书作为领导的代表，需要注重自己的形象，包括行政秘书人员的外在容貌、体态、形象和内在的修养、素质。

6.3 行政秘书的职业规划

从本质上看，行政秘书的职业规划就是如何能够顺利地进行角色转变，成功实现职业发展。

6.3.1 行政秘书职业的障碍

随着社会变迁和竞争加剧，组织活动日趋复杂化和科学化，领导智能水平不断提高，为行政秘书的职业发展提供了空间。全球化进程下跨行业、跨地区、跨国界的政治、经济、文化、科技交流不断深入，既拓宽了行政秘书工作的空间，又拓宽了行政秘书工作的视野，这为行政秘书的职业发展提供了良好的机遇。但是行政秘书的角色也有局限，行政秘书职业的障碍必然会影响其职业规划，具体表现在以下三个方面：

1. 潜在的年龄界限

虽然有人从事行政秘书一生，但行政秘书这一职业具有年轻化的趋势。行政秘书是单位的“门面”，很多单位要求行政秘书的形象有朝气，以更好地代表本单位。一些招聘行政秘书的信息中，经常能看到对年龄的要求。

2. 缺乏专业技能

现代社会对行政秘书的要求在不断地提高，但行政秘书掌握的大多是处理日常事务及人员沟通等通用技能，无须任何专业知识背景。一旦寻求转行，难度较大。行政秘书的专业知识背景大多是文科类，如中文、行政管理等专业，这些学科相对缺乏实用的专业技术能力，因此难以成为行政秘书的核心优势。此外，长期从事行政秘书的工作无法积累其他领域的知识和技能，表现出行政秘书优势与能力退化的趋势。

3. 易被新人代替

行政秘书若不注重知识积累及专业提高，可能使自身在社会竞争中失去优势。新人辈出是社会的必然，对于每一位行政秘书来说，如果不积极提高自己的综合能力和做好长期角色发展规划，很容易被新人替代。

6.3.2 职业规划的影响因素

行政秘书在日常工作中经常与各个部门打交道，接触面广，对单位架构和业务比较熟悉，因此职业发展的选择面比较宽。行政秘书的晋升途径主要有以下五种：一是行政类，行政秘书可直接过渡到行政主管、办公室主任、综合管理部主任等职位；二是助理类，行政秘书可发展为总经理秘书、总经理助理；三是人事类，行政秘书可发展为人力资源主管；四是公关类，行政秘书可从接待、协调岗位过渡到公关经理、客户经理等；五是业务类，行政秘书可发展为商务主管。[①] 行政秘书的职业生涯发展与单位的发展一样，必须先进行选择，方向比速度更重要。总体来说，行政秘书职业规划受到个人能力、上级领导、个人修养等方面的影响。

1. 能力拓展是职业规划的坚实基础

（1）个人能力影响本职工作。如果行政秘书个人能力不足，将难以胜任本职工作，无法按照领导的要求开展工作，因此难以寻求职业发展。

（2）个人能力影响晋升。行政秘书的层级一般可分为初级秘书、中级秘书和高级秘书三级，由初级秘书向高级秘书发展是一种自觉的职业发展追求。初级行政秘书主要负责基础事务的打理，如公文整理、安排会议、后勤保障等工作，行政秘书出色地完成这些职责才会有更大的空间。

除此之外，行政秘书如果在某方面具有专业能力，则有助于行政秘书转型。行政秘书肩负着众多工作，日常工作中能够培养出多领域的专业能力，如经济管理、法律知识、财务管理、人力管理等专业技能。行政秘书若具备某领域的专业能力，可成功转型从事专业领域的工作，如行政秘书可以转行做律师、会计、培训师等工作。

2. 领导对秘书职业规划的影响

领导的提拔是行政秘书职业发展的重要条件之一。行政秘书常常要陪伴在领导身边，与领导关系密切。领导对行政秘书的职业生涯有巨大的影响力。如果能够得到领导的赏识，行政秘书可以得到更快的发展。行政秘书要想获得领导的赏识，需注意以下两个前提条件：（1）行政秘书须与领导的思想一致、步调合拍，才能得到领导的认同。（2）能力素养得到领导的认可。行政秘书自身的工作能力和素养如何，是能否得到领导提拔的重要条件。只有具备了相当的能力和素养，领导才会考虑提拔。

◆ 情景模拟 ◆

杜拉拉晋升

背景材料

杜拉拉是某公司行政部的一名行政助理，她在日常工作中经常积极主动地承担额外的工作任务。一次偶然的公司装修工作，由于杜拉拉的直属领导有事不在，公司将很多重要的事务交由杜拉拉办理。杜拉拉经过个人的不懈努力，圆满完成了装修任务，她的个人能力得到了同事及领导的赏识。后来杜拉拉在人力资源部领导的帮助下，成功晋升为行政部主管。

资料来源：李可：《杜拉拉升职记》，西安，陕西师范大学出版社，2009。

角色扮演

假设你是杜拉拉，总结你成功晋升的关键因素。

---

① 参见侯典牧：《谈秘书职业生涯发展的特点、类型及趋势》，载《秘书之友》，2008（5）。

参考答案

成功晋升需要以下三方面的因素：

(1) 依靠个人的不懈努力，使自身具备足够的能力和素养。

(2) 认真做好本职工作，在工作中得到领导的肯定和赏识。

(3) 抓住机会，在工作中充分展现个人的能力和素养。

领导对行政秘书职业发展的影响主要表现为以下三种情况：

(1) 由行政秘书直接晋升为管理者。管理者是指单位的办公室主任、行政经理等职位。一般而言，单位的办公室主任都是自上而下任命的，行政秘书是否能够晋升为管理者，领导个人的偏好和推荐是重要因素。

(2) 工作平级调动。如果行政秘书得到领导的赏识，领导可能会有意识地培养其各方面的能力，提升综合素质。通过把行政秘书放在不同部门进行平级调动和锻炼，积累足够的业务能力和专业技术，有助于行政秘书上升到管理层。

(3) 行政秘书被排挤辞退。因为才能出众而遭受嫉妒、打击、排挤，或者因为与领导难以相处，一些行政秘书会遭受同事或者领导的排挤。外在的条件不能满足个人发展的需要时，行政秘书就要考虑退出现有的工作岗位，寻找其他适合自身发展的职业道路。

3. 修养提升是内在根基

行政秘书除了具备职业发展的个人能力外，还应该有良好的职业素养。良好的职业素养能够给行政秘书的职业发展带来更好的机会。

(1) 人格修养是职业发展的基础。作为领导的行政秘书，细心、耐心、恒心、爱心都是领导非常赏识的工作态度，只有具备这方面的素养，才能得到领导的信任，从而获得提拔的机会。

(2) 才学修养是职业发展的基本条件之一。这包括文学和智能两方面的修养。许多行政秘书得到提拔靠的就是“笔杆子”，良好的才学修养有助于得到领导的重用。

(3) 政治思想修养是政府部门职业发展的保障。对于政府部门的行政秘书而言，政治思想素养对行政秘书的职业发展起着重要的作用。

(4) 道德修养是职业发展的前提。道德修养包括忠于职守、严守机密、正直诚信、谦虚谨慎等，这是行政秘书职业发展的重要前提。

6.3.3 职业规划的步骤与方向

科学的职业规划是成功实现行政秘书职业发展的关键。只有将行政秘书自身能力、修养等方面的特征与职业前景相结合，遵循特定的步骤和方法，才能使职业规划和发展更加科学。

行政秘书职业规划的步骤主要包括以下三部分：(1) 自我评估。自我评估包括兴趣、特长、性格、学识、技能、智商以及组织管理、协调能力等方面。行政秘书通过评估，一方面判断自己是否适合秘书工作，及时调整职业方向；另一方面可寻找自身素质的不足之处，有意识地强化和提升自身素质。(2) 路线选择。不同的职业发展路线，对行政秘书的能力要求不同。行政秘书在职业规划中应先确立自己的职业发展路线，再依据选定的路线设定职业目标，做到有的放矢。（3）制订计划与实施。在确立职业目标后，行政秘书需要制订职业发展的具体计划，采取适当的措施落实行动。

路线选择是行政秘书职业规划的核心环节，行政秘书职业规划的路线即如何转换自身的角色，寻求更适合自己的发展。一般而言，行政秘书的职业规划路线有以下三个方向：

1. 由初级能力向高级能力方向发展

行政秘书的职业发展与自身的能力水平密切相关，因此，行政秘书职业规划的首选路径就是要提高自身的能力。

行政秘书要想突破发展的瓶颈，就要注意培养中高级能力，致力于成为综合性的人才。具体而言，初级能力与中高级能力所包含内容如表6—1所示。

表6—1　　行政秘书应具备的初级能力与中高级能力

初级能力	中高级能力
撰写文书的能力	项目管理能力
语言表达能力	知识管理能力
会议组织能力	人际交往能力
档案管理能力	公关能力
日常事务管理能力	时间管理能力

初级能力已在第2章重点讲解，这里重点介绍行政秘书需要的中高级能力。

（1）项目管理能力。当得到领导授权时，行政秘书需要对某个项目进行统筹管理。项目管理不仅是行政秘书参与管理、对组织机构资源进行计划、引导和控制的过程，也是其谋求职业发展、实现自我价值的重要途径。因此，作为中高级行政秘书，应当具备项目管理的专业知识和能力，以便更好地完成工作，实现自身的职业发展目标。

（2）知识管理能力。行政秘书的信息中心角色和信息中枢地位决定了其必须具备信息管理的基本职业技能。知识管理是知识经济时代的一种全新的管理理念，其出发点是充分利用社会组织的知识智慧、创造能力来提高自身的竞争能力。知识管理的核心是特定人才和技术的组合所拥有的创新能力以及这种能力的持久性。这种创造力能够改变人们的工作方式和工作成效，对行政秘书的职业发展具有重要意义。

（3）人际交往能力。行政秘书作为领导的参谋和助手，处于组织的枢纽地位，需要帮助领导处理一些日常事务，发挥承上启下、沟通左右、联系内外的桥梁作用，因此行政秘书必然会与组织内部或外部的各种人接触和交往。与这些人之间的接触和交往就构成了行政秘书的人际关系。行政秘书在人际交往中要学会宽容忍让、微笑待人、尊重他人、诚信正直、少说多做等。

（4）公关能力。行政秘书经常有一些外部公务交往，具体是指行政秘书由于本单位工作需要，与单位外部交流信息的过程。行政秘书在交际时要广结善缘，真诚交往，提升自己单位的信誉和形象；同时还要维持同有关人员的良好关系，为单位未来发展和合作做必要的铺垫和准备等。

（5）时间管理能力。行政秘书在工作中必然会面临很多的问题，如此多的事务要想处理好，就需要有很强的时间管理能力，能够合理安排时间、掌控生活节奏和工作内容，确保办事成功，达到理想预期。行政秘书需要每天对所做的工作进行检查，回顾内容，查找缺漏，并能够把措施付诸实践。

2. 专业化发展方向

对于一些不喜欢秘书职业或者想转行的行政秘书，其职业规划应向专业的领域发展。行政秘书在做好本职工作的基础上，应积极主动学习新领域的知识，充实自身的专业技能和知识储备。例如可通过考试等方式取得专业岗位的资格证书，为以后的发展做好铺垫。目前社会上比较紧缺的人才和热门的发展方向需要的资格认证有：

（1）注册会计师资格证：注册会计师简称 CPA（certified public accountant），注册会计师考试是中国的一项执业资格考试。从 1991 年开始实行的注册会计全国统一考试制度，1993 年起每年举行一次，具有高等专科以上学校毕业学历，或者具有会计或相关专业中级以上技术职称者，都可参加注册会计师全国统一考试。专业阶段考试科目为会计、审计、财务成本管理、经济法、税法、战略与风险管理。每年 CPA 考试通过率只有 10%，证书的含金量非常高。

（2）律师资格证：律师资格考试是全国统一司法考试，考取的证书是法律职业资格证，报考资格原则上必须是本科法律专业毕业或者其他专业本科毕业而有相应法律知识，通过司法考试且在律师事务所实习满一年后可以申请律师执业证书。

（3）人力资源管理师证：人力资源管理师是指从事人力资源规划、招聘与配置、培训与开发、绩效管理、薪酬福利管理、劳动关系管理等工作的管理人员。该职业共设四个等级，分别为：四级企业人力资源管理师（国家职业资格四级）、三级企业人力资源管理师（国家职业资格三级）、二级企业人力资源管理师（国家职业资格二级）、一级企业人力资源管理师（国家职业资格一级）。人力资源管理师证是国家公认度比较高的人力资源方向证书。

（4）公共营养师：公共营养师是鉴于目前中国居民营养问题日益突出，政府酝酿营养立法之际推出的新兴高薪热门职业。目前我国对这类人才的需求量很大，饭店、学校等机构急需此类人才。

3. 晋升为管理人员

一些行政秘书能够晋升到办公室主任甚至更高的管理岗位，行政秘书成为管理人员有很大的优势。与岗位特点相关，秘书容易得到提拔。秘书一般属于办公厅或办公室的编制，这个综合办公室本就是行政运转的枢纽机关，是行政信息的聚会点。而秘书服务的对象是领导，在我国权力集中制的背景下，领导往往就是权力中心、决策中心。因此，行政秘书成为管理者是具有很大优势的。

从中选择一条道路，或选择这三条道路，并且在这些道路之间来回跳跃，完全取决于行政秘书的个人判断。每条路都有发展的潜在机遇，如何决策就在于自身的判断。

本章小结

本章内容旨在探讨行政秘书的角色定位，从行政秘书的权力分类探讨行政秘书的权力来源，这是定位行政秘书角色的基础，只有了解行政秘书的权力范围，才能界定其职能范围。行政秘书的角色定位的过程与角色作用是本章的核心内容，深层次地探讨了行政秘书应如何把握好自己的角色定位，防止越权等行为发生。最后，总结了行政秘书定位存在的问题及应对策略。

关键术语

行政秘书的职位权力　　行政秘书的角色分类　　行政秘书的职业发展

复习思考题

1. 行政秘书的角色权力来源有哪些?
2. 行政秘书的角色分类有哪些?
3. 行政秘书的职业发展途径有哪些?

阅读材料

姜秘书错在哪儿?

某省茶叶进出口公司罗经理将与英国客商史密斯谈一笔 20 万英镑的茶叶出口合同，姜秘书做接待工作兼翻译。史密斯一进门，姜秘书马上引进会客室，罗经理已等在那里了，经过一番简单的介绍，他们发现史密斯粗通汉语，能听懂不少中国话。罗经理与史密斯寒暄的时候，姜秘书前去泡茶，她用手从茶叶罐中撮了一撮乌龙茶放在茶杯内，然后冲上水，把杯子放在史密斯的面前。

罗经理和史密斯都看到了这一切，史密斯疑惑地问："听说你们中国在加工碧螺春时，姑娘们要用手蘸着唾液把茶叶卷起来，是不是?"罗经理还未答话，姜秘书立即回答："那种茶叶样子特别好看，特别香呢!"罗经理解释说："不，不，不，几十年前是这种情况，但现在茶叶的种植、采集、加工都严格按照国家出口标准进行，不会再出现类似的情况。"史密斯说："刚才那位小姐给我泡茶不是用手抓的吗? ……"

罗经理转移话题，引导史密斯到茶叶样品桌前，双方就合同事宜谈了起来。在价格问题上双方争执不下，最后，罗经理说："我按最低价打九折给你。"史密斯沉思着，姜秘书接口："我们已经给你成本价了，你应该接受了，你连茶都没有喝一口，怎么知道茶叶的质量呢?"史密斯听了，耸耸肩，说了声抱歉，拔腿就走。望着史密斯的背影，罗经理对姜秘书一顿责备："好好的一单生意，都让你给搅了!"

姜秘书茫然不知所措："经理，我不是一直在帮你吗? 怎么会是我的错?"

资料来源：http://jpkc.hzvtc.net/ms/wen3_show.asp? id=51,2006-07-04。

思考题

1. 在合同谈判的过程中，姜秘书的行为有哪些不恰当的地方?
2. 作为秘书兼翻译，姜秘书的角色意识应该是怎样的?

第 7 章

职业修养与职场心态

行政秘书的办公环境是复杂的，良好的职业修养是行政秘书在办公环境中应对挑战和问题的重要保障，同时良好的职业修养需要积极的职场心态作为内在支撑，才能达到内外兼修。这是本章所要探讨的重要问题。

本章学习要点

- 行政秘书的职业修养
- 行政秘书的职场心态
- 行政秘书的心态调整

7.1 行政秘书的职业修养

行政秘书的职业修养会直接影响其工作表现和职业发展，因此行政秘书应加强对职业修养的重视，积极提升自身的职业修养。

7.1.1 职业修养的含义

“修养”一般有两种含义，一是指个人在政治、思想、道德品质和知识、才能等方面，经过长期锻炼和培养所达到的一定水平，如政治修养、文学修养等；二是指逐渐养成的待人处事方面的正确态度。

行政秘书的职业修养主要是指行政秘书在工作中应该具备的修为与素养。行政秘书的职业修养既是行政秘书工作能力的基础，又是职业发展的有力保障。

7.1.2 职业修养的内容

行政秘书良好的职业修养包括良好的职业习惯、良好的才学修养和高尚的道德品质三方面。

1. 良好的职业习惯

行政秘书的工作烦琐复杂，只有养成良好的职业习惯，才能应对不同的工作内容，圆满完成工作任务。良好的职业习惯包括以下三个方面：

（1）耐心细致。

行政秘书的事务性工作看似简单，做起来却很复杂，因此处理过程中耐心和细致就极为重要。在工作过程中，行政秘书要掌握一定的办事方法和技巧，注意把握事务的发展脉络，平时要坚持勤听、勤记。更重要的是，行政秘书要学会重复做简单的事情，在耐心的引导下积极提高自己的敏感性，只有这样才能抓住更多的发展机会。

（2）谦虚谨慎。

行政秘书经常与领导接触，因此常常被人“高看”。但是秘书不能因此而盛气凌人，一定要保持头脑清醒，摆正位置，要谦虚谨慎地待人处世，积极调整心态，端正态度，适应环境。

（3）严守机密。

行政秘书工作岗位特殊，任务特殊。与其他岗位相比，行政秘书身处领导部门中枢，接触较多的工作机密，泄密是秘书最容易犯的错误之一。为了严守机密，行政秘书要有非常丰富的知识和经验，具有高度的职业敏感，严格自律，时刻衡量各方面的利害关系，严守机密。

2. 良好的才学修养

行政秘书不仅要具备良好的职业习惯，还要有真才实学。良好的才学修养，是一个人深层次的文化修养，良好的文化底蕴和扎实的文字能力，与行政秘书的形象相得益彰。行政秘书的才学修养主要包括以下三个方面：

（1）文学修养。

秘书的培养以良好的文学修养为前提，注重写作能力。对行政秘书而言，写作能力主要是指公文撰写能力。公文写作是把信息转化成文字、符号、图表、数字等形式，并借助纸张进行思想或情感的表达，以实现沟通、交往和合作的目的。它要求行政秘书不仅要懂得基本的写作理论和写作技巧，而且还要具备一定的理论修养、政策水准以及领会意图和获取信息的能力。行政秘书的地位和工作的特性，决定了行政秘书的写作要思路开阔、内容丰富、紧扣工作中心。这就要求行政秘书不断加强文学修养，做到切实准确地上传下达，发挥岗位所要求的沟通、反馈、协调的作用。

（2）智能修养。

智能修养是指行政秘书的文化知识水平。知识修养是行政秘书出色完成本职工作的知识基础。行政秘书作为综合性的管理人才，需要不断提高、不断进步，掌握多领域的知识内容，提高个人素质，增强服务能力。

（3）政治理论修养。

行政秘书，尤其是政府部门中的行政秘书，必须具备严格的政治理论修养，保持高度的政治敏锐性和政治责任感，不断进行理论学习，培养较高的政治理论水平。

3. 高尚的道德品质

行政秘书与其他职业一样，都必须遵守一定的职业道德。行政秘书工作的特点决定其应具有以下三种道德品质：

（1）忠于职守。

行政秘书产生于领导工作的需要，其工作是为领导服务。行政秘书应该忠实于领导，如实向领导反映情况，忠诚于单位的使命和目标，尽力为单位的利益办事。

此外，行政秘书做到恪守本分。领导和行政秘书之间既是上下级关系，又是工作上的主从关系。行政秘书无论自己职务有多高，才能有多强，都始终要准确定位，只能参谋，不能决策，对工作认真负责，甘愿当助手、配角，不越权不越位。

（2）节俭自制。

节俭自制要求行政秘书遵守法律法规和工作制度。只有严于律己，才能让其他人无可挑剔，从而有利于秘书工作的开展和秘书职业的长远发展。

（3）正直诚信。

正直是对行政秘书的基本要求。行政秘书为领导服务就要尊重领导，但是服从不等于盲从，要有原则地协助、服务领导。在领导出现错误时，行政秘书要直言敢谏，阐明自己的观点，为领导拾遗补漏。

行政秘书还需要有诚信的素养，诚实守信，做老实人，说老实话，办老实事，不弄虚作假，不阳奉阴违，不口是心非，只有这样才能取得他人的信任，才能将单位的各项活动落到实处。

◆ 情景模拟 ◆

爱占小便宜的秘书

背景材料

秘书D女士先在一家公司担任秘书工作，工资虽然不高，工作却很轻松，每天没有多少活可以干。但D女士耐不住闲，就在工作时间用公司电话给外省的亲友打长途电话交谈。她原以为公司查不出来。某个月底，上级拿了一份长长的电话账单来找她，问她是不是私人电话。没有办法，她承认了，但又说她不知道不能在公司打私人电话。上级正颜厉色地对她说："那我现在告诉你，你再从公司打私人电话，一律由你自己付钱。"过了几天，就以节约开支为名把她辞退了。

D女士后来又找到一份秘书工作，公司比以前的大，待遇也更好。虽说有前车之鉴，但她却照样给外省亲友打电话。后来她的主管拿了账单找她时，她还理直气壮地说："我是为了给公司联系业务才打这些电话的。"主管继续追问了公司名称、联系人姓名、业务情况，D女士顿时语塞，终于承认有些电话是给朋友打的，但仍坚持说目的是想请他们帮忙联系业务。主管什么也没说，第二天就把D女士解雇了。

角色扮演

假设你是一名行政秘书，从材料中D女士的经历你得到了怎样的教训？

参考答案

材料中D女士两次被解雇，表面上看是爱占小便宜导致，实际上是由于D女士的基本职业道德存在严重问题。爱占小便宜的行为，例如用单位的电话打给朋友聊天或者将单位的办公用品带回家等，这些虽然是小事情，但是给同事和领导留下道德瑕疵的印象，甚至影响职业发展。

7.1.3 职业修养的作用

养成良好的秘书职业修养对行政秘书工作的开展有重要的意义，总体而言，行政秘书的职业修养的作用主要表现在以下四个方面：

(1) 有利于行政秘书工作业务的开展。

有良好职业修养的行政秘书，对待工作认真谨慎，严格按照领导意图办事，及时完成领导下达的任务，在适当场合为领导出谋献策，有效地保证工作质量，提高工作效率，保证业务的顺利开展。

(2) 有利于行政秘书个人能力的提高。

现代社会对行政秘书的要求越来越高，领导对行政秘书的综合素质与能力也越来越重视。行政秘书不断地加强自身的修养，有助于由内而外地提高工作中的组织、写作、创新能力，从而在工作中游刃有余。

(3) 有利于行政秘书人际关系的培养。

人际交往是行政秘书工作的一个重要内容，有修养的秘书善于与人打交道，懂得人情世故，易于得到对方的认可与好感，得到对方的配合，从而有利于交际事宜的顺利完成。

(4) 有利于行政秘书职业生涯的发展。

行政秘书要有长期的职业发展规划，如果行政秘书个人不具备职业发展所要求的能力和素质，就会失去有利的职业发展机会。因此，职业修养的提高也为行政秘书职业发展奠定了良好的个人素养基础。

情景模拟

秘书的素养

背景材料

市机械进出口某分公司经理在出国考察期间，曾与某国外商社签订出口技术含量高的成套机床的意向书，外商总经理即将前来考察，最后落实出口事项。这一信息传到分公司时，时间已经相当紧迫。在国内主持工作的副经理找来谢秘书和冯秘书，要他俩在两天内分别完成两个材料的写作任务：一个材料是概述我国，特别是新中国成立后生产该成套机床的历史发展状况；另一个材料是详细介绍改革开放以来以星火厂代表的生产厂家为提高该机床质量所做的各种努力，以及销售状况。两个材料都必须以确切的统计数字来说明。

副经理布置任务后，强调一定要将材料写好，使外商感到满意。最后，他问两位秘书需不需要找人帮助查阅资料，冯秘书要求派人帮助，谢秘书表示不需要。

谢秘书多年来收集积累了几十万字的各种资料，有关本公司、本行业、本系统的各种数据、资料特别丰富。他分门别类，装订成册，平时翻阅，烂熟于心，任务来了，翻出所需材料，便可很快完成。第二天一早，他将已写好的材料交给了副经理。到了下午还不见冯秘书交材料，副经理派人去催问，得到的回复是，还有些数据和材料尚未查到。为确保万无一失，副经理又找来谢秘书，要他再辛苦一晚上将第二个材料写好。

谢秘书在接受副经理下达的任务时，瞬间产生了种种考虑：

(1) 接受任务，按副经理意见办事，代替冯秘书完成第二个材料的写作任务。

(2) 借口第二个材料早已分给了冯秘书写，自己再插手，会影响关系，加以拒绝。

(3) 既不拒绝不管，也不全由自己揽过第二个材料的写作任务，而是背着副经理暗暗帮助冯秘书按时按质完成任务。

(4) 在副经理再次布置任务时，明确表示，自己愿意提供素材和数字，帮助冯秘书完成任务，而不另起炉灶去取代他。

谢秘书认为，此时，副经理是在客观情况紧急，为迅速完成任务而做出的走马换将的决定。从领导角度看，有合理性的一面。然而，这样做的结果将给秘书队伍内部的团结，给冯秘书今后的处境，以及自己与冯秘书的关系，带来一系列的不利影响。因此：

如采用方案 (1)，完全接受领导分配的任务，似乎不错，但结果会带来不必要的副作用。

如果照方案 (2) 办，显然违背了秘书按领导指示办事的工作原则。

按方案 (3) 处理，谢秘书不争名利，乐于助人，似乎很高尚，然而，确有违秘书的角色地位和工作原则，同时也有违秘书必须具备忠诚品格的要求，在他人心目中反而会落个沽名之嫌。

谢秘书在很短时间内，经仔细斟酌后，采用了方案 (4)，向副经理说明了理由，副经理也觉得很好，谢秘书向冯秘书提供了必要的材料和数据，冯秘书按时按质完成了任务，从中，冯秘书向谢秘书也学到了很多东西，提高了自己的能力。这样，也协调了同事之间的关系，维护了秘书团队的和谐与团结。

角色扮演

假设你是谢秘书，你会如何处理？你认为材料中体现了谢秘书哪些良好的素养？

参考答案

材料中涉及秘书工作中多方面的问题。总的来看，主要是秘书本身素养的问题。一个政治素质高的秘书，在按领导意图办事时，第一，他必须判断领导意图正确与否，有无偏颇之处。如果领导意图有偏颇之处，则应设法尽力劝说领导，修正乃至改变初衷。第二，一个优秀的秘书，其内在品质应顾及整体，顾及他人，处理好同事之间的关系，注重发挥他人的积极性。第三，秘书应注重平时练好“内功”，全面提高自己的素养，才有可能在被动中争得主动，出色地完成任务。第四，秘书在接受任务时，应有较强的判断力和迅速做出反应的能力。

7.2　行政秘书的职场心态

行政秘书的职场心态是职业修养的外在表现，也是衡量职业修养优劣的重要参考标准。本节将对行政秘书的职场心态进行分析，促进培养积极的职场心态。

7.2.1　职场心态的含义

心态是指对事物的发展表现出的不同的思想状态和观点。职场心态指的是个人在职业生涯中的各个阶段，对工作、人际关系和自身等方面的心理状态。

职场心态不是一成不变的，它会随着周围环境和个人调节能力的变化而变化。职场心态会影响行政秘书对工作、对人际关系、对自己未来职业发展等方面的态度。

7.2.2　职场心态四要素

职场心态是由一系列心理要素作用产生的结果和外在表现，这些心理要素主要包括情绪、兴趣、性格和意志四个方面。

1. 职场情绪

职场情绪是指职场中个体的情感较强烈、带冲动性的外部表现。它是一种高度扩散的兴奋或抑制状态，是人的主观心理对客观事物的直接心理反应。情绪是复杂的心理现象，它与个人的需要是否得到满足及满足的程度直接相关。

（1）行政秘书应具备的职场情绪。

行政秘书应具备积极稳定的职场情绪，表现在工作中是对工作热情，全身心地投入工作，并能够在工作中获得成就感和满足感。行政秘书的积极情绪可以明显地提高秘书的工作效率，极大地激发秘书的工作热情，显著地增强秘书的参与意识和创造精神。

（2）行政秘书情绪的影响因素。

行政秘书的情绪受到多种因素的影响。

1）个人能力。行政秘书的个人能力直接影响到秘书的情绪。行政秘书的办公环境充满竞争性，只有具备相当能力的行政秘书才能在工作中站稳脚跟，一些没有工作能力的行政秘书，常常无法按时完成领导交代的任务，长此以往自然会受到领导批评，进而影响行政秘书的情绪。

2）领导情绪和态度。行政秘书为领导工作，在日常接触中，领导的情绪难免会传染到行政秘书身上，行政秘书的情绪很容易受到领导情绪的影响。同时，不同的领导有不同的领导风格，领导对行政秘书要求的严格程度以及关心程度，也会影响到秘书的情绪。

3）人际关系。良好的人际关系是保持行政秘书心理情绪乐观的重要因素。行政秘书有很多事务都是与人打交道的，与周围的同事、合作伙伴保持和谐友好的关系有利于行政秘书的身心健康和发展。

2. 职业兴趣

职业兴趣是影响行政秘书职场心态的一个重要因素，对提高行政秘书工作效率与工作质量具有重要意义。心理学将兴趣定义为人们对一定的对象所持的积极探索的心理倾向。

一个人对某事物感兴趣，就会对它优先产生注意，并力求认识它的规律。

行政秘书应该从自己对秘书职业的兴趣出发，努力获取秘书职业所需要的知识，认真耐心地做好各项秘书工作，热爱并服务于职业的工作对象——领导、群众与同事，同时善于适应不断变化的活动环境和相对固定的工作氛围，并在这一系列过程中得到满足。

(1) 行政秘书的职业兴趣。

行政秘书职业兴趣的含义很广泛，既包括行政秘书的直接兴趣，例如热爱自己的事业，在工作中能够得到满足感和成就感，也包括间接的兴趣，例如从事其他职业的人员对行政秘书这一职业产生兴趣，于是主动了解相关知识。行政秘书如果缺乏职业兴趣，就很难干好本职工作，也很难获得职业成功。

秘书的职业兴趣通常表现在以下几个方面：1）对秘书专业知识的兴趣，喜欢阅读专业书籍、杂志，并对秘书学理论产生自己的思考；2）对秘书工作经验的兴趣，比如经常向有经验的行政秘书请教问题，善于总结自己工作中的经验教训；3）对行政秘书工作新技术、新设备的兴趣，努力掌握办公自动化技术，了解办公手段的最新发展动态；4）对行政秘书工作效果的兴趣，关注领导、各部门、人民群众对行政秘书工作的评价，努力改进工作方法。

(2) 行政秘书的业余兴趣。

行政秘书除了具有职业兴趣之外，还要培养工作以外的业余兴趣。虽然业余兴趣对秘书的工作没有直接的影响，但是业余兴趣可以帮助行政秘书调节身心，克服工作中的困难，克服某些重复的公式化工作带来的枯燥感和厌倦心理，同时扩大交际面，从而间接地对行政秘书的工作产生良好影响。

3. 职场性格

行政秘书的职场性格是指行政秘书对现实的态度和行为方式中稳定的、独特的心理特征的总和。职场性格与行政秘书的职场心态和职业发展有密切联系。

(1) 性格与职业类型。

性格对职业类型的分类有重要影响。霍兰德的人格类型理论①认为，个人的兴趣组型就是人格组型，同一职业团体内的人有相似的人格，因此他们对很多情境和问题会有相类似的反应方式，进而产生类似的人际环境。为此，霍兰德将个体类型划分为常规型、社会型、企业型、实际型、调研型和艺术型六种人格类型（见表7—1）。

表7—1　人格类型分类表

人格类型	共同特征	典型职业
常规型	尊重权威与规章，喜欢按计划办事，细心、有条理，较为谨慎和保守	秘书、办公室人员
社会型	喜欢与人交往、善言谈、关心社会问题、渴望发挥自己的社会作用	教育职业者、社会咨询及公关人员
企业型	追求权力、权威和物质财富，具有领导才能	企业管理者、政府官员

① 约翰·霍兰德是美国的职业指导专家，他于1959年提出了具有广泛社会影响的人业互择理论。这一理论根据劳动者心理和择业倾向，将劳动者划分为六种类型，相应的职业也分为六种类型。霍兰德的职业选择理论，实质在于劳动者与职业的相互适应。

续前表

人格类型	共同特征	典型职业
实际型	动手能力强，偏好于具体任务，不善言辞，缺乏社交能力	技术型、技能型职业者
调研型	抽象思维能力强，善思考，喜欢独立的和富有创造性的工作	科学研究人员、教师、医生等
艺术型	富有创造力，具有一定的艺术才能和个性	艺术家、文学家

资料来源：卢荣远等编著：《职业心理与职业指导》，北京，人民教育出版社，1996。

一般而言，适合秘书工作的人格类型为常规型，即尊重权威与规章，喜欢按计划办事，细心、有条理，较为谨慎和保守。如果担任秘书职位的个体不具备这类性格特点，就需要有意识地培养符合秘书工作的性格。

（2）行政秘书职业性格的功能。

性格对一个人的命运有着重要影响。符合行政秘书职业特点的性格对秘书职业发展起到十分关键的作用。

1）影响秘书的工作绩效。一般而言，外向的秘书更善于与人交往，能够建立良好的人际关系，工作效率高；而内向的性格更踏实沉静，适合做文字工作。不同性格的人做各自合适的工作是提高工作绩效的重要方法。

2）影响秘书的工作配置。领导在选拔行政秘书时，要考虑其知识水平，测试能力，考察性格特征，通过对选拔对象性格特征和性格类型的了解，便于不同的人担任合适的工作。目前许多单位已经应用性格测试作为录取秘书的重要标准之一，这些性格测试可以帮助我们找到最适合单位文化要求的行政秘书。

（3）行政秘书应具备的性格特征。

性格对行政秘书的职业发展具有重要影响。因此行政秘书应该有意识地培养符合自身职业特征的性格，具体包括以下三个方面：

1）勤勉主动。这样的性格特征可使秘书的工作充满生机，毫不松懈怠慢，积极、及时、主动地完成工作。具有这种性格的秘书在工作时能主动留意领导的工作方法、思考过程、处理意见和思想的闪光点。

2）踏实稳重。行政秘书应该稳重地工作，不走极端。如果在决策支持、业务管理等工作中缺少踏实稳重的性格，就容易造成短期行为，造成工作结果与工作意愿相违背。因此，行政秘书应该拥有踏实稳重的性格，以保证工作合理有效地完成。

3）坚忍坚强。这种性格特征有助于提高秘书的组织协调能力。坚忍的意志，往往能创造出奇迹。尤其是在严峻的形势下更有利于工作的开展和完成。意志薄弱会销蚀决断能力，造成错误的进一步发展。

4. 职业意志

职业意志是指在职业发展的各个阶段自觉地确定目的，并根据既定目的来支配自己的行为，克服困难，排除干扰，从而实现既定目的的心理过程。

行政秘书从事活动都有一定的目的，是根据目的去做出行为选择而不是盲目地服从。意志是支配人们行动的机制，意志能够给人以强大的动力，能够抵制利益的干扰和诱惑，明确自身的目标与要求。行政秘书应该具备以下三个方面的意志：

（1）自觉性。

秘书应该具有成熟的、稳定的是非标准和价值观念，养成独立思考的习惯，能够独立支配自己的行动，既不轻易受他人意见的干扰，也不盲目拒绝他人的意见；正确认识和领悟领导的意图，在此基础上自觉地执行，在行动中能够始终如一地明确既定目的，排除干扰和诱惑，独立完成任务；自觉地遵守工作纪律，对领导的意图既不盲目服从，也不越权行事，在不超越职权的前提下，充分发挥自己的主观能动性。

如果行政秘书在工作中没有主见，就可能在执行的过程中经常怀疑自己的行为，对其他人的行为也不能做出果断的处理，在实际工作中会犹豫不决，影响工作效率。

（2）坚忍性。

行政秘书在混乱中坚持既定的目标，在困境中勇于承担困难，迎难而上。行政秘书的工作是纷繁复杂的，当行政秘书遇到外界的干扰和阻挠时，应该有一种坚持不动摇的品格，要能够锲而不舍地克服困难。一遇到困难就打退堂鼓，一遇到干扰就怀疑目标的正确性，一遇到挫折就灰心丧气，对秘书工作必然会产生不良影响。

行政秘书工作是培养、锻炼和造就人才的摇篮，行政秘书虽处于辅助地位，工作烦琐，却至关重要。行政秘书要正确认识自己的工作，在烦琐的工作中寻找到生活的乐趣，坚持不懈地努力，总有一天，会得到同事、领导的欣赏，在平凡的工作中做出不平凡的业绩。

（3）自制性。

自制性是指一个人善于控制自己的情绪，约束自己的言行。具体体现在工作中：1）要学会情绪的自我控制，能够利用纪律、制度、道德等手段约束克制自己的言行，避免有损目标实现的行为；2）在面对不公正的待遇如领导批评时能够理性地看待问题，表现出谦虚的态度，不能够顶撞领导或与他人公开争吵；3）要善于保密，秘书的工作需要严守秘密，不多说废话，不引起内部矛盾。因此，行政秘书在工作中一定要严于要求自己，不能放任行为，做事不考虑后果。

7.2.3 职场心态的作用

心态对职场中的个人有着十分重要的作用，主要表现为以下三个方面：

（1）衡量当前阶段性心理状态。

职场心态是行政秘书心理状态的重要表现，通过对职场心态四要素的观察，可以衡量行政秘书当前的心理状态，为心理问题的及早发现和解决提供前提条件，为行政秘书的心理健康提供保证。

（2）维系持久有效的工作状态。

职场心态对行政秘书的工作效率和工作状态有重要的影响。良好的职场心态是持久有效的工作状态得以维系的重要因素，具有良好职场心态的行政秘书，在面对工作困难和工作压力的时候，依然可以做到认真谨慎，积极乐观，不但可以提高个人的工作效率，也可以带动和影响周边的工作人员，提高整个单位的工作效率。因此，培养良好的职场心态，对维系持久有效的工作状态具有重要意义。

（3）支撑职业生涯的长远发展。

行政秘书长期的职业发展，是建立在阶段性成功的基础之上的。良好的职场心态有助于行政秘书根据环境和需要的变化，及时地调整职业发展规划，为职业发展奠定基础。

7.3 职场心态的调整

如何对行政秘书的职场心态进行调整，保证秘书工作顺利开展，是当前行政秘书职业面临的重要挑战。提高行政秘书的职业修养和构建良好的心态是确保其心理健康的有效途径。本节的内容主要探讨行政秘书的消极职场心态及其调整。

7.3.1 消极的职场心态

职场心态对秘书的工作产生重要影响，消极的职场心态会引起一系列的后果。

1. 消极职场心态的表现

行政秘书的消极职场心态主要表现在以下四个方面：

（1）自卑。

行政秘书是领导的参谋、助手，在日常事务的处理中从属于领导。有些秘书性格忧郁压抑，对参谋作用缺乏充分认识，把领导与秘书之间的依存关系曲解为主仆关系。在工作中会表现为诚惶诚恐，做事没有主见。

（2）焦虑。

行政秘书如果长期处在压力过大的情况下，就会造成焦虑的情绪。一般而言，这种情绪来自行政秘书对行政工作的不适应，特别是对刚刚从事行政秘书工作的人来说，由于环境和身份角色的改变，难以适应，就会出现焦虑的情况。随着就业压力的增加和竞争增强，行政秘书的纷繁工作并不容易处理，面对巨大的工作压力，行政秘书很容易陷入焦虑的情绪中。

（3）倦怠。

倦怠是心理疲劳的一种表现。行政秘书经常要节假日加班、值班，一旦有突发事件发生，更是忙得手忙脚乱。面对繁重的工作任务，秘书常常忙得焦头烂额，稍有疏忽或差错，还可能遭受批评。长期从事这种烦琐、单调、重复性的事务，容易使人产生倦怠。

（4）丧失独立性。

面临不适应的工作环境，行政秘书的压力状况需要解决。很多人就采用让领导开心的方式来缓解自身的压力。为了讨得领导的好感，便对领导一味迁就迎合。这种行政秘书在人格上失去了独立与平等的观念，短时期是能够得到领导的赏识，但是对行政秘书的职业发展是极为不利的。

2. 消极职场心态的来源

行政秘书处于上下级沟通的桥梁位置，并以一种特定的职能活动作用于社会管理系统，必须具有较一般社会成员更强的心理承受能力。这种强大的心理压力往往造成秘书的消极心态。因此对心理压力来源的分析，也就是对消极职场心态的来源的分析，主要来源有以下四个方面：

（1）社会压力。

随着秘书工作越来越受到重视，各行各业对行政秘书的要求也在逐渐提高。行政秘书不仅需要有基本的办事、办文能力，还应该有专业领域的知识，如公关、外语、心理等方面的知识。此外，行政秘书的工作通常是在幕后开展的，工作成就感缺乏。

（2）工作环境。

领导是行政秘书服务的主要对象，行政秘书工作是其指挥社会管理系统运转的中介环节。领导工作的高速运转，要求秘书工作高效配合，这在一定程度上增强了行政秘书个人承受的心理压力。行政秘书工作要为领导服务，特别是在政府部门的行政秘书要履行职能，就要在单位领导与职能部门或基层群众的交往中发挥综合性、辅助性的中介桥梁作用，就得同时接受来自上下两个方面的双重的心理影响。上下两端利益关系的矛盾和冲突，增大了行政秘书承受的心理压力。

（3）工作能力。

行政秘书的心理压力还来源于行政秘书个人的能力水平。行政秘书素质越高，办事、办文、综合协调的能力越强，工作起来就越轻松，能够又快又好地完成工作，行政秘书职能作用对象就越满意，其心理环境就越宽松。如果行政秘书本身的知识、能力水平有限，就会面临工作难度导致的巨大心理压力，感到力不从心。行政秘书工作难度的强弱与其所能承受的心理压力的大小成正比例关系。

（4）职业修养与自身角色不匹配。

行政秘书的职业修养与自身角色的匹配是行政秘书得以较好地完成工作的前提。但是，由于行政秘书在不同的工作阶段扮演着不同的角色，甚至在同一阶段扮演着多种角色，因此行政秘书对自身角色的认知和把握存在很大的难度。这就导致行政秘书已具备的职业修养与角色的脱离，会对行政秘书的心理造成巨大压力。对这一困难的克服既取决于行政秘书对于自身角色的准确把握，也取决于行政秘书有意识的经验积累。

7.3.2　职场心态的调整

行政秘书的职场心态需要遵循正确的方法予以调整。从根本上调整秘书的职场心态，就要对行政秘书进行减压。一般而言，心理压力的调节需要行政秘书和秘书所在单位的共同努力。

1. 树立抗压意识

行政秘书和其他工作人员一样，必须有一定的心理承受准备。但是，行政秘书作为单位中信息上传下达的桥梁，很多情况下比一般工作人员要承受更大的心理压力，应该有意识地树立更强的心理承受意识，培养更强的心理承受力。

2. 培养良好心态

从行政秘书个人的角度来看，通过自我调适，积极调节情绪，利用一些形式缓解心理压力是一种有效的方法。行政秘书注意培养良好的心态，养成自己作心理分析的习惯，充分发挥自己内在的潜力。

3. 加强职业修养

要努力提高自己的政治和业务素质，逐步养成从全局、从领导的角度分析问题和处理问题的能力，积极主动地为领导工作提供优质服务。行政秘书在实践中要自觉锤炼自己的行为与意志，并且针对引起心理压力的主要因素，制订出切实可行的修养计划，进行有效的缓解。

4. 发展多种兴趣

行政秘书要学会丰富个人业余生活，发展个人爱好。生活情趣往往让人心情舒畅，如旅游、运动、娱乐、书法、下棋等能给人增添许多生活乐趣，调节生活节奏，使行政秘书从单调紧张的氛围中摆脱出来，得到欢乐和轻松。

5. 创造和睦的私人交际圈

与其他职业相比，行政秘书的心态调整更加需要和睦的私人交际圈的帮助。所谓和睦的私人交际圈指的是行政秘书与家庭、朋友之间良好的互动关系。在行政秘书遇到心态问题的时候，可以通过与交际圈的互动，发现问题所在并找出解决途径，更重要的是和睦的私人交际圈可以有效延长行政秘书良好心态的时间，对行政秘书的工作和长远发展产生积极影响。

良好的职场心态是秘书事业成功的前提和保证。所谓的阳光心态正是对良好心态的一种称谓。阳光心态是知足、感恩、乐观开朗的一种心态，是一种健康的心态，具备阳光心态可以使人深刻而不浮躁，谦和而不张扬，自信而又亲和。行政秘书在工作中经常会遇到麻烦和困扰：工作环境不称心，事情处理不公平，经济条件不宽裕，期望中的事情落空，好心未得好报，先进评比没有份，自己工作最辛苦却没有得到领导的认可，受冤枉挨批评等。对这类事情，如能持积极心态，心里就会想得开，心胸也就会豁达，就能妥善对待、处理好这些事情，工作顺利，心情舒畅。如果总是想不开，越想越气，情绪失去控制，言行也就出现反常现象。

◆ 情景模拟 ◆

秘书综合征

背景材料

我老婆说，已有种种迹象表明，我患了秘书综合征，而且病情正在日益加重。以下就是她所观察、分析出的症状。

我十分关心国家大事，每天 19:00 雷打不动地打开电视看《新闻联播》，每天早上再把党报从中央的到地方的新闻全部看上一遍。平时与同事、邻居闲聊，不管说的是什么话题，总要与大好形势、光明前景、WTO 之类结合起来，并能从现象到本质分析总结个一二三四、首先其次再次总之。结果现在再也没有人敢和我聊天了。

我变得非常有礼貌，无论在何时何地，总是面带微笑，以至于到了晚上脸颊酸痛，要用手揉搓半天。坐车时，总是抢先一步替别人拉开车门，并用手背护在车门框上。家里的电话响了，我等铃声响过两次后，拿起话筒，用标准的普通话说您好，然后不假思索地报上单位的名称。

我现在过于细心，以至有点固执、啰唆和吹毛求疵。不论在何时何地，我总要随身带着钢笔、笔记本和电话号码簿，口袋里再揣上手机，以至于再好的西装穿在身上也没形没款。读书看报时，我总是不自觉地寻找错字和病句，并用标准的校对符号改正。别人说知道我的电话号码了，我还是要坚持再重复一遍。上星期我老爸说想修一下卫生间，结果我用了四天时间到市场上搞调研，又用两天时间写了份可行性报告。不料，还没等我把报告交到老爸手上，以便召开家庭会议讨论通过，老爸竟然已经把卫生间改造结束了！

总之，我是越来越不可理喻。上次我应老婆多次申请，给她写了一封情书，里面到处都是统计数字和形势一片大好的描写，而结尾署的却是我们领导的名字！天哪，我真是习惯做无名英雄了！跟老婆上街时，尽管她伸出手来想挽着我的胳膊，我仍然谦恭地走在其右侧偏后约一步的位置，并主动给她拿着手袋。我常常打听哪位同行高升了，然后分析他是不是有什么后台和背景。我经常练字，练得最多的是“同意”二字和自己的名字。

以上几条，是我媳妇帮我总结出来的。她一边说，我一边埋头在笔记本上速记。等她说完了，我抬起头来一脸诚恳地说：“您说得太正确了，真是高屋建瓴，条理清晰，分析透彻。对我今后的学习、工作和生活很有指导意义。请问领导，您还有什么指示？”言毕，我们惊慌对视，半晌无语。

资料来源：《我患了秘书综合征》，见 http://www.chinadaily.com.cn/hqgj/jryw/2011-10-17/content_4081815.html，2011-10-17。

角色扮演

假设你是材料中的秘书，可以从哪些方面调整上述职场状态？

参考答案

（1）在工作之余发展多方面的兴趣爱好，调整生活节奏，尽量使自己从单调紧张的秘书氛围中解脱出来。

（2）创造和睦的私人交际圈，重视与家庭、朋友之间良好的互动关系。

本章小结

本章首先主要从心理学的角度分析了行政秘书的个性、性格等因素对秘书工作的影响。其次，着重分析了行政秘书在办公环境下的心理压力，以及面临这些心理压力应该如何处理。最后讨论了行政秘书的素养建设在当今社会的重要性和培养途径。

关键术语

行政秘书的职业修养　　行政秘书的职场心态

复习思考题

1. 行政秘书应该注重培养哪些方面的素养？
2. 行政秘书职场心态的四要素是什么？
3. 行政秘书应该进行哪些心态调整？

阅读材料

申辩的时机

秘书小刘因为刚刚到单位工作就表现出色，深得领导的赏识，许多重要的活动都让他组织，可谓对他委以重任，这就招来了一些人的嫉妒。尤其是单位里的另一个秘书小张，比小刘先进这个单位，但是工作表现不出色，没有得到领导的重用。于是小张就到处说这位小刘秘书的坏话，说他骄傲、轻狂，不把别人放在眼里，甚至不把领导放在眼里，这些话传到了领导那里，领导信以为真，对小刘渐渐疏远。

小刘秘书真是有一肚子的苦水，但是他没有立即表现出来，更没有逢人就替自己开脱。他一方面自己进行检讨，看是不是自己确有做得不好的地方，另一方面对同事采取积极接近的态度。对待那个说他坏话的小张，他也并不是冷眼相向，反而主动帮他完成任务，但是不把功劳放在自己身上。这样单位里有关他的舆论好了起来，一些人开始替小刘在领导面前说好话，一度说他坏话的小张也不再说了。

领导对小刘的态度有所缓和，这时小刘秘书觉得是向领导申诉的时候了，但是具体的时机呢？小刘的领导喜欢在午间休息的时候打乒乓球，小刘秘书就陪领导打乒乓球。二人打得酣畅淋漓，十分尽兴，这时小刘秘书乘机就说："我这个人就是实在，打球的时候我就想着好好打球，所以有的人说我打球的时候不给人留情面，说我工作的时候也是这样。其实和打球一样，我没有想别的，就是想把事情做好。不过，我以后一定要注意，因为不是每个人都像领导一样了解我。"领导听完小刘秘书的一席话，哈哈大笑："这些话我也听到过，我当时就告诉他们，年轻人嘛，有干劲是好的，好好做工作，别管别人怎么想。我就喜欢你这样的实在劲儿。你不知道，局里好多人打球总是让着我，没劲，让我球技总是得不到提高。"从那以后，领导总喜欢叫上小刘打球，对小刘秘书的印象也有了明显改善。

资料来源：《案例三十二　申辩的时机》，见 http://jpkc.hzvtc.net/ms/wen3_show.asp?id=69，2006-07-05。

思考题

根据材料，小刘表现出了哪些良好的职场心态？

第8章

行政秘书与领导的关系

行政秘书的工作重心是为领导提供服务，因此其协调和处理各种公共关系的核心就在于与领导关系的处理。与领导关系处理得当，不仅可以促进领导工作的开展，也是行政秘书工作得以顺利推进的基本前提。虽然不同的领导风格会要求行政秘书在处理关系过程中注意不同的侧重点，但是仍存在一些普遍意义上的处理与领导关系的方法和技巧，本章即着重于对这些方法和技巧的阐释。同时，行政秘书还会涉及与领导相关的人际关系的处理，这就需要行政秘书根据不同的情况和人际关系对象的特点，选择合适的方法进行沟通和处理，以达到辅助领导工作的效果。

本章学习要点

- 行政秘书的自身定位
- 不同领导风格类型
- 领会和执行领导意图
- 向领导谏言的方法和技巧

8.1 行政秘书与领导关系的定位

行政秘书的主要工作是围绕领导的工作需要而展开的，因此行政秘书有责任辅助与服务好领导的工作，当好领导的参谋和助手。在工作过程中，行政秘书需要明确自身的辅助地位，把握好工作的重心，通过对自身工作的完善来保障领导工作的开展。

8.1.1 以保证平等人格为前提的主从关系

从工作过程来看，领导处于主动地位，其工作内容为发起及推动整个工作的进展；而行政秘书在其中处于被动地位，其主要职责是辅助领导。因此，行政秘书在与领导相处时，要牢记自己的身份，摆正自己的从属地位，服从领导的引导、调度、指挥和决策。当领导工作忙、任务重时，在明确主从关系、不越权的前提下，行政秘书要主动替领导分担，为领导减轻压力。凡事多请示、多汇报，在得到领导允可后，方可全力完成。

当然，行政秘书的从属工作是建立在其与他人享有平等人格的基础上的，处理与领导关系的前提是对自身人格的信守和对原则的坚持。对领导既不能一味地言听计从，也不能全盘地否认忽视。行政秘书在工作中，需要把握好自己的分寸，明晰自己的原则，在维护领导尊严的同时捍卫自己的人格，做到不卑不亢。

8.1.2 以端正自身态度为保障的双向沟通关系

从工作沟通上来看，既包括领导对行政秘书的调度与指导，又包括行政秘书对领导的请示与汇报，二者交错进行，缺一不可。一旦行政秘书与领导的工作沟通表现为单方向时，就很可能在处理事务时产生偏差。如果领导交代给行政秘书工作时比较含糊，而行政秘书如果不去与领导沟通，就很可能因为会错意而将事情搞砸，在给领导工作带来麻烦的同时，也会给行政秘书自身带来负面影响。同样，如果行政秘书向领导传达的信息不准确，也会对领导的决策产生影响，进而影响工作质量。

行政秘书在与领导进行双向沟通时，要根据不同的领导类型和具体事由选择不同的交往方式和沟通方法，但是一个根本的前提是行政秘书需要始终保持谦虚、谨慎、乐观、自信的态度，保持对领导的尊重，无论领导的能力大小或意见正确与否。在与领导沟通的过程中，营造良好的氛围，提高沟通质量，以达到有效沟通的目的。

◆ 情景模拟 ◆

田丰的故事

背景材料

田丰是袁绍的一名谋士。建安五年（公元200年）春，袁绍自认为兵强马壮，决定伐曹，满朝文武没人敢说个“不”字，只有田丰“不识时务”地唱了“对台戏”。他认真分析了敌我双方的形势，力谏袁绍：“我兵众则弱，敌兵寡则强；且曹公善用兵，不如以久持之，急则必败。”袁绍大怒，说是田丰长敌人威风，灭自己志气，动摇军心，罪不可赦，将其打入大牢。结果不出田丰所料，官渡一战，袁绍被曹操杀得丢盔弃甲，几乎全军覆没。消息传来，有同情田丰遭遇的人悄悄向他贺喜，说这下你可以“平反”受重用了，而田丰却对天长叹：“吾今死矣！”又被田丰料中，袁绍兵败回来的第一件事就是把田丰拉出去砍了。

袁绍的这一手着实让人费解：官渡之败的教训有力地证明田丰是一个具有远见卓识、十分称职的谋士，袁绍企图“一统天下”，田丰不正是一个用得着的人才吗，应该赶紧提拔重用才对呀，怎么给杀了呢？

资料来源：《田丰之死》，见 http://www.rongshuxia.com/book/1445101.html，2002-06-14。

角色扮演

假设你是田丰，应如何避免被杀？

参考答案

田丰被杀是因为犯了袁绍的大忌。一忌是他没与袁绍保持一致；二忌是逆言犯上；三忌是比领导高明。

田丰若想避免被杀的下场，首先要与领导时刻保持一致，其次要善于向领导谏言，最后要保持谦虚、谨慎的态度，保持对领导的尊重。

8.1.3 以实现工作目标为目的的绩效一体关系

从工作绩效上来看，行政秘书与领导的关系是紧密联系在一起的。行政秘书为领导工作提供服务，其工作成绩蕴含在领导工作的绩效之中。因此，一般来说，领导的一项重要工作就是做好对行政秘书工作的指导安排，使其成为自己的得力助手，能够有效贯彻执行自己的指示；而行政秘书能否圆满完成领导安排的任务，同时给予领导一定的合理建议，也会关系到自身及领导的工作绩效。

在这样一种绩效一体的关系下，行政秘书对领导关系的处理究其根源都是为了实现工作目标和推动组织的发展。从这一角度看，行政秘书与领导是并肩而战的同事关系，这种关系的维持必须本着对组织负责的态度，力求相互配合、相互补充、相互促进。

8.2 领导风格与领导情绪

由于领导的文化程度、性格气质、工作经历等方面各不相同，在工作中所表现出的风格是截然不同的，行政秘书只有熟悉不同的领导风格类型，并且适应其工作的特点，才能为领导提供最优质的服务。

需要注意的是，同一领导所具备的风格类型可能是多元的，即在一位领导身上可能同时显现出多种领导风格。并且同一领导的风格类型也不是一成不变的，它会因时间、空间及外部环境的变化而发生改变。

同时，领导在工作中也会受到自身情绪的影响，这就要求行政秘书在了解领导的风格之后，还需对领导的情绪有一定的把握，以便更好地帮助领导调整情绪，高效开展工作。

8.2.1 领导风格的类型

领导的风格类型可以根据很多种指标来划分，以下我们着重从做事和对人的风格上进行划分，大致可分为四种领导类型：

1. 专制型的领导者

专制型的领导者更多关注的是工作的目标、工作的任务和工作的效率，并且他们对于工作有着自身独特的见解和解决方式。因经历的丰富和能力的全面而充满自信，习惯运筹帷幄，统揽全局。一旦考虑成熟，做出决定，便不再更改。行政秘书在服务此风格类型的领导时，可侧重做好以下三点：

（1）集中精力领会领导意图。

在领导交代工作时，需全神贯注领会领导意图，并做好全面的记录。在其交代完毕后，可以对其讲话内容进行简要复述，重复其重要观点，以确保事项无偏差或疏漏。

（2）多服从，少参与。

此类型的领导能力强、控制欲强、安排周密，因此行政秘书的主要工作是服从领导安排，尽可能少地参与到领导决策中。对于领导职权范围内的事情，行政秘书尽量不要插手。当领导询问行政秘书意见时，行政秘书可以顺着其基本思路提供参考意见，一旦发现其没有耐心倾听，应马上停止发表意见。

（3）快落实，多汇报。

此类型的领导将事务布置得较为准确和周全，行政秘书在工作中需要自行做决定的方面较少，因此行政秘书应将工作的重点转移到提高落实效率上来。同时，在落实的过程中，要积极主动地向领导汇报，以随时听取领导的下一步指导意见。切不可擅作主张，在一些自认为无关痛痒的事情上自行决策。

2. 民主型的领导者

民主型的领导者多待人友善，为人亲和，容言纳谏，注重对团体成员的工作加以鼓励和协助，也注重听取他人的意见，不习惯独断专行。行政秘书在服务此风格类型的领导时，可侧重做好以下三点：

（1）大胆谏言。

此类型领导对行政秘书的要求不仅是服从命令，更多的是参与到决策的过程中来。所以行政秘书可以大胆谏言，充分发挥自身的才能。但是，这并不是说行政秘书可以恣意妄为，仍需明确自身的辅助地位，保持谨言慎行的态度。

（2）常思多想。

此类型的领导可能随时在任何方面征询行政秘书的意见，行政秘书应平时就在工作中多方面、多角度进行积累和思索，以便领导在征询意见时有充足的准备。

（3）态度谦和。

此类型领导的一大特点就是待人友善、为人亲和，所以作为此类领导的行政秘书，更应该在待人接物中保持谦和的态度，同时不能因为领导的谦和而对其不恭敬。

3. 放任型的领导者

放任型的领导者多坦率直爽，不拘小节，喜欢原则性地领导，不涉及具体解决办法，讲求分工明确，不爱多管分外之事。由于此类领导将较多的权力下放，使得行政秘书具有较大的自主权，这看起来是件好事，但实际上加大了行政秘书的工作难度。行政秘书在服务此风格类型的领导时，可侧重做好以下三点：

（1）缜密思考，合理提议。

此类型领导对于工作的细节不予过问，因此需要行政秘书在处理工作时进行缜密的思考，将事情考虑周全，并且能够提出合理有效的解决办法。

(2) 简要汇报。

行政秘书不能因为领导不过问，就完全自行做决断。在每项工作完成后，仍需主动且简明扼要地将结果向领导汇报和反馈。

(3) 防止越权。

行政秘书对于此类领导下放的权力认识不到位、使用不合理时，就很容易产生越权。而一旦越权产生，就会带来很多负面影响，这是为此类领导服务的行政秘书需要注意的，特别是要注意无意间的越权。

4. 多变型的领导者

多变型的领导者的特点在于受感性因素影响较大，常常犹豫不决，拿不定主意，对于自己已经决定的事情，也很可能推倒重来。行政秘书在服务此风格类型的领导时，可侧重做好以下两点：

(1) 遵从领导意见。

不管领导如何反复、不断变动决定，行政秘书都应该认真耐心记录，并且听从领导意见，不能因为领导意见不断的改动而表露出不满情绪。一旦领导做出最终决策，行政秘书需要集中精力按照领导意见解决问题。

(2) 及时与领导沟通。

此类领导经常会变动决策结果，因此需要行政秘书与领导保持及时的沟通。不仅是在执行结果上及时汇报，在执行过程中也要将执行进度及出现的问题及时反馈。行政秘书不仅要及时了解领导的意见和想法，还要在事情有新的变化或进展时，及时向领导汇报，以便为辅助其决策提供更多的可靠信息。最好在向领导提供信息或者汇报问题时，能提供有效的解决方案以辅助领导决策。

◆ 情景模拟 ◆

某总经理招秘书

背景材料

郑北公司文总经理是一位朝气蓬勃、富有开拓精神、性子急的领导。一年内，他先后换了三位秘书：有的在任期内事务工作出色，但从未向文总提过任何意见和建议；有的做事谨慎，但到了小心翼翼的地步，汇报工作时，总是极度紧张，看领导脸色，欲言又止；有的当领导批评时，总是左一个解释，右一个说明。

为寻找一位称职的秘书，公司委托市工商事务咨询所面向社会招聘。经过第一轮面试、第二轮笔试之后，现在对三位候选者——小 A、小 B、小 C 进一步测试，让三人看一段“小品”。

接待室内。

“经理”与刚来的“客商”寒暄。

“秘书”前去泡茶，他用指头从茶叶筒中抓了一撮茶叶放入茶杯内，冲上水……这一切，“经理”和“客商”都看到了，并引起了不同反应。“客商”面带不悦之色，把放在自己面前的茶杯推得远远的，同时说：“别污染了我的肠胃!”“经理”只得忍气吞声。谈判时，讨价还价中，“经理”一时性起，双方争执起来。“秘书”站在“经理”一方，指责“客商”。“客商”拂袖而去。“经理”望着远去“客商”的背影，对“秘书”说：“托你的福，好端端一笔生意，让你给毁掉了，无能，无能！”

“秘书”并不知道自己有什么失误，为自己辩解起来：“我……我怎么啦！‘客商’是你得罪的，与我何干？”

主持人叫了一声：“停！”转身对小A、小B、小C说：“请你们分别做出评判：如果你们是秘书，该如何办？”

后来三位分别做出了这样的回答。

小A认为，“秘书”不应该顶撞领导，为自己辩解。

小B认为，“秘书”沏茶不合礼仪，用手去抓茶叶，方法不对，会污染茶叶。所以“客商”不仅不喝，反而说了句刻薄的话。正确方法是取专门的茶叶工具，将茶叶放入茶杯，或将一定数量的茶叶从茶筒内直接倒入茶杯。“秘书”如果这样做了，可能不会引发后面的问题。这位“秘书”素质不过硬，谈判失败，他有责任。

小C认为，表面看，矛盾是由“秘书”不懂沏茶方法引发的，但问题并不那么简单。首先，这位“经理”是开拓型的领导者，能力强、作风泼辣，但这样的领导者往往专断，在处理人际关系时，不大讲究方法。作为领导的辅助者——秘书，应对自己的服务对象的各个方面（包括政治、品格、知识、能力、作风、气质、性格乃至生活习惯）进行全面的了解，以便有针对性地采取有效的服务方针和办法，及时弥补领导的不足，使工作不至于因领导一时失误而受损失。因为领导也是人，可能发生这样那样的失误。“小品”中，“经理”一时性起发火，与“客商”争执起来，这就是一种失误。这时，“秘书”理应采取补救措施，使谈判双方不至翻脸。此时，“秘书”应借故暂时将领导引开，比如请领导到工作间接电话并示意领导要忍耐些，来者是“客商”，不是本公司职员。如果这样处理，领导肯定会冷静下来，谈判结果将大不一样。这时，“秘书”不能盲目地站在领导一边，去火上浇油，指责“客商”。这样“维持领导权威”是不可取的，其结果只能是适得其反。“小品”的结果，不正是这样吗？其次，领导批评秘书，哪怕是说了些过头话，秘书也应保持冷静，不辩解，不反驳，只要领导不是侮辱人格，就要忍耐。这并不是说秘书是领导的“出气筒”，是“受气包”。从领导方面看，他有许多烦扰，许多不顺心的事，许多难办的事，这样，领导就容易发火，特别是那些性急的领导更是如此。如果秘书能理解领导的难处，不是在领导发火中，而是在领导消了气之后，找适当机会，用恰当的方式说明情况，交换思想，交流感情，结果就会大不一样。

经工商事务咨询所专家评判，小C被郑北公司录用。

角色扮演

假如你是应聘者，你会如何回答？你认为文经理为什么会换三位秘书？

参考答案

小C对“小品”的分析及所采取的做法是对的，被录用当在情理之中。至于郑北公司文总经理撤换三位秘书亦属正常。在改革开放的新形势下，仅把事务做好，不起参谋作用的秘书是不称职的。那种说话办事看领导脸色的秘书，带着浓重的私心杂念，揣摩领导好恶，势必畏首畏尾，左顾右盼，不能实事求是地反映情况，必然给工作造成损失。对领导的批评，左一个解释，右一个说明的秘书，绝对不可能配合领导，做好辅助工作。总经理为推动工作撤换他们是对的。

8.2.2　协助调整领导情绪

情绪是外部环境和人的活动作用于自身心理机制的结果。情绪的变化会使得人的心理、生理产生相应的变化，甚至会到影响理智的程度，从而影响最终的决策。因此，领导情绪的产生和调整至关重要，这不仅要依靠领导自身，还需要行政秘书通过察言观色发现领导情绪的变化，从而协助领导调整情绪。

对领导情绪的观察不能简单地从其言谈、表情或动作中轻易做出判断，只有在对领导有着全面、细致、深入的了解后，才能较为准确地把握其情绪变化。具体可以从以下三方面对领导情绪进行把握：一是了解和掌握领导的性格、脾气、嗜好、习惯等有关心理构成的因素；二是了解和掌握领导的出身、家庭、学识、经历等有关成长发展的背景；三是了解和掌握领导的人际关系，可能影响情绪的事件、时机、条件和背景等环境状况。

具体协助领导调整情绪包括以下四方面的内容：（1）舒缓领导沉闷苦恼的情绪；（2）体谅领导烦躁恼怒的情绪；（3）顺延领导愉悦高兴的情绪；（4）维护领导冷静理智的情绪。

行政秘书对领导情绪的把握，目的不在于了解和掌控，而在于顺应和化解。一方面需要根据领导的情绪调整自己的言行；另一方面要帮助领导延续正面情绪、化解负面情绪，以最终达到辅助领导高效开展各项工作的目的。

8.3　处理与领导关系的原则

行政秘书的工作职责和工作性质，决定其常在领导周围，为领导提供及时、高效、优质的服务。在处理领导关系时，行政秘书需要掌握的总原则是服从而不盲从。

行政秘书的工作是为领导提供服务，因此需按领导的意图执行。行政秘书应从分析和理解中加深对领导意图的领会，并增强执行力度。同时，还要在执行的过程中维护好领导的尊严，这就是对领导的服从。但是，服从并不是盲目地和不加分析地附和。对领导正确的意见要坚决执行，而对一些欠推敲的，甚至违背原则的意见，行政秘书不仅不能盲目附和和服从，还需予以妥善的劝说，甚至制止，即表现为妥善合理谏言。由此又可将行政秘书处理领导关系的原则归结为明确工作意图、掌握执行技巧、妥善合理谏言三个方面。

8.3.1　领会工作意图的技巧

行政秘书要有效地辅助领导工作，就必须认真领会领导的意图，站在领导的角度思考问题，并且具备一定的广度和深度。按照领导的意图来办事，特别是在领导授权以后代表领导处理有关问题和工作事项时，就更要准确地把握领导对有关问题的处理意见。

1. 领会领导意图的原则

由于领导在性格、能力、领导方法等方面存在差异，其交代意图的方式也是不同的，这就需要行政秘书学会领悟不同类型的领导意图。

行政秘书对领导意图的领悟需要掌握一些原则，同时要掌握领会领导意图的一些具体方法和技巧。方法技巧具有灵活性，行政秘书可以根据工作实际以及服务对象的特点，恰当地选择运用。

（1）尊重与理解领导的原则。

行政秘书只有尊重领导，才能取得领导的信任；也只有取得领导的信任，行政秘书才会获得更详细、更清楚的领导意图。虽然领导个体在知识结构、专业水平、工作方法等方面存在差异，但只要行政秘书尊重领导，取得领导的信任，就可以得到更多的与不同的领导交流的机会，从而更好地领会领导意图。

领导都有各自的性格特点、思维方式、工作方法、处事习惯等，行政秘书了解领导，特别是掌握领导在长期工作中所形成的思维方式和工作方式，有助于准确、系统地领会领导意图。如行政秘书掌握了领导以往处理类似问题的模式，就会对领会领导新的意图提供借鉴。

（2）广集信息、统观全局的原则。

信息是开展辅助工作的基础。一方面，掌握较为全面的信息，如群众意见等，有助于行政秘书为领导提供有效的参谋性服务，为领导意图的形成打下基础；另一方面，掌握较为全面的信息，如上级精神等，有利于行政秘书准确理解领导意图，并对领导意图的形成和原因产生深刻的认识，这样在执行领导意图时就能找准切入点，收到事半功倍之效。统观全局，就是说行政秘书要站在全局的高度领会领导意图。只有站在全局的高度，设身处地地从领导的视角去观察思考问题，才能自觉地、准确地领会领导意图。

（3）虚心请示、耐心学习的原则。

当行政秘书对领导意图未完全理解时，应虚心请示。这样做有时可能会受到一些批评或责备，但反过来也会促使领导在以后下达指示时注意改进方式、方法。虚心请示，明了意图，就会避免在执行领导指示的过程中出现偏差。

2. 领会领导意图的方法和技巧

（1）接受领导指示。

行政秘书经常要接受领导的指示，接受指示应遵循下列五个步骤和方法：第一，积极回应。领导传唤时要马上应答，快速趋前并随手携带备忘录。第二，认真聆听。领导下达指示时要认真听记，不要中途打断，若有疑问可待领导指示完毕后再提出。第三，精准记录。应一面听一面记，记录时要特别注意以下七个方面的指示内容：工作内容、工作期限、如何着手、由谁执行、涉及对象、工作目的、花费如何。第四，要点复述。听完领导的指示，最好复述一下要点，经领导确认无误后方可执行。第五，提出疑问。若行政秘书有不同意见和疑问，在复述完毕后提出，并仔细聆听领导的解释。若领导指示不能立刻付诸实施，应说明困难所在，请领导考虑是否延缓执行或取消执行，切不可唯唯诺诺，明知无法执行而不提出。

另外，对非直属领导的指示，如其内容属于行政秘书事务，可遵照执行，如果超出行政秘书工作范围，应请示直属领导后定夺。

(2) 主动请办。

领会领导意图不是被动地接受指示，还需要行政秘书积极介入相关工作，并且主动请示办理。请办应注意以下三个方面的问题：

第一，精心准备，提出合理建议。请办前一定要搞清请办事项的原因、背景等基本情况，并考虑目的是否明确、合理。在对请办事项有了较为详尽了解的基础上，要提出具有科学性、可行性、适用性的合理化建议供领导参考和决策。

第二，讲求方法，选择适当形式。请办的形式大致有四种：一是口头请办，即面见领导，口述情况，听取指示。口头请办直接、迅速，并可当面进行交流，能使问题尽快得到处理。一般临时性的、领导可以马上答复的具体工作事项，可采取此种形式。而在有些情况下，应慎用此种形式，如领导工作繁忙时，需要向多位领导请示的事项，需要留下文字依据的事项，涉及面广或比较复杂的事项等。二是用"请示卡"请办，即将"请示卡"面送领导，立等批示。这种形式同样具有直接、快速的优点。使用"请示卡"请办，内容要精要、准确。三是电话请办。电话请办多用于一些简单而又要求快速办理的工作事项。电话请办时，行政秘书要注意做好电话记录。四是文书请办，即正式行文，按级呈送，等候批复。文书请办准确度高、依据性强、效果好，但手续繁杂，待批时间较长，一般适用于重大工作事项。

第三，注重方式，优化请办效果。请办时，行政秘书应注重请办方式方法的选择，要利用好的时机，合理陈述，并事先准备好相关资料。向习惯于含糊表态的领导请办时，行政秘书要细心领会，善于归纳，必要时可请领导明确指示。但行政秘书切不可固执己见，反复陈述，更不可提出不适当的理由强求领导表态。行政秘书还要注意认真、耐心听取领导的意见，不可急躁慌张，要以缓应急，避免出错。

(3) 及时报告。

行政秘书及时向领导报告工作，听取领导的指示，也是领会领导意图的重要途径。行政秘书在执行领导的指示、决定过程中或处理完工作事项后，应适时向领导报告。一般而言，行政秘书报告工作应选择如下时机：一是在落实领导指示后立刻提出，对办理过程中出现问题或办理结果不很理想的事项，更要及时报告。二是在工作进行当中，对重要的工作过程及一些特殊事项要及时报告，如对领导特别交办的事项或工作过程中出现突发事件而使事情突然产生变故或转机时，都应随时向领导报告，切不可等到领导追问时再匆忙汇报。

当行政秘书希望将情况立刻汇报而领导却正忙碌时，建议以要点报告取代综合报告。此时的报告应得体、简洁、重点明确，并最好先报告结论，后阐述细节。报告中要将行政秘书个人的意见或推测与事实分开，以免引起误会。报告完毕后，要耐心认真地听取领导的评价或指示意见。

8.3.2　执行领导意图的技巧

行政秘书在领会领导意图之后，工作重点就转入怎样去执行领导意图的过程之中。领导意图的实现有的需要行政秘书自行完成，有的必须依靠下级部门和其他有关人员去完成。下级部门和其他有关人员获取领导指示、决定的重要方式之一就是听取行政秘书对领导意图的传达，这就要求行政秘书在执行或传达领导意图时，遵循一定的原则，掌握一定的技巧。

1. 执行领导意图的原则

（1）真实再现。

行政秘书的职责和任务要求他必须严格按照领导意图办事，因此在执行或传达领导指示和决定的时候，应全面客观，决不可断章取义或添油加醋，更不可越权发号施令。在传达过程中，尽量使用领导的原话，以免因加入了行政秘书个人的理解而使信息失真。

（2）及时有效。

领导的指示、决定需要行政秘书迅速执行，特别是那些时效性非常强的工作指示，如果不能及时执行，就会造成严重的后果。面对领导众多的指示和决定，行政秘书要仔细研究其内在联系，分清轻重缓急，逐一执行，以免顾此失彼。

（3）适当拓展。

适当拓展指的是行政秘书在领会领导意图，执行领导决定，传达领导指示时，在保持领导意图真实再现的前提下，可根据自己掌握的工作信息，按照领导的思路给执行对象提出一些有价值的参考意见，帮助执行对象充分理解领导意图，全面落实领导的指示或决定。但行政秘书切不可居高临下，以自己的意图代替领导意图或曲解领导意图，也不可超越行政秘书的职权来发号施令。

（4）务实可行。

领导的指示或决定大多是经过反复思考后提出的决策性意见，所以一般是可行的，但也不能排除存在失误的可能性。对其中可能出现的失误，行政秘书应及时提请领导注意，待领导再行决断后方可加以执行。如果不加考虑地去执行有失误的决策意见，不但会使工作开展受阻，还会使领导威信受损，也会损害行政秘书在领导心目中的形象和地位。

2. 执行领导意图的方法和技巧

不仅领悟领导意图需要方法和技巧，行政秘书在执行领导意图的过程中，也需要一定的方法和技巧。需要亲力执行的事项，行政秘书需在坚持上一节所述的四点原则的基础上，认真推进工作并及时跟进和汇报。下文将介绍行政秘书应如何向他人传达领导意图、如何为领导保密和挡驾，以及何时该选择回避的方法和技巧。

（1）传达领导意图的方式与技巧。

行政秘书对领导指示或决定进行传达的方式多种多样，归纳起来主要有两种类型，即口头传达和书面传达（见表8—1）。

表8—1　　传达领导意图的方式

传达方式	沟通方式	方向	传达速度	信息准确程度	充分程度	事后备案	保存时间
口头传达	听说	单向	快	高	高	无记录	短
书面传达	读写	双向	慢	低	低	有备案	长

口头传达是通过行政秘书和传达对象双方面对面进行的。它的特点是灵活、迅速、简便易行。但口头传达容易造成传达对象对领导指示、决定的遗忘，并且事后无据可查。口头传达一般具有单向性的特点，行政秘书应紧紧围绕领导意图认真做好传达前的各项准备

工作，如语言组织，时间、地点的选择等，同时要注意传达的方法和技巧。

书面传达是通过行政秘书和传达对象双方写和读的行为来进行的。它的优点是保存的时间较长，有利于仔细研读和存档备案；缺点是不够灵活，信息反馈相对较慢，有可能因篇幅有限而表达不够充分，不利于传达对象的理解。书面传达的形式可以是文件、信函、传真、电子邮件等。书面传达的关键在于撰写的文件要能切实反映领导意图。文件内容形成后，行政秘书要尽可能地让领导过目签发，以避免传达内容的失真，保证领导意图的准确性。

行政秘书在传达领导指示、决定的过程（见图 8—1）中，还应注意以下四个问题：

第一，不超前。在参谋和辅助决策过程中，行政秘书可能会事先了解到领导意图或知晓领导指示或决策意见，这时切不可擅自传达下去，因为领导有可能改变或调整其内容。

第二，不越权。领导对重要指示和决定往往会自行传达，所以行政秘书在没有接受领导的传达任务前，不能超越职权进行传达。

第三，慎传达。无论采取何种方式进行传达，行政秘书在没有被明确告知时，均应认真选择传达对象，因为传达对象选择是否正确，是传达成功与否的重要因素。

第四，勤汇报。传达任务完成后，行政秘书应及时向领导反馈传达情况，如向领导告知工作进度，反馈收集到的有关信息等，以利于领导工作的开展。

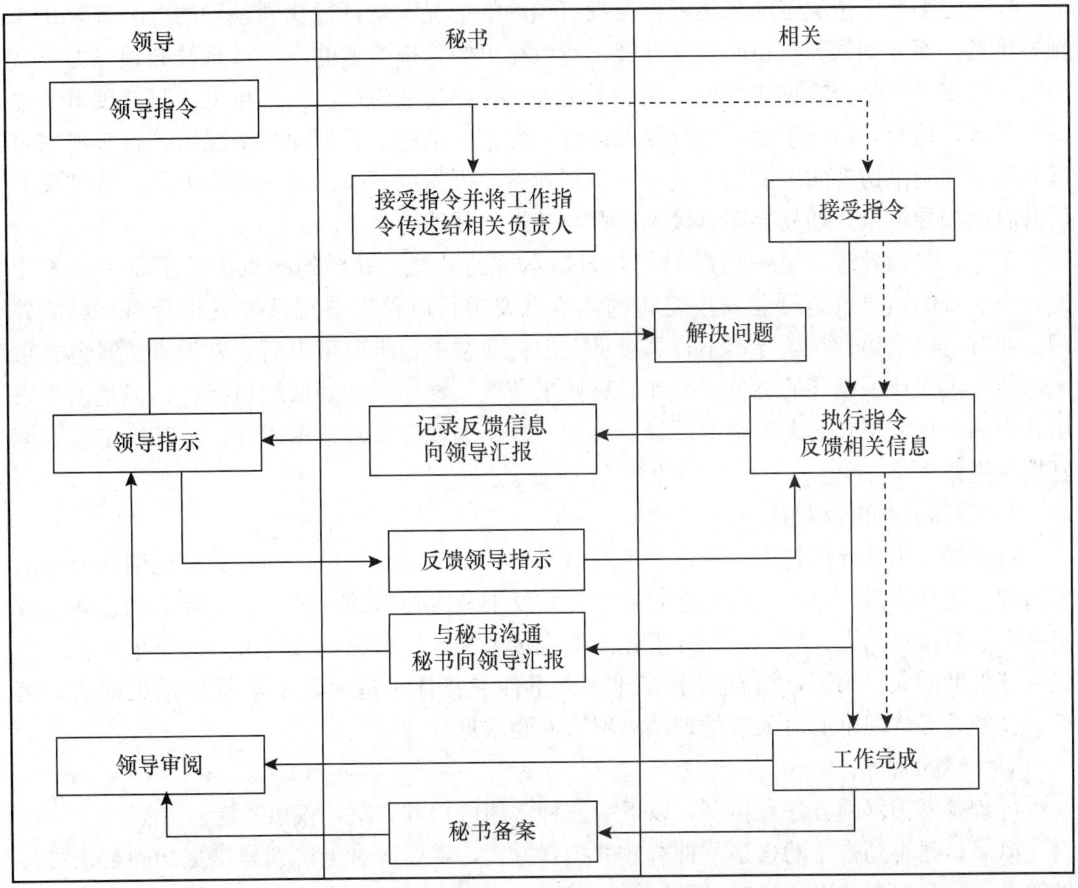

图 8—1　领导交办工作的通用办理流程

（2）为领导挡驾的方法。

领导每天会处理大量的事务，其中接待来访就是一件无法避免的工作。很多领导会将接待来访工作作为了解下情的一种方式，而很多人员也会将直接争取领导意见作为解决自身问题的一种行之有效的方式。因此需要行政秘书对来访者身份及事由进行有效的区分，为领导挡去一些不必要的来访，以保证其有充足的时间处理其他公务。

1）挡驾的原则。

第一，礼貌热情。无论来访者是否受到了领导的接见，行政秘书都应保持礼貌、热情、谦和与耐心。特别是面对领导拒绝接见的人员，行政秘书除了要礼貌热情接待外，还要妥善安抚其负面的情绪，为领导的拒绝接见找到合情合理的解释，以保证来访者不会心存芥蒂。而面对一些不听解释、越过行政秘书径直闯进领导办公室的来访者，行政秘书也需保持诚恳和耐心，选择妥善的处理方式，切莫要态度发脾气。

第二，及时请示。这是挡驾各项原则中的重中之重。除了事先与领导预约好的人员外，很多来访者并未预约即来求见领导，而如果领导又恰在办公室，行政秘书就需要及时地报告请示领导，不可擅自决定领导是否予以接见。但是需要注意的是，行政秘书在请示时需要注意方式方法，尽量避免当着来访者的面询问领导意见，以便为领导留有回避的余地。如一位不满单位决定的来访者，在没有预约的情况下就自行找到领导的办公室，请求领导接见，而此刻领导正在办公室办公。行政秘书当着来访者的面，径直推开领导办公室的门，征求领导是否接见的意见。领导无法以不在办公室为理由拒绝接见，只能硬着头皮接见了该来访者，但是事后对行政秘书进行了严肃的批评。遇到此种情况时，行政秘书可以先简单询问来访者的事由，在进行初步判断后，可先留下来访者的联络方式，待其离开后及时向领导汇报，如领导愿意接见，再与其进行预约。

第三，灵活处理。这一点是对“及时请示”的补充。领导的接见决定不是一成不变的，来访者的情况也是可能发生变化的，这就要求行政秘书要视情况见机行事，灵活处理。如有一些来访者，领导本不打算接见，但行政秘书在听取事由后，发现事情紧急且重大，便可再次请示领导的意见。又如，有些来访者，领导原计划低规格接待，但是由于来访者中临时加入了几名高级别的领导，此刻行政秘书就应及时请示领导，由其决定是否调高接待规格。

2）挡驾的时机及对象。

行政秘书为领导挡驾需要挑选一定的时机，针对一定的对象，不是泛泛地谢绝所有的来访者。概括来讲，以下几种情况是需要行政秘书及时挡驾的：第一，领导明确告知行政秘书不愿意接见的人；第二，领导事先未约定接见的人；第三，因为个人的小事三番五次找领导求助的人；第四，领导忙于处理重大事件或身体不适时，要求领导接见的人；第五，找领导寻衅闹事或对某事处理结果不服而要求见领导的人。

3）挡驾的方法。

行政秘书挡驾的方法有很多，以下为三种常用的挡驾方法，仅供参考。

第一，耐心劝告。劝告是一种有效的挡驾方式，主要针对无须领导接见却硬要求被接见的人。行政秘书可以通过对领导意图的解释、对事由的分析来劝告和说服其放弃寻求领导接见。大多数来访人员在听到行政秘书耐心而有说服力的解释后，求见领导的迫切心情就会得到缓解或消失。

第二，善意谎言。这种方式主要针对领导明确告知不想接见，却硬上门求见的人。领导明明在办公室，但是行政秘书可以通过善意的谎言，告之“领导外出了，不知何时回来”或者“领导正在开会，无法会客”，以达到挡驾的目的。

第三，如实告知。这种方式针对的是领导不在办公室而行政秘书又无法确定领导是否要接见此来访者的情况。即将领导正在进行的活动如实但粗略地告知来访者，请其予以谅解，并简单问清事由，留下联络方式，以便以后请示领导和安排预约。

◆ 情景模拟 ◆

陌生来电和无约来访的处理

背景材料

（一）一个陌生号码打进行政秘书小王的办公室，来电者声称是某领导的老同学，已经约好了要和领导通电话，请小王转接，但是小王之前并没有得到来自领导的指示。于是小王礼貌地跟来电者说，领导暂时不在办公室，并留下了来电者的姓名、电话、工作单位，告知其在领导回来后会给他回电。挂掉电话后，小王马上拨通了领导办公室的电话，请示领导是否要给该来电者回电话，领导说不想接听这位来电者，所以小王将此事就此搁置。

（二）接待前台打电话给行政秘书小王，说一位先生声称是领导的老同事来找领导，现在就在前台等待。领导此时正在办公室，行政秘书小王马上致电领导询问是否接见，领导表示不予接见。小王便去前台告诉来访者，领导正在参加会议，会议时间较长，不知何时才能结束，并建议来访者可先返回，下次来访前可先致电前台，询问一下领导的安排后再行来访。

角色扮演

假设你是秘书小王，在为领导挡驾时要注意哪些要点？

参考答案

秘书在为领导挡驾时应注意：

（1）注意灵活处理，在不确定领导是否同意接听来电或接见来访时，先行挡驾。

（2）及时请示，把来电和来访人的信息及时向领导汇报，并请示是否接待。

（3）妥善处理领导交办的私事。

处理领导交办的私事是行政秘书工作在领导生活中的延续，领导交办的私事可能因为领导不方便出面，或是该事情较为费时费神。行政秘书需明确的是，处理领导交办的私事是为了帮助领导将更多的精力集中在工作上，而且既然为私事，其中就会或多或少涵盖一些微妙的关系，这就需要行政秘书在处理领导交办的私事时，对领导意图进行充分的领悟，并且掌握好处理的艺术，根据具体的情况选择恰当的处理方式，既要把事情办好，又不能丧失原则。

行政秘书在处理领导交办的私事时，需要兼顾坚持原则、端正态度和照顾影响三者的关系。此外，行政秘书在处理领导交办的私事时，还应注意做好保密工作，不要四处宣扬，以炫耀与领导的亲近。

(4) 行政秘书的回避艺术。

行政秘书不仅要紧随领导，为其提供服务，同时也要学会在适当的时候予以回避，这是另一种为领导提供服务的方式。在一些特殊场合或时机，行政秘书适时地回避会给领导提供更多的自由处理事情的空间，会更利于事情的有效解决。

行政秘书在回避时需要把握好时机。如上级机关人员找领导谈话时、当领导们严肃地讨论一些重大问题时、领导找某个人单独谈话时、领导的亲属或密友来访时，就需要行政秘书适时回避。

但是，回避不是一味地撒手不管，在回避之后行政秘书仍需适时询问领导有何安排或吩咐。回避时机的选择要根据领导的性格类型而定，对于独立性较强的领导，行政秘书的回避会略多一些。同时，要注意领导的肢体或语言暗示，以便行政秘书选择恰当的回避时间。

8.3.3 合理谏言的方法

行政秘书的工作性质使得其不仅要能够察言观色、沟通协调各种关系，还需要能够在合适的时候向领导提供合理的建议，辅助领导做出决策，充分发挥行政秘书的参谋作用。由于行政秘书熟悉领导的工作风格、生活习惯，所以行政秘书可以区别于其他部门或人员，更多地站在领导的角度提出工作建议。另外，由于行政秘书是各类信息的汇集处，因而会更准确地把握事态的发展过程，对事情有着更为全面、客观的认识，这也使得行政秘书的谏言将在很大程度上对领导的决策产生实质性的影响，因此行政秘书不仅要敢于谏言，还要做到谨慎谏言。

在谏言过程中，无论是对领导意见的补充，还是对领导错误意见的否定，行政秘书都需要端正自身的态度，做到既真诚合理、认真客观，又谦虚谨慎、耐心友善。

行政秘书对领导的谏言并不是有什么说什么，想到什么说什么，它需要结合一定的方法和表述方式，力求在无形中起到辅助领导决策的作用。下面具体提出了八种谏言方法以供参考。

1. 随机提醒

随机提醒，即随时随地抓住机会向领导谏言。行政秘书经常在领导的身边，遇到或发现什么问题，或者领导突然问起行政秘书对某一事情的看法时，就需要行政秘书视情况将想法讲出来。这些建议不一定是完整的方案，也不一定涵盖全局，可能只是针对某一局部或某一具体问题的建设性看法。

随机提醒并非行政秘书通过聪明才智“拍脑袋”想出来的，想要做到随机提醒，需要行政秘书注意以下三点：

(1) 注重知识和信息的积累。

需要认识到的是，随机的想法和灵感与行政秘书平时的知识积累和信息搜集是分不开的。因此行政秘书不能抱着投机的想法，通过凭空臆想来提出建设性意见，而是需要在日常的工作中就注重专业知识的积累和相关信息的搜集，不断扩大知识面，扩容信息量。

（2）巧妙地掌握谏言时机。

行政秘书在运用随机提醒法时要注意时机的选择。既不能在领导已有较为成形的想法时“多管闲事”，也不能在失误和损失发生后成为“事后诸葛亮”。作为领导身边的人，行政秘书应该密切关注领导关注的热点、重点问题，在发现不好的苗头或趋势时，及时地提醒领导，并帮助其分析潜在的风险，同时能够拿出可行的改进方案。

（3）要有全局观念。

行政秘书的谏言可以是具体的，但是不能片面。具体的谏言是建立在对全局的掌握和了解的前提下。行政秘书要想谏言受到领导的重视和认可，就必须从全局出发，考虑多种可能性以及建议的可行性。

2. 预测引导

预测引导较随机提醒来讲，着眼点更为长远和宏观。它是行政秘书在一定的积累和分析后，对领导决策方向的一种建议性引导。从某种程度上来讲，起到的是一种战略性的导向作用。

预测引导的优点很明显，但是风险也很大。其优点在于，一旦预测引导正确，会大大提高领导的科学决策水平，推动事务向更高的台阶迈进。而其风险在于，一旦预测引导失误，不仅会使事业蒙受巨大损失，降低领导的公信力，也会祸及行政秘书自身。因此，行政秘书在选择使用预测引导法时，需要万分谨慎。在没做好充足的积累、调查和分析，并且没有十足的把握时，不要轻率预测。

3. 论证补充

所谓论证补充，即针对领导即将付诸实施的决策进行调查研究，进一步论证其可行性，并提出补充性建议。

在使用这种方法时，行政秘书切忌抱着全面肯定的心态，认为这是领导深思熟虑后的结果，不会出现差错，不需要补充，只是随便找几个例子加以确定其可行性。这样不仅可能把领导的决心引入歧途，也是对行政秘书工作的不负责任。

论证补充同样需要行政秘书对该项决策的背景、过程、内容等有着详尽全面的了解，同时通过分析和论证，进一步肯定其可行的部分，补充其欠缺的部分。行政秘书在做好前期准备工作后，与领导交换意见，并在听取各方面意见后，撰写可行性报告，请领导正式考虑和最终定夺。

4. 资料提供

资料提供是一种无声的谏言方式，它不需要行政秘书直接向领导表述自己的观点，而是通过为领导提供相关资料间接引导和影响领导决策。

对于领导主动索要的资料，行政秘书应尽快提供；对于领导没有主动索要的材料，行政秘书需要通过对领导心思的揣摩顺意提供。行政秘书需要为领导提供其正在处理的事项的相关资料，也需要为领导搜集和整理某些备用资料，以供日后决策使用。

5. 比较择优

比较择优是指行政秘书通过提供几种可行性方案，进行多方面的比对，协助领导从中择优做出选择。比较的方法有很多种：横向比较、纵向比较、纵横交错比较、局部环节比较等。比较的目的在于协助领导通过比对来择优，以节约领导分析材料的时间，提高决策效率。

行政秘书在选用这种方法时，需要注意的是：

（1）整理时捋清头绪。

行政秘书对资料的整理是为了减轻领导整理和分析资料的压力，从而将更多的精力投入决策中。因此行政秘书自身在整理资料的过程中，需保持头脑清醒和思路清晰，不可仅仅将资料简单加以罗列。

（2）比较时客观全面。

行政秘书在进行资料的比较时，需要从多角度多方面开展，同时需要保证在比较过程中尽量不掺杂个人感情因素，以保证比较结果的客观性。

（3）分析时清晰透彻。

行政秘书在对资料进行整理之后，需要作出简单的分析，得出初步的结论。分析过程中条理要清晰，对各环节、各方面的分析要全面而透彻，并在比对和分析之后，形成分析结论，以供领导在决策时参考。

◆ 情景模拟 ◆

乘兴而谏

背景材料

十一期间，某公司老板提出组织员工度假休息，并将活动的组织工作交给了人力资源部门。人力资源部虽说人手挺多，但节前大家手头上处理客户的业务一个接一个，根本就没有人具体落实这件事情。经理知道小刘是个新手，便把这项工作交给了他，要求次日拿出具体方案。

“还是去温泉度假村吧。”下午开会时，老板忽然一语定乾坤。听老板这样说，本来热烈的气氛一下子又冷了下来。他说的这个度假村大家已经去过好多次了，假如再去那个地方，不仅达不到放松休息的目的，还会引起一部分员工的怨言。而小刘作为具体负责的人也将难免受大家的埋怨。但怎么劝说老板改变主意呢?

小刘没有当场提出自己的看法，而是把老板的建议一一记在本子上。开完会，用了整整一个晚上拿出另一套出游方案，并在第二天一早送到老板的桌上。下午，老板果然改变了自己的决定，同意了小刘的方案。这次出游，大家玩得很开心，老板也满意。

角色扮演

假设你是小刘，如何让领导采纳你的方案?

参考答案

上面的材料中，老板当场宣布自己的意见，事出突然，一时让人无法提出反对意见；如果当场反对，驳了老板面子，显然不合适。小刘采取了先领会老板的意思，然后根据大家的意向提出独立见解，书面呈报，让老板有了重新考虑和决定的机会。只要理由充分，老板自然会改变初衷。

6. 漫谈闲聊

漫谈闲聊是指不分时间、地点，无固定程序和明确边际，只是通过漫谈或聊天的方式与领导进行沟通，在一种轻松、自然的氛围下向领导表达个人见解和建议的一种方式。这是行政秘书常用的提出建议、辅佐领导决策的方法。

需要注意的是，漫谈闲聊不是真的漫无目的，想到哪儿说到哪儿，也不是真的可以放下限度和分寸进行建议。漫谈闲聊法需要把握的是：

（1）在无边际中目的明确。

漫谈闲聊看似是随性地与领导进行交谈，但其实质是一种间接向领导谏言的方式。因此行政秘书需要明确自己在无边际的漫谈中想要提出的建议和力求达到的目标，目的在于使问题得以解决，而非漫谈本身。

在这里需要区分的是，不是所有与领导的漫谈闲聊都是充满目的的、都是要以谏言为基础的，但是反过来，漫谈闲聊可以作为一种易被领导接受的有效的谏言方式。

（2）在闲散中保持谨慎。

无论行政秘书与领导是在怎样放松的环境下以怎样轻松的方式进行交谈，行政秘书都不能忽略上下级关系的存在，不可无分寸无限度。在闲散中仍需保持一份谨慎，但又不能过于拘谨，而二者之间度的把握则需要行政秘书自身根据实际情况不断进行揣摩。

7. 假借外力

行政秘书在一些敏感问题上，可以通过借助外力来向领导谏言，从而使得问题在得以解决的同时又不直接与领导交锋。

（1）行政秘书可以借力于领导的上级，即通过宣传领导上级的政策以及利用领导上级的情感力量来向领导谏言。

（2）行政秘书可以借力于领导的下级，即通过向领导提供真实可靠的下情，来帮助领导分析和决策，从而起到谏言的作用。

（3）行政秘书可以借力于平级的兄弟单位，即通过向领导介绍兄弟单位的成功经验或失败教训来帮助其进行决策。

8. 引以为鉴

引以为鉴与前面提到的几种方法不同，它是一种事后补救和预防同类事件再次发生的方法。即在出现问题或产生不良影响之后，行政秘书协助领导找出原因，总结教训，并为以后的工作提供借鉴。因此，引以为鉴不仅仅是一种向领导谏言的方法，更是通过谏言帮助领导走出困境以及避免犯同类错误的有效方法。

在这里需要明确的是，引以为鉴的目的在于为已产生的失误进行补救和善后，而不是在问题产生后，再提出当初应该如何解决问题。行政秘书要避免因做“事后诸葛亮”而落得领导的埋怨和不满。引以为鉴法要从以下三方面开展：

（1）评估危害程度。

在失误发生后，行政秘书需要帮助领导明确该失误的危害程度，以及评估已经产生的损失和对未来可能产生的影响，从而使领导认识到在该失误上，无论是上级的处理，还是群众的意见，都是可以接受和理解的。

（2）寻找失误原因。

行政秘书需要协助领导从事件的起因、经过、结果等多方面进行全面的回顾、分析和总结，从中找出失误的原因，避免类似失误再次发生。

（3）帮助领导调整情绪和状态。

在失误发生之后，行政秘书非但不能做“事后诸葛亮”，反而是要积极地帮助领导调整情绪和状态。行政秘书需要帮助领导认识到，工作中存在失误是正常现象，本次失误是多种因素和条件共同促成，而不是领导一人导致的，从而帮助领导以良好的情绪和状态对既成失误进行补救和开展下一步工作。

综合以上几种谏言方法，总的说来，行政秘书需要根据具体事情的特征和领导的风格来选择具体方法。在以上几种方法中，可以穿插使用先同后异法，即在肯定领导的同时，逐渐由易至难、由浅入深地提出行政秘书自己的建议。当然，对领导的肯定不是泛泛地歌颂，而是真实客观地加以肯定，并依据一定的逻辑引出自己想要提出的建议。

同时，无论选择哪种谏言方法，前提条件都是需要行政秘书做好大量的前期资料和信息的收集、整理、分析工作，在此基础上提出的建议才更有说服力，也更易被领导接受和采纳。

8.4 与领导相关关系的处理

行政秘书的工作主要是围绕领导来展开的，在具体的工作中，行政秘书作为领导与外界沟通的桥梁，不可避免地接触到与领导相关的其他人际关系对象。如果行政秘书与领导相关的其他人际关系对象能进行有效的沟通，不仅会大大提高领导的工作效率，也为行政秘书工作的进一步开展提供较为宽松的环境和良好的氛围。

行政秘书在处理与领导相关的人际关系时，需要做到知己知彼，既要摆正自身位置，又要掌握沟通对象的特点。

8.4.1 行政秘书在人际关系中的定位

1. 非权力性

在管理系统内，行政秘书没有法定的过多权力，但是由于行政秘书在领导身边，辅助领导办理事务、做决策，经常就会经授权进行各种沟通协调工作，代表领导的意向，具有较大的影响力。由于被协调各方在心理上均受领导权力辐射的影响，在一般情况下，能够接受行政秘书进行的调解。行政秘书沟通协调的非权力支配性，决定了行政秘书在协调沟通中特别要注意方法。假如行政秘书以势压人，甚至以“二首长”自居，就会引起协调对象的反感，甚至产生对抗。这样，不仅不能有效地进行沟通协调并解决问题，行政秘书自己也会卷入矛盾旋涡中。即使行政秘书是受命传达领导指示，也不能以领导的身份用命令的口气说话，而应以平等的态度待人。

2. 职责非限定性

一般地说，管理职能只有在确定的职责范围内才能有效地发挥作用，而行政秘书的沟通协调职能没有职位范围的限定。行政秘书可以在组织内部发挥作用，也可以在组织外部发挥作用。行政秘书的职责非限定性是与其权力的非正式性相关的。由于没有法定的支配性权力，行政秘书的沟通协调主要依靠领导机关的权力惯性、领导人的权力辐射以及行政秘书良好的思想素质和工作方法来实现。因此，从这个角度上讲，行政秘书职责的非限定性使行政秘书的沟通有较大的伸缩性。

3. 地位非确定性

行政秘书的沟通协调具有较强的非确定性，因而也就没有确定的地位。如上级领导间沟通信息，行政秘书处于下级地位，是下级对上级的沟通协调关系；在同级职能部门工作人员间进行协调，行政秘书处于同级地位，是平行的工作关系。由于行政秘书进行沟通协调，往往处于不同的地位和层次关系中，这就是行政秘书沟通协调地位的不确定性。由于这种特性，行政秘书在沟通协调时更需要采用恰当的方式。

由于行政秘书协调沟通具有以上三个特点，所以在沟通协调过程中，行政秘书一般不能用直接的强制手段，而应采用信息沟通、感情沟通的方式加以疏导，使有关各方达成共识，消除分歧。疏导不仅要有足以澄清事实真相的信息依据，还要有足以明辨是非的道理，更要有感染有关人员的感情基础。这样才能在维护整体利益的基础上达成协调一致。

8.4.2 行政秘书人际关系对象的特点

行政秘书在工作中遇到的其他人际关系对象形形色色，如何处理好与这些人际关系对象的关系，掌握处理的方法和尺度，首先一点就是要了解人际关系对象的特点。

根据关系维持的时间长短，可分为长期性、中期性和短期性三种人际关系对象。行政秘书与每一种人际关系对象的关系维持方式和侧重点都会不同：与长期性的人际关系对象交往，会侧重于关系的维持，可以不计较一些短期或微薄的利益；与中期性的人际关系对象交往，会侧重于关系维持和为工作争取最大利益之间的平衡，选择更有意义的方面来开展；而对于短期性的人际关系交往对象，则会侧重于如何尽快将事情解决。这三种人际关系对象之间可以相互转换，转换的依据就是其对工作和行政秘书自身产生的影响程度。

总的来讲，无论是哪种人际关系对象，都会具备以下五个特征：情意性、社会性、层次性、变动性、复杂性。

1. 情意性

无论人际关系对象的立场如何，其自身都会受到情感和意志的影响，即具备了情意性。情意性是人本身的一种属性，根据每个人所处的环境、时间以及经历等的变化而不断变化，但是不会消失。行政秘书如果能够准确地把握对方的情感、意志动向，掌握其中的规律，并运用恰当的方式进行沟通，必然会起到良好的沟通效果。

2. 社会性

行政秘书接触的人际关系对象在具备了情意性之后，必然会以社会人的形式存在。在一定的时间和空间中，保障自身利益的同时，也代表着某一个或某几个群体的利益。行政秘书在与其交往中，势必会发生合作、互助、竞争、敌对等各种关系。值得注意的是，行政秘书在各种关系中，并不是要一味地规避敌对等所谓的负面关系，而是需要根据具体的环境和具体的人际关系对象来选择维持恰当的关系，这也是适应人际关系对象的社会性的需要。

3. 层次性

人际关系对象作为社会人，难免会被赋予不同层次的属性，这种层次性与人格本身无关，而是作为一种必然的社会属性而存在。行政秘书需要肯定这种层次性的必然，并且根据不同的情况和工作需求，选择不同的处理方式。当然，无论选择哪种处理方式，都要建立在自尊自爱和尊重他人的基础之上。

4. 变动性

人际关系对象自身的条件和特点不是一成不变的，事实上他们会受到时间、空间、环境、经历、情绪、机遇等多方面因素的影响。并且，人际关系对象所处的层次也会随其自身和环境的变化而发生改变，可能会转换到其他层次，也可能兼顾几个层次。这些变动无法被完全预知，但是可以通过信息的搜集被合理地预测。行政秘书面对人际关系对象的变动性能做的就是广泛搜集信息，以便了解重点人际关系对象的动态，并根据动态选择恰当的人际沟通方式。并且，为了防止人际关系对象的变动性对行政秘书产生过多的影响，行政秘书在与他人交往时，应该端正自身态度。

5. 复杂性

正是由于人际关系对象基本同时具备了以上四种特征，并且这四种特征会随着外界环境和对象自身的变化而发生改变，同时其对人际关系对象产生影响的比重也会发生改变，从而致使人际关系对象具备复杂性。行政秘书无须对这种复杂性感到不知所措，只需在人际交往和沟通中，以完善工作为目的，以服务领导为宗旨，以自尊自爱和尊重他人为前提，适时适势选择恰当的人际沟通手段和方式，即可以不变应万变。

8.4.3 人际关系的处理方法

从工作的角度来看，行政秘书需要处理的人际关系对象可分为内部关系和外部关系两种。其中内部关系包括与上级领导的沟通、与下级员工的沟通和与平级同事的沟通；外部关系则包括与群众、客户、兄弟单位、媒体以及领导家属的沟通。

1. 内部沟通与关系处理

行政秘书在沟通工作中，应用得最为广泛的当数内部沟通。无论是与上级领导、下级员工还是平级同事，行政秘书都需要掌握一定的沟通要点和关系处理技巧。内部沟通的效果和人际关系处理的好坏将对行政秘书自身工作的开展产生较为紧密和重大的影响。

（1）与上级领导的沟通与关系处理。

行政秘书与上级领导的沟通包括了与自己领导的上级沟通和与自己领导的平级沟通。

1）与领导的上级沟通。行政秘书与自己领导上级的沟通多半为领取命令或传达意见。因此，在与领导上级的沟通过程中，行政秘书需保持谨慎谦虚的态度，认真聆听领导意见，并且在传达上级领导意见时尽量保证信息的真实性和准确性。在领导的上级询问起行政秘书所服务的领导对某件事有何看法时，行政秘书需尽量选择不明确表态，不在自己领导和上级领导间传话，以免形成不必要的误会和矛盾。

◆ 情景模拟 ◆

领导的上级找你谈话

背景材料

某公司部门经理的上级领导约经理的秘书面谈，想在做年终评估前谈谈经理的工作表现。上级领导要求开诚布公、畅所欲言。但在现实中上级领导与部门经理之间相处得并不是很好。

角色扮演

假如你是经理的秘书，你应该如何应对此类谈话?

参考答案

(1) 尽量选择不明确表态，不对领导的工作方法、管理风格等做绝对的价值判断。

(2) 切忌向领导的上级打小报告，如果领导因此而被解雇或受到损害，秘书也会因此而失去别人的信任。

(3) 转移话题，结合秘书实际工作客观地谈看法，适当把谈话的焦点向秘书的工作和体会上转移。

2）与领导的平级沟通。行政秘书与领导平级的沟通较为常见，有时甚至同多个与自己领导的平级进行沟通。这时，行政秘书沟通的关键点在于平衡。即在以工作为目的的前提下，尽量平衡各方关系，维护领导间的团结和威信。除了不要随便传话外，还要做到不在背后议论某一领导在某件事情上的功过是非。并且，一旦领导的平级与自己领导产生矛盾，行政秘书处理的重点不是如何亲自去化解矛盾，而是在于确保双方领导情绪的稳定和降低矛盾带来的负面影响。

(2) 与下级员工的沟通与关系处理。

行政秘书工作的特性，使得行政秘书成为工作上领导身边最为亲近的人，经常会代表领导发布命令或指挥下级员工完成一些事项。此时如果行政秘书与下级员工的关系处理不当，会影响员工的积极性，进而对工作效率和工作质量产生影响。

行政秘书在与下级员工沟通时，因为已经具备潜在的权威特质，因此须将沟通重点转移到平易近人上来。即通过沟通让下级员工意识到，大家是共同协作的关系，只是工作职能和岗位有所不同。在下级员工犯错误时，行政秘书需要以宽容的态度去对待。在下级员工对行政秘书所服务的领导产生抱怨时，行政秘书需予以一定的解释和宽慰。同时，为了保证沟通的有效性，行政秘书还可以多了解些下级员工工作以外的东西，如性格爱好、日常生活状况等，以便与下级员工建立良好的关系。

(3) 与平级同事的沟通与关系处理。

行政秘书在工作中会较多地与平级的同事接触，在与平级同事沟通和交往过程中，行政秘书需要明确，这种人际关系具有较强的互动性和较长的时效性。

以此作为基础，行政秘书在与平级同事沟通和交往过程中，建议参考以下原则：以诚相待，信守承诺，相互尊重，时时感恩，多加赞美，勇担责任，不抢功劳，勤加维系。在与平级同事的沟通中，行政秘书应尽量避免小圈子、小团体的形成，并且既要避免牢骚满腹，又要避免趋炎附势，更不可故作姿态。只有以一种亲和又谨慎的态度去对待，才能够在平级同事中树立良好的形象，从而提高工作效率和工作质量。

2. 外部沟通与关系处理

(1) 与群众沟通注重亲和。

行政秘书在与群众的沟通和关系处理中，应主打亲和牌。行政秘书既需要协助领导加强与群众的联系，又需要帮助领导处理来自群众的各种矛盾和问题。因此，无论是领导委托行政秘书向群众转达信息，行政秘书自己主动到群众中了解情况，还是群众自发通过行政秘书寻求解决问题的途径，行政秘书处理的关键点都是保持亲和。亲和的态度会让群众产生“自己人”的心态，从而有利于进一步的沟通，进而明确问题的关键所在，了解到事情的真实情况。

除了亲和之外，行政秘书还应有耐心并能认真地聆听。要设身处地地站在群众的角度思考问题，同时也站在领导的角度，为群众提供合理的解释，以便化解隔阂，激发群众开拓事业的热情。

(2) 与兄弟单位沟通注重共赢。

行政秘书在与兄弟单位的沟通和关系处理中，应主打共赢牌。既然是兄弟单位，就必然与行政秘书自身所处的单位有着竞争或合作关系。行政秘书在与兄弟单位的沟通中，更多的是代表自身所在单位去寻求双方的共赢。因此，这就需要行政秘书以维护自身单位良好形象为前提，以合作交流和长远发展为目的，以最终实现双方共赢为愿景来开展沟通。

同时，行政秘书还需要注意的是，寻求合作和共赢不是信息无止境地公开，而是需要明确保密的范围，对本单位的相关机密严密保守。

(3) 与客户沟通注重诚信。

行政秘书在与客户的沟通和关系处理中，应主打诚信牌。行政秘书在与客户进行沟通和交往时，必然代表所在单位的形象和态度。除了保持基本的热情礼貌和礼尚往来之外，更重要的是对诚信的坚守。可以不轻易许诺，但是一旦许诺，无论是从单位还是从个人的角度，都应认真履行诺言，以保证单位的良好形象以及与客户进一步合作的可能性。

当然，这种诚信是双向的，如果对方有明显且刻意的失信行为，行政秘书应该认真分析并及时汇报，以便领导定夺是否继续维系与该客户的关系，从而避免单位利益受到影响。

(4) 与媒体沟通注重求实。

行政秘书在与媒体的沟通和关系处理中，应主打求实牌。所谓求实，即在面对媒体时，根据领导的授权和具体的情况如实描述，切不可有谎报成分。如遇到敏感话题或领导没有授权的问题，行政秘书可委婉地表示不清楚或无可奉告，不可根据自身的推断妄加评论。当然，求实并不是有什么就都讲出来，而是根据对社会影响的判断来划定讲述范围，但是要保证讲述出来的都是真实可靠的，以树立单位在社会中的良好形象，维护良好的公信力。

（5）与领导家属沟通注重谨慎。

行政秘书在与领导家属的沟通和关系处理中，应主打谨慎牌。行政秘书的工作性质决定其会长时间地与领导接触，并且接触的范围会涉及领导的工作和生活，因此行政秘书常常会不可避免地接触到领导的家属。领导是行政秘书的工作重心，而领导的家属是领导的生活重心，由于这种连锁关系的存在，行政秘书在面对领导家属时，首先要谨慎，要做到不该说的不说，不该问的不问。

1）端正对领导家属的态度。行政秘书在面对领导的家属时，首先应明确“自己是领导的行政秘书，需对领导负责”这一原则。在此基础上，才能进一步明确该以何种态度面对领导家属。

第一，敬而不畏。无论是领导的配偶、子女还是亲属，行政秘书均需要保持尊敬的态度，待人接物均需保持基本的礼貌，但是无须对其保有畏惧感，无须对其一味地言听计从。

第二，热情有度。行政秘书在对待领导家属时，需要保持热情的态度，但是需热情有度，不能为了讨好领导而去讨好其家属。在领导家属有困难或提出合理要求时，行政秘书可以热情地予以帮助，但是在面对其特殊化或非礼要求时，行政秘书也应不卑不亢地予以委婉拒绝。

第三，端庄稳重。在面对领导家属时，行政秘书需要端庄稳重，保持自己的身份，不可与其过分亲热，甚至说笑打闹。在一些特殊场合，要懂得避嫌。

2）正确处理领导家属“参政”。领导家属“参政”的方式有很多种，有的是明显直接的，有的是含蓄间接的；有时是主动“参政”，有时是无意“参政”；有的是决断性参与，有的是建议性参与；有时参与得抽象，有时参与得具体。但是无论领导家属以何种方式、何种程度“参政”，行政秘书都需要明白，领导家属“参政”利弊相间，有时其“参政”也会起到一定的提醒和弥补的作用，因而不能一味地全盘否定。

需要指出的是，作为行政秘书，不可推动和有意促使家属“参政”。需要坚持以领导威信、单位利益为根本前提，努力使其发挥积极的作用。行政秘书需要秉承以下三个原则：

第一，不主动与领导家属谈论公务。在与领导家属接触时，对方不提及公务，行政秘书就不要提及；对方若问起公务，行政秘书在回避不了的情况下，应予以原则性回答，尽量避免具体的分析和讨论。

第二，不直接向领导家属请示或汇报工作。无论领导在不在场，行政秘书都需要明确“自己是领导的行政秘书，只对领导负责”这一原则，无论领导的家属是否有能力解决该事，均不可主动向其请示或汇报工作。

第三，不直接按领导家属的意见处理公务。有时领导家属会直接将其对某件公务的意见告知行政秘书，此时行政秘书需主动向领导汇报，并听取领导的处理意见。处理的结果也应先向领导汇报后，再由领导转达给家属。家属向行政秘书转达领导指示时，行政秘书应尽可能找到领导予以确认。

本章小结

本章阐释了行政秘书在处理与领导关系时的定位和态度，结合对不同领导类型的分析，总结出与领导相处的要点。并从领悟执行领导意图、对领导进行谏言、协调处理矛盾关系以及妥善处理领导个人事务这四大方面，具体地分析了行政秘书在与领导相处时需要注意的问题，提出了一定的处理方法和技巧。行政秘书与领导关系的处理是行政秘书诸多工作中最为重要也是最为复杂的一项工作，不仅要明确各种原则方法，而且要在具体的工作实践中去揣摩。

关键术语

行政秘书与领导关系的定位　　领导风格的类型

复习思考题

1. 行政秘书在处理领导关系时需要进行怎样的自我定位？
2. 行政秘书如何适应不同的领导风格？
3. 行政秘书如何为领导挡驾？
4. 行政秘书向领导谏言的方法有哪些？

阅读材料

秘书：角色与规则

主持人：董某

嘉　宾：陈某　陆某

主持人：各位好，欢迎来到《央视论坛》。最近一段时间出现了一些关于秘书的新闻，比如说男领导不得配备女秘书，县市一级的领导不得配备专职秘书等，其实这些新闻都源自四川省委办公厅近日出台的《关于加强对领导干部身边工作人员管理监督的暂行条例》和《领导干部身边工作人员行为规范》。为什么会出台这项规定？这项规定能够解决什么问题。就这个话题今天我们请到了特约评论员陈先生和陆先生。我们知道中央在很久以前就出台了规定县市一级领导是不能配备专职秘书的，但是我们从四川省委办公厅出台的这个规定可以看出，它现在能够写入他们的规定，说明已经成为一个问题了。

陈：如果我没记错的话，中央组织部的规定，配专职秘书的级别是副省部级以上。地级市或地区级的干部、厅局级干部不能配专职秘书。有秘书科或者办公室根据工作需要，调派人员协助。四川这个规定，我想应该是很有针对性的，很可能这种现象已经非常普遍了，所以才要有针对性地做出这么一个规定。

陆：我们注意看一下中纪委、中组部，或者其他中央有关部门的规定，其实 20 多年前就有，我们发现一些地方党政机关新的规定出来是重申中央领导机关过去的规定，那就说明在过去一段时间，中央有些规定没有落实到位，特别是地厅级的干部不允许有专职秘书，而我看到县级领导就有秘书。这是很过分的。

主持人：我看到了一个数字，是拿四川省绵阳市做的一个调查，绵阳市一共清理出90名县级党政机关干部的秘书，这个数字很能说明问题。

陈：这很可能是一个比较普遍的现象，比如绵阳市就清理出90个秘书，它要占90个公务员的指标，要拿90份工资，而这个工资都要由财政来拨。为什么秘书现在成为那么大、那么普遍的一个现象，而且成为舆论焦点，引起广泛的关注，就是因为：第一，给不应该配秘书的干部配了；第二，把无职无权的秘书变得无职有权了，或者有职有权了。这就使得很多人想通过领导去做一些非分之事的时候，第一个先找的是秘书。

主持人：我们得明确一点，就是秘书到底是干什么的。我们查到，在一些专业书籍里对秘书这个职业有非常专业的定义，宽泛来说，他是辅助领导做事。在现在的信息化社会，领导在决策的时候面临的选择很多，秘书做的只是帮助领导做一些事务性的工作。

陆：其实秘书的概念分两类：一类是劳动部的劳动技能的分类，叫秘书专业，很多人读秘书学校，那是打字、接待等类似事务性的工作。我们今天讨论的实际上是后一种，是给党政领导干部做专职服务的秘书。现在因为我们的党政机关很多的工作人员是有相应级别的，比如秘书有的是正科级，有的是副处级，甚至有的是副厅级。但是实际上秘书工作本身是服务性的，帮助领导迎来送往，或者是处理一些文件，提供一些比较重要的沟通渠道等，这种工作应该说是专业性比较强的，不应该跟行政级别挂钩。

陈：从理论上讲，秘书应该是一个无职无权的职务。在新中国成立初期，我们很多老干部是工农出身，他下乡的时候配警卫员，慢慢变成了秘书。他们自己讲他们的差事是什么呢？下乡的时候帮助吓吓狗，上坡的时候扶首长一把，他的职能就是这样的，不存在权力的问题。

主持人：您说的那是最初的情况，但是现在在老百姓的心里几乎已经成为一个常识了，领导的官阶越大，那么秘书的官阶好像也越大。

陆：这是干部分级管理当中的一些规定决定的，但是秘书应该是无职无权的。如果是有职的话，是一种职责，就是说应该提供辅助性的、参考性的工作。但是现在问题是秘书有权了，不但有权，而且是有过分的权。四川省规定党政干部管理好自己身边的人，尤其是秘书，就说明现在相当一部分秘书不适当地掌握了某种权力，而且这种权力是违规的。

主持人：我们看到现在很多人争着抢着当秘书，有些领导也在冒着违规的风险，还在配备秘书，为什么会出现这种现象？说明秘书这个职业里面有些不为外人所知的东西，有一些利益的东西。

陈：秘书被提拔这种现象是非常多的，一个很重要的因素，就是他总是在首长的视线之内，他的能力、才干、表现都是在领导的视线之内的，这个很重要。所以也不是说完全没有道理，但是如果秘书提拔和干部选拔制度形成冲突，这就有问题了。

陆：问题在哪里呢？你在秘书岗位上工作的时候，尽心尽责，符合各种制度约束，不违规行使权力，首长认为你可以提拔，可以异地提拔或者调离系统，这没有问题。事实上秘书出身的党政干部不在少数，而且也应该承认有些秘书提拔成党政干部以后还是非常优秀的。

陈：非常有才干。

主持人：我看过一篇报道，说有一名老同志，以前是做秘书的，他说在80年代以前，秘书就像清水衙门一样，不管多大领导的秘书，跟其他工作人员没有任何的差别。但是渐渐地就发生变化了。

陆：过去的秘书又是文书，有的时候我们叫事务员，部队当中的事务员，帮助领导处理一些杂事，甚至领导家里的事还去过问一下。因为秘书跟领导经常在一起，往往会很自然地生出一种人际交往当中的情感关系。如果这个问题处理得好，有助于良好工作氛围的形成，处理不好就会走上邪道。我接触过一些老秘书，他们讲当时的秘书怎么样工作：领导有客人来了，他们恭恭敬敬地要把客人迎好，送上水，陪着客人聊一聊，把领导的作息时间全部安排好。而现在一些秘书就像守门神一样，对很多合理的要求和原来安排好的既定日程的实施，也是挑三拣四。先挡一下再说，他想有秘书的威风在里边。

主持人：我觉得是自己的心态发生了变化。

陆：更不好的就是极少数年轻秘书有一个投机心理，有的时候迎合领导，然后做一些满足自己私欲的事情。

主持人：秘书的作用完全是不一样的，有的可以帮助领导挡，有的是帮助领导往回收。

陈：全国很多触目惊心的大案都是和秘书有关系的。

陆：现在领导干部选秘书有两种途径，一种是新到一个岗位上，请办公厅系统的同志给选一个，他把要求说清楚；还有一种是自己有意识地找一些听话的，或者能够跟自己沟通比较好的人当秘书。这是形式问题，要害是党政干部作为被服务的对象，本身是不是正，是不是能够很好地行使权力，同时对秘书、司机还有其他身边工作人员有比较好的约束。我当过一个领导同志的秘书，他级别很高，当研究所的所长一年，后来到中纪委去工作了。这是一个延安出来的老同志，行事、思考的方式和待人接物是非常严谨的。碰到这样的领导，别说我这样的年轻人，我相信其他人去做秘书也会有长进。你想动歪脑子都不可能，没有机会。

主持人：领导是在给秘书以身作则。什么样的领导就有什么样的秘书。

陈：领导需要什么，秘书就能成什么样。

主持人：领导在选择秘书的时候，如果选择遂自己心愿的人，可能会带来一个后果，就是秘书和领导会结成一种利益共同体。

陆：利益共同体还是比较客气的说法，可能会形成一种准封建式的人身依附，在这种人身依附当中，秘书也好，领导也好，对很多事情的做法完全是沆瀣一气的，没有任何党纪国法。所以我们发现现在一些腐败大案要案，涉及党政干部的，往往会牵扯到他身边的工作人员，其中他的秘书肯定是起比较核心的作用。反过来，秘书违法犯罪，你再追下去，往往跟他所服务的党政干部是不是能够管住他、是不是自己行得正有关系。

主持人：选秘书是选一个工作上的帮手，而不是把他当成一个后备干部人选。

陈：不应该把秘书作为选拔干部主要渠道来考虑。

陆：这还跟我们在选拔秘书的时候，标准是不是掌握得很严，我们各种规章制度约束是不是很严有很大的关系。

陈：所以四川这个规定，它的所谓“八不准”，应该说很有针对性的就在于可能已经慢慢演变成“八准”了。

主持人：对。我列举几个里面提到的“八不准”，不准以领导的名义办私事、谋私利，看起来是天经地义的。现在又着重提出不准干预干部选拔人事决策和管理党政事务。不准自作主张，代领导答复、处理问题。不准插手任何形式的经营活动等。这么多“不准”，如果我们反过来理解的话，就是说这已经在现实生活当中是“准”的了。如果把这八个“不准”都理解为“八个准”的话，我们就可以看到秘书的权力大得惊人。

陆：我们过去很多刚性的规定，随着时间的推移，实施过程当中很多漏洞没有堵上，变成软性，原来“不准”的变成“准”的了。还有“八不准”，如果我们一条条再列，可能列出50个不准，因为有些是你的职务规范里边不应该做的事情，现在变成了一个比较高的要求，必须发文件，规定你不能参与人事问题，你本来就没有权力参与人事问题。

陈：最多你在常委会边上作记录，这是你最大的权力，你怎么会参与意见？根本轮不到你发言。

陆：领导开会的时候，秘书没有权力决定把哪一个候选人名字放在哪个位置上。现在我知道有些秘书操作人事问题，就做这种小动作，比如任命10个人。他有意识地把某些跟他关系比较好的人放在前面，因为在前面讨论比较认真。

陈：跟体操的抽签一样，第一个出场会有些问题。

陆：不该做的事情现在变成习以为常了，所以需要这样的“八不准”甚至更多的“不准”。

主持人：秘书的这么一个身份，很模糊，定义不清晰。你说他没权，但是他长时间地生活、工作在领导身边，旁边的人分不清从他嘴里说出来的话到底是领导的话还是秘书自己的话。

陆：所以有一种说法，说秘书是决策圈子里的圈外人，又是圈外的圈里人，这种边界模糊给很多心术不正的秘书提供了很多机会。

主持人：刚才陆先生说的两个圈子挺有意思，的确两个圈子有一个交集，就使得有一个属于他自己的空间，而恰巧秘书处在领导的意见上传下达的这么一个关口位置。如果秘书心术不正，是很容易利用这个位置的。

陈：所以秘书群体的监督管理，就是要回归它本来应该有的那种状况，把已经异化了的秘书功能回归。回归正常，就是他是无职无权的领导工作助手。四川省委这个事情我觉得它的积极意义很大。至于配不配异性秘书这种事情，我觉得有些媒体过度炒作，没有意义。因为它真正的核心在于，该配秘书的，该配专职秘书的干部，实际上从80年代以来就从来没有人配过异性秘书。四川省委的规定实际上是指那些根本就没有资格配秘书的人配了异性秘书。

陆：这样的监督从哪几个方面来做？秘书工作的准则每个机关都有。问题是这些准则如果被逾越或者违反了，应该用什么办法来处罚，这一点很重要。我接触到一些事例，秘书出了错，甚至是一些比较严重过失的时候，他所服务的领导往往为他说话，这一点我觉得不利于秘书准则的执行。因为如果你所服务的那个党政干部来替你说话，纪律部门就没法再插手了。我觉得应该从严要求。出台“八不准”，这是好事情。问题是如果违反了，处罚在哪里，应该用什么办法来处罚。立法的重要性取决于执法是不是能够有效。

陈：确实在于执法，就是违规以后的罚责是什么样的。就是说如果颁布了这条纪律，一定要有违反这条纪律的相应处罚，这条纪律才有意义。

陆：就是说当他犯小错误的时候如果你下不了手，为你的秘书辩护，实际上是在害他，如果不从小的地方堵住，很多秘书会铸成大错。

主持人：我们还得注意一个现象，80 年代以来秘书现象才成为问题，而这段时间恰巧是我们国家由计划经济向市场经济转轨，由人治向法治过渡的时期，出现这个现象也是由于法制不健全。

陆：四川省委这个规定里边还有一条，当过秘书的人，原则上在调离秘书岗位的时候不能提升，比如说你是副处，干了 5 年，因为工作需要被调走了，严格来讲不能提升，这是一种比较好的约束。不是说你这 5 年工作不好，而是说形成这样一种约束，来当秘书的也别抱着这种期望，以为当了几年秘书就可以一步登天，被破格提拔，而是要按照组织人事选拔条例来做。

主持人：秘书和领导之间到底有没有一个明确的职责划分，有没有一个界限？我们看现在国家的一些法律法规，应该说是没有这样的明确界限。

陈：对。比如我给这个领导服务，那么在什么范围做，给他做什么事是我的本职工作，哪些是我不该帮他的，需要明确。

陆：其实领导干部跟秘书，行使行政权力的大小不一样，行政级别不一样，工作范围也不一样，一个是主导，一个是辅助。而且这个主导跟辅助，有行政级别差距，是有一定距离的，按理说是应该分得很清楚的，但是往往有些机关制定的秘书工作条例里面，有些该描述清楚的却模糊化了，这样在日常工作当中，就出现了空白地带，或者是模糊地带，往往事情就出在这里。

主持人：你们两位有没有什么建议，如何规范秘书该做什么、不该做什么？

陈：四川省委的这个规定，我认为是一个非常积极的办法，“八不准”有很强的针对性。过一段时间再看看秘书的无职无权是如何变成有职有权的，再针对它做一些新规定，把模糊地带消灭掉，这就好了。

陆：还有一点很重要，就是我们的党政部门里边都有一个机关党委，机关党委都有纪检组或者纪检委员会，纪检委员会的职责是党政干部的纪律检查、监督、党风监督，在特定的时期应该就秘书的工作作风问题，他的政治准则的遵守问题，有专项的督察。这样的话，能够提示一下，对秘书工作的范围、职权有严格的限定。

主持人：从世界各国的发展趋势来看，秘书这个角色都经历了由官员到职员的转变，而在我国，秘书这个群体仍然是身份敏感、角色模糊的，我们希望四川省委出台的这个决定，能够切实地解决一些问题。而从长远来看，我们也需要制定一部《秘书法》，使得秘书工作有章可循，有法可依。感谢收看今天的节目，再见。

资料来源：《秘书：角色与规则》，见 http://www.cctv.com/program/yslt/20030725/100286.shtml，2003-07-25。

思考题

1. 根据中央的规定，什么级别以上的领导可以配备专职秘书？
2. 根据材料，秘书的概念分为哪两类？
3. 目前我国的领导干部选秘书通常有哪两种途径？

第9章

行政秘书的职业风险及防范

行政秘书作为一种职业，必然伴随着相应的职业风险。本章试图分析行政秘书工作中常见的职业风险、风险源以及风险特征，然后介绍行政秘书职业风险防范的一般流程、常用技术、总体措施，最后详细分析几种常见的行政秘书职业风险，并相应提出具体的防范建议，以期对行政秘书从业人员的实际工作有所帮助。

本章学习要点

- 行政秘书的职业风险
- 行政秘书职业风险的防范

9.1 行政秘书的职业风险

9.1.1 职业风险的界定

风险是一种可以导致不利结果与有害影响的或然性和不确定性。风险广泛地存在于社会生活中的诸多方面。职业作为职位与人员的结合，既包含组织、职权、业务等客观方面的相关因素，也包含特质、行为、关系等主观方面的相关因素，因此每一种职业都会存在与之相应的特定的风险。

行政秘书作为一种特定的职业，有着特定的职业环境和职业规范，需要特定的职业技能和职业修养，这就使得行政秘书从业人员面临各种特定的风险。在现实中，行政秘书面临着法律、规章、道德等社会规范的制约，领导、同事、客户等人际关系的影响，以及业务水平、技能要求的挑战，其中存在的职业风险是多方面的。诸多的职业风险对于行政秘书的工作开展、职业发展及身心健康都有着不同程度的影响，需要引起高度重视。

行政秘书的职业风险是指，行政秘书在从事该职业时可能会遇到的各种有害的不确定因素，主要表现为各种或然性的、突发性的、危害性的状态、事件及影响。行政秘书的职业风险是与行政秘书这一职业相关联的，是与行政秘书职位与人员两大要素相关联的。一方面，风险来源于职业特征和个人因素；另一方面，风险导致的不良后果也将影响职业发展和个人健康。

9.1.2　职业风险的种类

行政秘书在从事这一职业时，可能会遇到的风险是多种多样的。通过对行政秘书的职位分析以及对大量案例的汇总提炼，行政秘书的职业风险从其来源或相关性来看大致可分为六类：法律风险、政治风险、道德风险、业务风险、人身风险、性别风险。当然，这六种风险类型的边界并不是完全明确的，在实际中可能存在交叉与关联（见表9—1）。

表9—1　　行政秘书职业风险的种类

风险类型	风险表现	风险说明
法律风险	收受贿赂	由于违反法律法规而受到法律制裁
	贪污公款	
	滥用权力	
	出售机密	
政治风险	越权行事	由于触犯权威、不遵守权力规则、破坏单位秩序而受到单位或领导惩罚
	拉帮结派	
	亲上无度	
	窥上隐私	
道德风险	言论不当	由于不遵守道德规范、触碰道德底线而受到公众舆论谴责
	行为失范	
	礼节缺失	
	家属骄纵	
业务风险	工作失误	由于不胜任职务、不能优质高效完成工作而受到单位处罚
	工作低效	
	资料外泄	
	技能固化	
人身风险	心理疾病	由于身体、心理等个人因素与职业环境的影响而导致人身伤害
	身体病害	
	过劳死	
性别风险	性别歧视	由于性别差异以及可能发生的非正常性关系而导致名誉损毁
	性骚扰	
	性贿赂	

注：采用典型案例研究法，上述风险为常见主要风险，并不能全面涵盖所有风险。

1. 法律风险

法律风险主要是指由于违反法律法规而受到法律制裁的一类风险。行政秘书法律风险表现为收受贿赂、贪污公款、滥用权力、出售机密等。法律是一道不可逾越的底线，法律风险一旦发生，行政秘书就将面对法律的制裁，其职业发展必然受到重创，其人身自由甚至生命都有可能成为代价。

2. 政治风险

政治风险主要是指由于触犯权威、不遵守权力规则、破坏单位秩序而受到单位或领导惩罚的一类风险。行政秘书政治风险表现为越权行事、拉帮结派、亲上无度、窥上隐私等。政治是一道不可触碰的高压线，政治风险一旦发生，行政秘书就将面临单位的处分和领导的惩罚，一般而言，这往往意味着该行政秘书在本单位的职业生涯走到了尽头。

3. 道德风险

道德风险主要是指由于不遵守道德规范、不符合道德期望而受到公众舆论谴责的一类风险。行政秘书道德风险表现为言论不当、行为失范、礼节缺失、家属骄纵等。道德是一道良心与高尚的标准线，道德风险一旦发生，行政秘书将受到公众舆论的谴责，将被抹上污点、成为道德败坏的负面形象。这种风险对于政府部门中的行政秘书而言尤为严重。政府部门的行政秘书代表公共利益，行使公共权力，应该具备高尚道德，符合公仆形象，因此道德败坏与形象损毁对其而言后果十分严重，轻则受到党纪政纪的处分，重则失去公职，甚至从此结束政治生涯。

4. 业务风险

业务风险主要是指由于不胜任职务、不能优质高效完成工作而受到单位处罚的一类风险。行政秘书业务风险表现为工作失误、工作低效、资料外泄、技能固化等。业务是一道立身与进阶的轴心线，业务风险一旦发生，行政秘书必将受到单位的处罚与领导的批评。职业技能与素养是行政秘书从事该职业的根基，是行政秘书立身进阶之本，而业务风险与职能偏差意味着行政秘书职业技能与素质不过关，因此将严重影响行政秘书的工作开展与职业发展。

5. 人身风险

人身风险主要是指由于身体、心理等个人因素与职业环境的影响而导致人身伤害的一类风险。行政秘书人身风险表现为心理疾病、身体病害、过劳死等。人身是一道关乎健康与生命的基本线，人身风险一旦发生，行政秘书的心理、身体甚至生命都有可能付出惨重的代价。

6. 性别风险

性别风险主要是指由于性别差异以及可能发生的非正常性关系而导致名誉损毁的一类风险。行政秘书性别风险表现为性别歧视、性骚扰、性贿赂等。性别是一道关乎名誉与形象的敏感线，性别风险一旦发生，行政秘书的名誉、形象将遭到严重损毁，其职业发展也将受到巨大干扰。

◆ 情景模拟 ◆

首长与秘书齐落马

背景材料

综观陈希同案件、王宝森案件、铁英案件以及黄超案件，发现他们有惊人的相似之处：首长与秘书双双落马。

陈希同的秘书陈健受贿40.9万元，判刑15年；王宝森的秘书闫振利贪污1万元，挪用公款64万元，判刑7年；北京市原人大副主任铁英的秘书段爱华受贿5.6万元，判刑5年；曾任北京市原副市长黄超秘书的何世平受贿24.3万元，判刑16年。

这些现象触目惊心，不是一句“臭味相投”就可以解释的。分析原因，有领导方面的，亦有秘书自身的，还有机制、管理方面的。

角色扮演

假设你是领导秘书，应该注意什么？秘书腐败属于行政秘书职业风险的哪一种类型？为什么秘书会腐败？

参考答案

秘书腐败属于行政秘书职业风险中的法律风险，必将受到法律的制裁。

（1）行政秘书的权力具有很强的伸缩性，一些领导将大部分权力授予行政秘书，容易造成贪污腐败。

（2）行政秘书经常在领导的身边，容易受到领导的影响。当领导出现腐败问题时，其身边的行政秘书可能受其影响，与领导共同腐败。

（3）行政秘书在工作中要注意把握尺度，如在工作中遭遇涉及违法犯罪的行为时，行政秘书应及时退出。

9.1.3　职业风险的特征

在对行政秘书的职业风险进行界定与分类的基础上，结合风险理论与实际案例的分析，行政秘书的职业风险具有五项基本特征。认识这些特征，对于行政秘书从业人员认识风险、把握风险、防范风险和应对风险具有重要的现实意义。

1. 风险种类的多样性

行政秘书的职业风险多种多样。从风险来源或相关性的角度来看，行政秘书的职业风险有法律风险、政治风险、道德风险、业务风险、人身风险、性别风险等。从风险源的角度来看，行政秘书职业风险的风险源有职务腐败、角色错位、形象损毁、职能偏差、身心伤害、性别隐患等。每一种风险源是一个同类风险源的集合，其中包含许多的风险源分项。例如，行政秘书道德风险总的风险源是形象损毁，而这一风险源集合中包含的风险源分项则包括言论不当、行为失范、礼节缺失、家属骄纵等。

2. 风险来源的交互性

行政秘书职业风险的来源不外乎客观方面与主观方面。客观方面包括单位的组织结构、业务环境、人际关系、法律法规、道德舆论等；主观方面包括职业技能、职业修养等。当然，在主观与客观之外还存在着一些偶然性与不确定性。相对而言，某一种风险可能主要来源于职务、权力、角色等客观因素，某一种风险可能主要来源于素质、表现等主观因素，但是总体而言，所有风险都是源自主客观因素的交互作用，是职务本身的因素、人员素质的因素与外在环境的因素共同引发的。

3. 风险等级的层次性

行政秘书的职业风险，根据其发生的难易程度、存在的普遍程度、后果的危害程度等标准，可以划分为不同的风险等级。一般而言，后果严重、危害极大的风险，可以判定为高危风险，必须极力避免，例如职务腐败；普遍存在、容易发生的风险，可以判定为中度风险，需要经常关注，例如工作低效；较少存在、不易发生的风险，可以判定为低危风险，只需予以关注，例如身体伤害。当然，由于行政秘书身处不同的单位，自身又有不同的情况，完全可以根据适合于自身的标准来判定各种风险的等级。

4. 风险结果的危害性

风险是一种威胁，意味着潜在的危害，一旦风险发生、成为事件，其结果就是潜在的危害变为实际的危害。行政秘书的职业风险具有潜在的危害性，这种危害的涉及面相当广泛，可能有害于行政秘书的职业发展，也可能有害于行政秘书的身心健康，甚至可能有害于行政秘书的生命安全。

5. 风险发生的可控性

行政秘书的职业风险是一种威胁，其特征是潜在的、可能会发生的，但事实上尚未发生。只有满足了一定的条件，风险才会发生，危害才会形成。因此，风险的发生是可控的，我们可以采取有针对性的措施来防范风险的发生。

9.2 行政秘书职业风险的防范

9.2.1 职业风险防范的流程

行政秘书面临的职业风险复杂多样，有些风险多发、易发且后果严重，急需引起关注和防范，因此行政秘书职业风险防范具有必要性和急迫性。行政秘书通过一系列防范措施的应用，可以阻止风险发生、演变成事件，从而避免风险给自身带来损失，因此行政秘书职业风险防范具有很强的实用性。

行政秘书职业风险防范是指，行政秘书通过一定的技术与流程，防范其职业风险的发生，阻止潜在的威胁变成实际的危害，从而避免风险给自己带来损失。行政秘书职业风险防范是一个过程，基于“目标——路径——手段”的模式开展。

行政秘书职业风险防范，以风险防范为目标，不断寻求风险防范的路径，尝试风险防范的各种可能技术的应用和开发。行政秘书职业风险防范是一个实践性问题、操作性问题，可以遵循一定的标准化流程来开展（见图 9—1）。

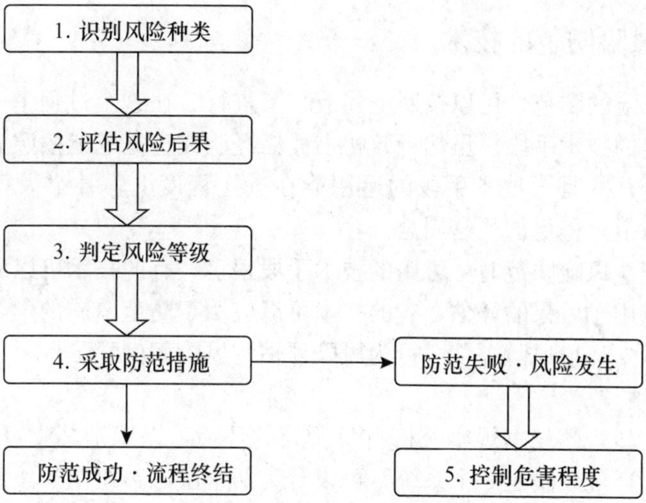

图 9—1　行政秘书职业风险防范流程

1. 识别风险种类

首先，行政秘书要通过一定的技术手段，识别出自身可能面临的风险，要做到周密与全面，然后将所有风险按照一定分类框架罗列出来，这为风险防范提供了目标与方向。

2. 评估风险后果

行政秘书要根据经验知识与逻辑推理，对所识别的风险进行后果评估，推测各种风险或当前某一种风险可能会导致的后果，及其相应的危害。

3. 判定风险等级

行政秘书要根据自身所在单位的情况、自身的情况、社会环境的情况，设定一些判定风险等级的标准，然后根据这些标准对所识别的风险进行等级判定，以便明确各种风险或某一种风险的危害程度，以及应该给予的关注程度。

4. 采取防范措施

在做好前面几步工作的基础上，行政秘书要针对风险采取相应的防范措施，主要是从自身的角度进行预防准备，同时也可以依靠单位及社会提供的帮助。防范措施应尽量做到全面周到，不留漏洞和死角，同时也要做好最坏打算。

行政秘书在做完风险防范的第四个环节之后，可能会出现两种情形。第一种情形，在第四步后，风险被有效规避了，亦即风险防范成功了，那么风险防范流程也就到此终结了。第二种情形，在第四步后，风险还是发生了，或者风险以另外一种形式出现了，即风险防范失败了。虽然防范失败、风险发生，但是还有补救的余地，因此，风险防范流程还将继续进行，出现最后一个补充性的环节——控制危害程度。

5. 控制危害程度

如果风险没有被规避而是发生了，或者风险以另外一种形式出现了，那么行政秘书要尽量控制风险所造成的危害程度。行政秘书可以从自身主观方面做一些调整和补救，以期尽量控制危害的范围、深度和持续性。

9.2.2 职业风险防范的技术

行政秘书职业风险的防范，可以按照上述流程来进行。在这个过程中，每个环节的完成，最好都借助一定的技术手段。虽然行政秘书凭借经验或直觉也能按照五个步骤进行风险防范，但是不容否认的是，技术手段的运用能在一定程度上弥补个人思维的遗漏或疏忽，保证整个风险防范过程更加严密周全。

行政秘书进行职业风险防范时，可用的技术手段很多，有的技术可以应用于风险的识别，有的技术可以应用于后果的评估，有的技术可以应用于防范措施的学习。在这里，我们主要介绍三种技术：环境风险评估、行为风险评估、风险案例学习。

1. 环境风险评估

环境风险评估是指行政秘书观察分析自身所处的环境，以识别其中可能存在的风险。行政秘书需要评估的环境风险是一个系统，可以分为两个层次：组织环境和社会环境。每个层次的环境风险都包括一些具体的风险领域及风险内容（见表9—2）。例如，评估组织环境风险时，其中一个风险领域是秘书职位说明，其风险内容包括职责范围、角色定位、技能要求等，行政秘书通过阅读分析《行政秘书职位说明书》中的职责范围、角色定位、技能要求等内容，可以从中识别出相应的职业风险，以引起注意。

表9—2　行政秘书环境风险评估的风险领域及风险内容

评估环境	风险领域	风险内容
组织环境	组织权力结构	组织结构、职能分工、命令链等
	组织规章制度	纪律规范、行为要求、禁忌等
	组织人际关系	领导风格、同事特质、人际氛围等
	秘书职位说明	职责范围、角色定位、技能要求等
社会环境	国家法律法规	法律的适用、禁止事项、处罚规定等
	社会道德舆论	社会的道德标准、舆论的导向等
	行业执业规范	行业规范、行业风气等

注：采用典型案例研究法，也有此方面相应的误差。

2. 行为风险评估

行为风险评估是指行政秘书在做事之前先对自己即将采取的行为进行评估，对不合适的行为要慎重对待，从而避免风险的发生。行为风险评估主要是评估行政秘书行为的遵从度与影响性（见表9—3），如果评估显示某一行为可能会违背相应的社会规范或者破坏相应的人际关系，以致产生不良后果与影响，那么就应该避免做出该行为，或慎重做出该行为。

表9—3　行政秘书行为遵从度与影响性的评估

评估主体	评估角度	评估内容	评估依据
行政秘书（行为）	行为的遵从度	行为是否会违背社会规范	法律法规
			道德要求
	行为的影响性	行为是否会破坏人际关系	领导关系
			同事关系
			客户关系
			公众关系

注：采用典型案例研究法，也有此方面相应的误差。

3. 风险案例学习

风险案例学习是指行政秘书学习与行政秘书职业风险相关的真实案例，分析案例中的行政秘书所面临的风险种类、风险来源、风险后果、风险防范措施等，吸取正面经验与反面教训，从而提高自身职业风险防范的意识和能力。

9.2.3 职业风险防范的措施

行政秘书的职业风险，从其来源或相关性来看，可以分为法律风险、政治风险、道德风险、业务风险、人身风险、性别风险六大类型。与此相对应，可从这六个方面来构建行政秘书职业风险的防范体系。

1. 遵守法律法规，避免腐败行为

行政秘书，尤其是政府部门中的行政秘书，其职业风险中最主要的是职务腐败。职务腐败的风险主要表现为收受贿赂、贪污公款、滥用权力、出售机密等。这些行为都是相关法律法规所明令禁止的，行政秘书若有违反，则将受到制裁。

要有效防范此类风险，行政秘书必须遵守法律法规，避免腐败行为（见表 9—4）。首先，行政秘书必须学习法律，懂得法律，并严格遵守法律，做到有效规避法律风险。其次，在职位上，行政秘书必须谨慎控制自己的非分欲望，努力抵制外在的各种诱惑，做到清廉奉公，洁身自好，避免各种主动的或被动的腐败行为。

表 9—4　　行政秘书必须遵守的相关法律法规（以政府部门为例）

名称	性质
《中华人民共和国刑法》	国家法律
《中华人民共和国公务员法》	国家法律
《中国共产党党员领导干部廉洁从政若干准则》	党条例

注：采用典型案例研究法，也有此方面相应的误差。

2. 明确角色定位，不犯领导忌讳

行政秘书的工作是围绕领导的需求而展开的，行政秘书与领导的关系对于行政秘书而言至关重要。行政秘书处于单位中上传下达的关键位置，这一岗位特点决定了行政秘书必然要面临角色错位的风险。角色错位的风险主要来自越权行事、拉帮结派、亲上无度、窥上隐私等。这些行为意味着触犯领导权威、违背权力规则、破坏单位秩序，是单位特定政治权力关系原则所不能容忍的，必将受到单位与领导的严厉惩罚。

要有效防范此类风险，行政秘书必须明确角色定位，不犯领导忌讳。首先，行政秘书必须明确自身的角色定位，明白自己是在为领导开展工作而提供服务，扮演的只是助手、参谋与代理人的角色。其次，行政秘书必须保持高度的政治敏锐性，务必遵守单位的政治权力关系，不犯原则性的大错误。在实际工作中，行政秘书必须处理好与领导的关系，时刻保持清醒，避免触犯领导的忌讳。具体来说，切忌越权行事、挑战领导的权威，切忌拉帮结派、搞小团体主义，切忌与领导亲密无度、超越工作关系，切忌窥探领导的隐私。

3. 增强业务能力，做好本职工作

行政秘书作为一种职业，其核心要求是处理业务。在处理业务的过程中，可能会发生各种失误或问题，这就是行政秘书所面临的业务风险。行政秘书的业务风险主要来自工作失误、工作低效、资料外泄、技能固化等。这些情况将导致行政秘书不能很好地履行其基本职能，完成其本职工作，从而引起其职位危机。

要有效防范此类风险，行政秘书必须增强业务能力，做好本职工作。首先，行政秘书需要培养自己的学习能力，不断学习掌握新的知识和技术，以增强自身的业务能力。其次，避免自身能力的固化，适应新形势下工作的新要求。在处理具体业务的过程中，行政秘书需要做好合理的任务安排与时间分配，保证工作的效率。再次，行政秘书还需要仔细、谨慎、周到，避免工作失误，确保工作的质量。最后，行政秘书还需要强化保密意识，做好保密工作，避免信息泄露。

4. 注意言行作风，维持良好形象

行政秘书的日常工作主要是对内的，但有时也会处理一些对外关系。不论是对内还是对外，也不论是工作还是生活，都会给公众留下印象，都会面临社会的道德评判与情感认知，因此行政秘书的公众形象对其而言也相当重要。行政秘书公众形象的形成，是其语言、行为、作风等一系列因素共同作用的结果，在这一复杂过程中，行政秘书可能面临形象损毁的风险。形象损毁的风险主要来自言论不当、行为失范、礼节缺失、家属骄纵等。

要有效防范此类风险，行政秘书必须注意言行作风，保持良好形象。首先，行政秘书需要树立形象意识，努力塑造并维护自己的良好公众形象。其次，行政秘书需要树立道德意识，时刻提醒自己社会道德的要求，避免遭到道德批判。在日常工作与生活中，行政秘书应该说话谨慎，避免言辞失当，行为慎重，杜绝不良作风，同时还要约束好家人。

5. 重视休息锻炼，确保身心健康

行政秘书的日常工作琐碎繁杂，尤其是某些行政秘书往往需要时不时地熬夜加班，因此行政秘书可能会面临身心伤害的风险。身心伤害的风险主要表现为心理疾病、身体病害、过劳死等。身心受损严重影响人体健康，长此以往可能使生命受到威胁，这意味着行政秘书的职业生涯也将就此终结。

要有效防范此类风险，行政秘书必须重视休息锻炼，确保身心健康。首先，行政秘书必须牢固树立健康意识，努力平衡好工作和生活的关系。在工作间隙，行政秘书要学会适当休息，避免身体过度劳损；在日常生活中，行政秘书要注意加强锻炼，增强身体素质，确保身体健康。其次，行政秘书要做好定期体检，全面评估身体状况。

6. 关注性别隐患，做好自我保护

行政秘书，尤其是企业中的行政秘书，大多数是女性，而其领导则往往是男性，因此性别差异容易成为一个敏感问题，即这些行政秘书可能会面临潜在的性别风险。性别风险在行政秘书求职时往往表现为性别歧视，而当其在职时则往往表现为被动的性骚扰与主动的性贿赂。性骚扰会对行政秘书的身心造成相当程度的伤害，而性贿赂则将使行政秘书的名誉与形象遭到严重损毁。

要有效防范此类风险，行政秘书必须关注性别隐患，做好自我保护。行政秘书，尤其是女性行政秘书，需要重视潜在的性别隐患，在自身能力所及的范围内努力避免性别风险。具体而言，在与异性领导相处的过程中，行政秘书要做到朴素低调、洁身自好，既要勇于拒绝可能发生的骚扰，也要杜绝自己为求发展而以身行贿。

9.3　常见职业风险及其防范

9.3.1　职场性骚扰及其防范

绝大多数单位的从业人员构成都是男女混合，这就意味着发生职场性骚扰的可能性很大，当今职业人士，尤其是女性职业人士，将越来越多地面临职场性骚扰的风险。行政秘书作为单位领导的助手，与领导关系紧密，接触频繁，更加容易诱发职场性骚扰。

1. 职场性骚扰的界定

性骚扰的概念由美国女权主义法学家凯瑟琳·麦金侬于 1976 年首次提出，她将性骚扰界定为：出于权力关系强加的讨厌的性要求，其中包括语言的性暗示或戏弄，不断送秋波或做媚眼，强行接吻，用使雇工丢失工作作威胁，提出下流的要求，并强迫发生性关系。目前中国大陆学界对性骚扰概念较为一致的认识是：性骚扰是违背当事人的意愿，采用一切与性有关的方式去挑逗、侮辱和侵犯他人的性权利，并给他人造成损害的行为。其行为方式包括口头性骚扰、行为性骚扰和环境性骚扰。

职场性骚扰是指发生在职业场所的性骚扰，虽然职场性骚扰的定义经常被包含在性骚扰的定义中，但是较之其他领域的性骚扰，职场性骚扰有其独特性。

（1）相对封闭性。

职场性骚扰的主体（加害人）与对象（受害人）存在相对固定性，该类性骚扰主要发生于雇主与雇员之间、管理者与普通雇员之间、普通同事之间、员工与第三人（一般与该单位存在客户关系、上下级关系或其他利害关系）之间。也正是这一特征使得职场性骚扰的发生率居高不下。

（2）相对长期性。

职场性骚扰的封闭性在一定意义上导致了其存在的长期性。职场性骚扰发生于上述特定关系人群之间，使得受害者存在某种程度的担忧，要么担心被解雇、降级、工作条件恶化等工作上的有形损害，要么担心在单位这一小范围的熟人社会中形象受到玷污或者人际关系恶化，要么担心丢失一单生意而受到领导的责备（有些单位领导故意让员工穿着性感的服饰以博得客户欢心）。因此，职场性骚扰的受害者要背负更多的“隐忍”负担。但是，也正是这种忍而不发的暧昧态度使得加害人变本加厉或愈发有恃无恐。

（3）借助一定的职务因素。

无论是管理者实施的交换型性骚扰还是敌意环境型性骚扰，都借助了职务这一便利条件，虽然职务因素的作用程度有所差异（轻者提供接触之便，重者则提供职权之便），但这是雇主承担性骚扰防治义务和损害赔偿责任的关键所在。①

2. 职场性骚扰的防范

职场性骚扰作为一种常见多发的职业风险，对于行政秘书而言是一种潜在威胁，对于

① 参见曹艳春、刘秀芬：《解读职场性骚扰》，载《河北科技师范学院学报》，2008，7（4）。

已经发生的受害者而言则是一种莫大的伤害。事实上，一旦性骚扰事件曝光，施暴者也将付出名誉和职位的代价。正是由于职场性骚扰的危害性，职场人士总是试图寻求某些方法以避免自身遭遇性骚扰。对于行政秘书而言，如何避免自身遭遇性骚扰，或者受害以后如何维护自己的权益，可以考虑采取一些防范措施。

（1）避免过度接触。

行政秘书需要与领导保持一定的距离，避免过度的接触与交往。行政秘书虽然要围绕领导开展工作，但是最好将自身与领导的接触仅仅限制在工作业务上，尽量避免牵涉进领导的个人生活与私人事务。平时与领导接触时，尽量保持适当的人际距离，以免交往距离过近导致身体接触、摩擦，致使情不自禁而诱发性骚扰。

（2）保持衣着朴素。

行政秘书需要保持简单朴素的衣着，避免艳丽的装束与打扮。行政秘书可能由于组织会务、出席活动、陪同出差等工作需要而对衣着有所要求，但最好避免将自己打扮得过于漂亮，以免无意中诱惑他人发生性骚扰行为。

（3）坚持自我防卫。

行政秘书需要树立自我保护意识，在遇到性骚扰时要坚持自我防卫。行政秘书要保持警惕，一旦遭遇性骚扰，必须坚定地表明立场，拒绝对方。当然也不可过于情绪激动，以免激怒对方，发生肢体冲突。如果沟通无效，则可以根据具体的情境采用呼救、逃离等方式。

（4）运用法律武器。

行政秘书需要勇于运用法律武器，维护自身的权益。行政秘书如果不幸遭遇了性骚扰，当然可以选择隐忍、倾诉等方式来处理。但是，这样做的结果往往会纵容犯罪，使性骚扰发生的可能性进一步加大。因此，行政秘书一旦遭遇性骚扰，最好能适当运用法律武器维护自身的权益，震慑施暴者。当然，行政秘书可以权衡隐忍与纵容、诉讼与曝光之间的利害得失，自己选择合适的应对方式。

◆ 情景模拟 ◆

职场性侵犯案

背景材料

2010 年，某集团董事长因涉嫌强奸女下属被警方刑拘，法院一审认定被告人犯强奸罪，判处有期徒刑 4 年，并赔偿原告经济损失。

角色扮演

假设你是遭遇职场性骚扰的行政秘书，应该如何应对？

参考答案

对于行政秘书而言，尤其是女性秘书，可能会遭遇职场性骚扰甚至性侵犯。当行政秘书遭遇职场性骚扰时，可以考虑采取以下应对措施：

（1）自身注意交往尺度。在工作的范围内保持与他人合适的交往尺度。

（2）树立自我保护的意识。在遇到职场性骚扰时应坚定地表明立场，坚持自我防卫。

（3）树立法律意识，运用法律武器，维护自身权益。

9.3.2　过劳死及其防范

随着生活节奏的加快、工作压力的增大，越来越多的职业人士不得不为了工作而透支健康，以致过劳死已经成为当今社会职业人士的一项重大威胁。行政秘书作为领导的助手和参谋，从事大量行政性事务和政策性研究，体力消耗与脑力消耗都很大，容易因工作而导致身心俱疲，最终引发过劳死的悲剧。

1. 过劳死的界定

过劳死一词最早出现在20世纪80年代的日本，当时日本经济快速发展，带来市场需求的迅猛增加，工人的劳动强度也因此急剧上升，再加上60年代以来长期积累的“过度劳动”的隐患，最终导致大规模的“过劳死”现象在80年代后期爆发。我国自20世纪90年代以后才逐渐接触到“过度劳动”和“过劳死”的概念。尤其是随着近年来我国“过劳死”人数的激增，人们也越来越关注自己的劳动健康问题。

过劳死是指劳动者由于过度劳动而最终导致死亡的状态。所谓“过度劳动”就是指人力资源在较长时期内的过度使用，即就业者在较长时期内处于一种超出社会平均劳动时间和强度的就业状态。①

2. 过劳死的成因

过劳死日益成为当今社会知识型员工的潜在威胁，其发生不仅有工作场所、劳动强度等客观环境因素的影响，也有员工个人身体素质、精神状态等主观因素的影响，还有随机性等不确定因素的影响。因此，过劳死的成因主要包括以下三个方面：

（1）过度劳累。

行政秘书主要是围绕领导的需要而开展工作，不仅要处理日常惯例性的事务，还会随时接到领导指派的各种任务，整天忙于各种细致琐碎的工作，来回奔波，疲于应付。一旦遇到特殊时期或特殊情况，则需要加班加点赶工作进度，连续几天熬夜也是家常便饭。这使得行政秘书经常劳累过度、体力透支，面临过劳死的威胁。

（2）缺乏锻炼。

行政秘书的主要工作是在办公室进行的，不仅事务琐碎，而且耗费时间，因此行政秘书很少有时间进行体育锻炼。整天来回奔波，疲于应付，也使得行政秘书根本没有心情抽空去锻炼身体。而长期缺乏锻炼将导致身体抵抗力的弱化，容易出现肥胖、高血脂、冠心病等疾病。一旦过度劳累或偶然因素激发病变，则可能面临过劳死的威胁。

（3）精神紧张。

行政秘书需要处理具体的事务，但更多时候是在处理上下级之间、内外部之间纷繁复杂的人际关系。处理人际关系需要心思缜密、手段灵活，因此行政秘书往往承受着巨大的压力，并时常遇到难以预料的烦恼，造成紧张、焦虑、恐惧或愤怒，这些精神变化可能会诱发本身疾病的突然发作，从而引发过劳死。

3. 过劳死的防范

过劳死已经成为一种常见多发的职业风险，对行政秘书的生命构成了严重的威胁。过

① 参见王晓波：《知识型员工“过劳死”的形成机理与防范措施》，载《中国集体经济》，2010（22）。

劳死意味着生命的非正常终结，人都死了，职业生涯发展自然也就无从谈起。正是因为这种极其严重的后果，职场人士总是试图寻求各种方法以避免自身出现过劳死。对于行政秘书而言，如何避免过劳死，可以考虑采取一些防范措施。

（1）保证充分休息。

行政秘书需要处理好工作与休息的关系，做到劳逸结合。工作数小时之后，应有短暂的休息，切忌连续不休息地工作。休息时间宜交替使用人体的各个部位，多活动肢体、颈部和腰部，交替使用人体的各个部位是消除疲劳的一个良方。同时，提倡早睡早起，减少夜生活，切忌熬夜，保证必要的睡眠时间，使身体得到充分的休息。①

（2）注意经常锻炼。

行政秘书需要养成经常锻炼身体的习惯，通过锻炼强健体魄、预防疾病。行政秘书可以坚持慢跑、散步、工间操等简单运动，以增加心肌收缩能力，增加机体免疫力，增强机体抗病的能力，并加快人体的新陈代谢，推迟神经细胞的衰老，促进体内废物排除。②

（3）时常放松心情。

行政秘书需要注意时常放松自己的心情，以避免烦闷、焦虑、忧伤等内在因素引起疲劳。行政秘书要学会调节生活，多与人沟通交流，经常保持愉快的心情。下班后可以暂时抛开工作，选择一些既能放松又感兴趣的活动，以转移注意力、释放压力、忘却烦恼、消除疲劳，恢复充沛的精力与舒畅的心情。

（4）定期参加体检。

行政秘书需要时常关注自己的身体健康状况，坚持定期参加体检。行政秘书应坚持至少每年做一次全身体检，以便及时发现一些潜在的危险，如高血压、高血脂、糖尿病，特别是隐性冠心病。一旦诊断出这些病，要积极治疗，养成健康的生活习惯，戒烟酒，避免长时间紧张的脑力劳动和情绪激动，培养乐观的生活态度。

本章小结

本章介绍了行政秘书工作中常见职业风险的种类与特征，提供了行政秘书职业风险防范的一般流程、常用技术与总体措施，然后在此基础上详细分析了几种常见职业风险的成因，并相应提出了一些具体的防范建议。通过本章的学习，读者应该对行政秘书的常见职业风险有所认知，对行政秘书职业风险防范的流程与技术有所掌握，并且能够在实际工作中运用相关知识与技术进行职业风险的识别、评估与防范。

关键术语

行政秘书的职业风险　　职场性骚扰　　过劳死

---

① 参见杨菊贤、卓杨：《过劳死的发生和预防》，载《中国行为医学科学》，2006（7）。

② 参见李辉：《保持五个好习惯远离过劳死》，载《医药与保健》，2010（4）。

复习思考题

1. 行政秘书常见职业风险有哪些？
2. 行政秘书职业风险防范的一般流程是什么？

阅读材料

杨修的故事

杨修（公元 175—公元 219），字德祖，弘农华阴（今陕西华阴东）人。高祖杨震、曾祖杨秉、祖杨赐、父杨彪，四代历任司空、司徒、太尉三公之位，声名显赫。杨修于东汉建安时举为孝廉，任郎中，后为汉相曹操主簿（相当于现在的行政秘书）。杨修自恃才高，喜好人前逞能，行为不加约束，屡次犯曹操的大忌，最后被曹操杀害，卒年 45 岁。

情景 1： 曹操造了一所后花园。落成时，曹操去观看，在园中转了一圈，临走时什么话也没有说，只在园门上写了一个“活”字。工匠们不了解其意，就去请教杨修。杨修对工匠们说，门内添活字，乃阔字也，丞相嫌你们把园门造得太宽大了。工匠们恍然大悟，于是重新建造园门。完工后再请曹操验收。曹操大喜，问道：“谁领会了我的意思？”左右回答：“多亏杨主簿赐教！”曹操虽表面上称好，而心底却很忌讳。

情景 2： 曹操多猜疑，生怕人家暗中谋害自己，常吩咐左右说：“我梦中好杀人，凡我睡着的时候，你们切勿近前！”有一天，曹操在帐中睡觉，故意落被于地，一近侍慌取被为他覆盖。曹操即刻跳起来拔剑把他杀了，复上床睡。睡了半天起来的时候，吃惊地问：“是谁杀了我的侍卫？”大家都以实情相告。曹操痛哭，命厚葬近侍。人们都以为曹操果真是梦中杀人，唯有杨修识破了他的意图，临葬时指着近侍尸体而叹惜说：“不是丞相在梦中，是你在梦中罢了！”

情景 3： 曹操想试试曹丕和曹植的才华。一天，命令他们哥俩各出邺城的大门，却私下里让人吩咐看大门的官吏，不让他们放这哥俩出去。曹丕先到大门前，看大门的官吏阻拦他，曹丕只得退回。曹植听说后，向杨修请教怎么办。杨修说：“你奉了王命出大门，如果有阻挡的，就把他斩掉即可。”曹植听信了他的话，等到了大门，门吏阻拦他，曹植大声叱骂：“我奉王命出门，看谁敢阻挡。”立即斩了拦他的官员。于是曹操认为曹植有能耐。后来有人告诉曹操说：“这是杨修教曹植这么干的。”曹操大怒，因此也不再喜欢曹植了。杨修又曾经为曹植作答教十多条，只要曹操问问题，曹植就一条一条地回答。曹操拿军国大事问曹植，曹植对答如流。曹操心中特别怀疑。后来曹丕暗地里买通了曹植左右的人，偷了答教来告诉曹操。曹操见了大怒说：“这小子竟敢这样欺骗我！”

情景 4： 曹操出兵汉中进攻刘备，困于斜谷界口，欲要进兵，又被马超所拒，欲收兵回朝，又恐被蜀军耻笑，心中犹豫不决，正碰上厨师进鸡汤。曹操见碗中有鸡肋，因而有感于怀。正沉吟间，夏侯惇入帐，禀请夜间口号。曹操随口答道：“鸡肋！鸡肋！”惇传令众官，都称“鸡肋”。行军主簿杨修见传“鸡肋”二字，便教随行军士收拾行装，准备归程。有人报知夏侯惇。夏侯惇大惊，遂请杨修至帐中问道："公何收拾行装?"杨修说："从今夜的号令来看，便可以知道魏王不久便要退兵回国，鸡肋，吃起来没有肉，丢了又可惜。现在，进兵不能胜利，退兵恐人耻笑，在这里没有益处，不如早日回去，明日魏王必然班师还朝。所以先行收拾行装，免得临到走时慌乱。"夏侯惇说："您真是明白魏王的心事啊!"就也收拾行装。于是军寨中的诸位将领全都准备回去了。曹操得知这个情况后，传唤杨修，杨修用鸡肋的意义回答。曹操大怒："你怎么敢造谣生事，惑乱军心!"便喝令刀斧手将杨修推出去斩了，将他的头颅挂于辕门之外。

资料来源：原文出自《三国演义》第七十二回，译文来自"百度百科"词条"杨修之死"，此处材料经过重新编辑，文字有删节，顺序有变更，见 http://baike.baidu.com/view/429125.htm，2011-08-17。

思考题

从行政秘书职业风险的角度，谈谈杨修如何避免被杀？（建议思路：行政秘书的角色与要求是什么？杨修面临的风险有哪些？杨修触犯了哪些禁忌?）

参考文献

常崇宜主编．秘书学概论．北京：线装书局，2000
范立荣主编．现代秘书礼仪．北京：首都经济贸易大学出版社，2006
方国雄，方晓蓉．秘书学．北京：高等教育出版社，2007
高贵弟．浅谈电子文件归档与电子档案管理．蚌埠党校学报，2005（4）
郭建庆主编．秘书国家职业资格培训教程．上海：上海交通大学出版社，2009
胡鸿杰主编．办公室事务管理．北京：中国人民大学出版社，2008
黄越．关于党政机关秘书如何发挥参谋作用的再思考．秘书之友，2003（5）
季水河编著．秘书心理学．上海：复旦大学出版社，2007
姜爽，赵莹主编．秘书学．北京：北京大学出版社，2010
金正昆．商务礼仪．北京：中国人民大学出版社，2007
李成武编著．高级秘书业务．北京：中国农业大学出版社，2005
黎慧钦．学习力的内涵及方法探讨．文教资料，2010（4）
李继涛．秘书人员成长的要诀．秘书之友，2005（8）
李明伦．秘书辅佐方略．太原：书海出版社，2001
廖金泽．怎样做高级秘书．广州：广东旅游出版社，2000
廖为建．公共关系简明教程．广州：中山大学出版社，1993
马培新．中西方秘书会务工作比较研究．西藏民族学院学报，2002（6）
穆廷云．和谐着装塑造秘书职业形象．秘书之友，2005（8）
申宇杰，潘小平．秘书要有管理时间的能力．秘书工作，2006（3）
石克生．搞好参谋服务应把握的几个原则．秘书工作，2004（1）
石咏琦．五星级秘书．北京：北京大学出版社，2007
司徒允昌，陈家桢编著．秘书学教程．上海：上海人民出版社，2003

孙秀丽等编著. 第一次做高级秘书. 北京：中国经济出版社，2003
孙亚丽. 文书工作是档案管理规范化和标准化的重要基础. 兰台内外，2010（3）
唐跃进，胡雨. 电子印章与传统印章的比较研究. 档案学通讯，2006（1）
徐鹤年. 会务工作贵在创新. 江苏省社会主义学院学报，2006（1）
徐宜宜. 公关行政管理中的秘书角色论. 法制与社会，2008（2）
杨剑宇主编. 秘书公关技巧. 北京：中国档案出版社，1994
杨婧. 浅谈秘书与保密工作. 管理与创新，2008（8）
杨树森编著. 秘书学概论教程. 合肥：安徽大学出版社，2008
尤国勋，刘德苏. 秘书要把秘密关. 秘书，2001（12）
于俊英. 论秘书的能力. 秘书之友，2006（5）
袁维国主编. 秘书学. 北京：高等教育出版社，1990
王贵胜. 秘书形象谈（上、下）. 秘书工作，2009（1～2）
张保忠，岳海翔编著. 最新公文写作规范、技巧与范例. 北京：研究出版社，2008
章玫平. 试谈秘书的权力. 秘书，2003（7）
张同钦，胡战坤主编. 机关秘书理论与实务. 郑州：河南人民出版社，2006
赵国俊，陈幽泓编著. 机关管理的原理与方法. 北京：中国人民大学出版社，2003
赵映诚. 论秘书对领导意图的领会与传达. 秘书之友，2001（12）
郑成武. 媒体危机公关5S通用原则. 中国行政管理，2007（6）
中国高等教育学会秘书学专业委员会组编. 中国秘书岗位资格证书考核大纲. 北京：中国人民大学出版社，2006
朱传忠，叶明主编. 秘书理论与实务. 杭州：浙江大学出版社，2005
朱文轶. 中国秘书部落的权力场. 三联生活周刊，2002（20）

人大版公共管理类教材

公共管理类专业教材——学科基础课教材

书名	作者
现代管理学原理（第三版）（“十一五”国家级规划教材）	娄成武　魏淑艳
一般管理学原理（第四版）	张康之　周　军
管理学基础（第三版）	方振邦
管理学教程	方振邦
政治学原理（第三版）	景跃进　张小劲
现代政治学原理（第四版）	石永义　刘玉萼　张　璋
政治学教程	舒　放　刘琼莲
公共管理学（第二版）	陈振明
公共管理学——一种不同于传统行政学的研究途径（第二版）	陈振明
公共管理学（第二版）（“十二五”国家级规划教材）	蔡立辉　王乐夫
公共管理学（精编版）	王乐夫　蔡立辉
公共管理学（第二版）	张康之　郑家昊
公共管理概论（第二版）	朱立言　谢　明
公共管理学概论	曹现强　王佃利
公共管理学导引与案例（第二版）	王丛虎
公共管理案例	中国人民大学公共管理学院
公共政策导论（第五版）（数字教材版）	谢　明
公共政策概论（第二版）	谢　明
公共政策学——政策分析的理论、方法和技术（“十一五”国家级规划教材）	陈振明
公共政策学	杨宏山
政策科学——公共政策分析导论（第二版）	陈振明
公共政策学导引与案例	陈季修
公共政策案例	中国人民大学公共管理学院
公共经济学（第三版）（“十二五”国家级规划教材）	高培勇
公共经济学教程	秦立建
政府经济学（第四版）（“十一五”国家级规划教材）	郭小聪
政府经济学（第四版）	潘明星　韩丽华

公共管理类专业教材——方法课教材

书名	作者
行政学研究方法与应用案例	萧鸣政
管理定量分析：方法与技术（第二版）	刘兰剑　李　玲
公共管理的方法与技术（第二版）	魏　娜
公共管理实用分析方法	汪明生　胡象明

公共管理类专业教材——行政管理、公共事业管理专业教材

书名	作者
行政法学导论	姜晓萍
行政法学	朱新立　唐明良　李春燕
公共部门人力资源管理（第四版）	孙柏瑛　祁凡骅
公共部门人力资源开发与管理（第五版）（“十二五”国家级规划教材）	孙柏瑛　祁凡骅
公共部门人力资源开发与管理（第三版）	孙柏瑛
公共部门人力资源管理（第三版）	滕玉成　于　萍
公共部门人力资源管理	方振邦

书名	作者
公共部门人力资源管理概论	方振邦
公共部门人力资源管理案例	周均旭
公共人事制度	刘俊生
行政管理学（第五版）	郭小聪
公共行政学（第五版）	彭和平
公共行政学	张康之　张乾友
行政学导论（第三版）	齐明山
行政管理学导引与案例	陈季修
管理心理学（第二版）	范逢春
公共组织行为学（第三版）（“十一五”国家级规划教材）	孙　萍　张　平
公共组织学（第三版）	李传军
行政组织学（第二版）	张　昕　李　泉
公共组织理论	陆明远　冯　楠
公共事业管理概论（第三版）	朱仁显
公共事业管理概论（“十一五”国家级规划教材）	娄成武　李　坚
公共组织财务管理（第三版）（“十一五”国家级规划教材）	王为民
国家公务员制度（第四版）（数字教材版）（“十二五”国家级规划教材）	舒　放　王克良
国家公务员制度概论（第二版）	刘碧强　郗永勤
公务员制度概论	李如海
公务员制度导论	孙德超
行政领导学（第三版）	朱立言　李国梁
领导学（第五版）	邱霈恩
领导学	王自亮
领导学：理念、行为与艺术	祁凡骅
领导学	孙　健
现代市政学（第四版）（数字教材版）	王佃利　张莉萍　高　原
市政管理学（第四版）（“十一五”国家级规划教材）	杨宏山
市政学导引与案例（第二版）	李燕凌
社区管理（第三版）	汪大海　魏　娜　郇建立
社区管理原理与案例	魏　娜
电子政务教程（第三版）（“十一五”国家级规划教材）	赵国俊
电子政府与电子政务（第二版）（“十一五”国家级规划教材）	张锐昕
电子政府概论（第二版）	张锐昕
管理信息系统	张维明　黄金才
行政伦理学教程（第三版）（“十二五”国家级规划教材）	张康之　李传军
公共危机管理导论（“十一五”国家级规划教材）	肖鹏军
公共危机管理概论（第二版）	王宏伟
公共危机管理	唐　钧
公共危机与应急管理：原理与案例	王宏伟
行政决策学	许文惠　张成福　孙柏瑛
非营利组织管理	吴东民　等
非营利组织管理（第二版）	康晓光
非营利组织管理导引与案例	崔向华　张　婷
当代中国政府与政治	景跃进　陈明明　肖　滨
当代中国政府与行政（第三版）	魏　娜　吴爱明
当代中国政府（第二版）（“十一五”国家级规划教材）	吴爱明
地方政府学概论（第二版）	方　雷
地方政府管理（第二版）	陈瑞莲　张紧跟
管理秘书实务（第三版）	赵锁龙
行政秘书学	唐　钧
公文写作与处理	赵国俊
机关管理的原理与方法（第三版）	赵国俊　陈幽泓

书名	作者
公共部门绩效管理	方振邦
政府绩效管理	方振邦　葛蕾蕾
政府绩效评估	蔡立辉
公共关系概论（第二版）	邹正方
政府公共关系（第二版）（“十一五”国家级规划教材）	廖为建　张　宁
社会管理	汪大海
社会管理——理论、实践与案例	陈振明
西方行政学理论概要（第二版）（“十一五”国家级规划教材）	丁　煌
公共行政学史	何艳玲
公共行政学经典理论导引与案例	付小均
西方公共管理名著导读	汪大海
管理思想史教程	方振邦　葛蕾蕾
文化管理学（第三版）（“十二五”国家级规划教材）	孙　萍
文化创意产业导论	魏鹏举
卫生事业管理（第二版）（“十一五”国家级规划教材）	李　鲁
教育经济与管理（第二版）（“十一五”国家级规划教材）	娄成武　史万兵
现代公用事业管理	崔运武

公共管理类专业教材——劳动与社会保障专业教材

书名	作者
社会保障概论（第六版）（数字教材版）（教育部推荐教材）	孙光德　董克用
社会保障管理（“十一五”国家级规划教材）	邓大松　刘昌平
劳动经济学（“十一五”国家级规划教材）	董克用　刘　昕
劳动法与社会保障法	黎建飞　李　静
人力资源管理	彭剑锋
社会保险学（第三版）	孙树菡　朱丽敏
社会保障基金管理	李春根
社会保险精算原理与实务	王晓军
社会保障国际比较	仇雨临
国际社会保障制度教程	穆怀中
员工福利概论（第二版）（“十一五”国家级规划教材）	仇雨临
医疗保障	王虎峰

公共管理类专业教材——土地资源管理专业教材

书名	作者
土地经济学（第八版）（“十一五”国家级规划教材）	毕宝德
土地法学（中国人民大学“十三五”规划教材）	严金明
土地法学	王守智　吴春岐
土地科学导论	叶剑平
土地资源管理学	张正峰
国土空间规划学	张占录　张正峰
土地利用规划学	张占录　张正峰
不动产估价（第二版）（“十一五”国家级规划教材）	叶剑平　曲卫东
土地信息系统	曲卫东　韩　琼
地籍管理（第五版）（“十一五”国家级规划教材）	谭　峻　林增杰

公共管理类专业教材——城市管理专业教材

书名	作者
城市管理学（第三版）	杨宏山

书名	作者
城市管理法	王丛虎
城市总体规划原理	郤艳丽　田　莉

公共管理硕士（MPA）教材——核心课教材

书名	作者
全国公共管理硕士（MPA）核心课程教学指导纲要	全国公共管理专业学位研究生教育指导委员会
社会主义建设理论与实践（第三版）	李景治　蒲国良
公共管理英语（修订版）	顾建光
公共管理学（第三版）	张成福　党秀云
公共管理学原理（修订版）	陈振明
公共管理导论	竺乾威　朱春奎　李瑞昌
公共政策分析	陈振明
公共政策分析导论	陈振明
公共政策分析概论（修订版）	谢　明
政治学：基本理论与中国视角	任剑涛
公共部门经济学（第三版）	高培勇　崔　军
公共经济学	唐任伍
行政法学（修订版）	皮纯协　张成福
行政法学概论（第三版）	胡锦光
非营利组织管理概论（修订版）	王　名
非营利组织管理	王　名　王　超
公共管理伦理学（修订版）	张康之
社会研究方法	陈振明
定量分析方法（第三版）	谭跃进
电子政务理论与方法（第五版）	金江军
电子政务	吴爱明　何　滨
公文写作概论	高永贵
信息技术及其应用（第三版）	张维明

公共管理硕士（MPA）教材——专业方向必修课、选修课教材

书名	作者
公务员制度教程（第六版）	舒　放　王克良
比较政府与政治（修订版）	卓　越
当代中国政府与政治（第三版）	吴爱明　朱国斌　林　震
公共部门人力资源管理及案例教程（第三版）	陈天祥
领导学	祁凡骅　刘　颖
领导学教程	常　健
领导理论与实践	邱霈恩
西方公共行政管理理论精要	丁　煌
社会管理概论	唐　钧
公共部门绩效评估（修订版）	卓　越
公共危机管理（修订版）	王宏伟
公共部门危机管理（第三版）	张小明
公共部门战略管理（修订版）	陈振明
城市管理理论与实务	杨宏山
公共冲突管理	常　健
MPA 学位论文写作指南	汪大海

图书在版编目（CIP）数据

行政秘书学/唐钧主编. —北京：中国人民大学出版社，2013.1
21 世纪公共行政系列教材
ISBN 978-7-300-16819-7

Ⅰ.①行… Ⅱ.①唐… Ⅲ.①秘书学-高等学校-教材 Ⅳ.①C931.46

中国版本图书馆 CIP 数据核字（2013）第 010677 号

21 世纪公共行政系列教材
行政秘书学
唐 钧 主编
Xingzhengmishuxue

出版发行	中国人民大学出版社		
社　　址	北京中关村大街 31 号	**邮政编码**	100080
电　　话	010－62511242（总编室）		010－62511770（质管部）
	010－82501766（邮购部）		010－62514148（门市部）
	010－62515195（发行公司）		010－62515275（盗版举报）
网　　址	http://www.crup.com.cn		
经　　销	新华书店		
印　　刷	北京市鑫霸印务有限公司		
规　　格	185 mm×260 mm　16 开本	**版　　次**	2013 年 3 月第 1 版
印　　张	14.5 插页 1	**印　　次**	2021 年 4 月第 8 次印刷
字　　数	323 000	**定　　价**	32.00 元

教学支持说明

（教学课件）

中国人民大学出版社政治与公共管理出版分社秉承“出教材学术精品，育人文社科英才”的出版宗旨，多年来，出版了大批高质量的公共管理、教育学、政治学、政治理论公共课教材和学术著作。

我们为本教材制作了相应的 PPT 教学课件，任何一位采用本书作为授课教材的教师均可免费获得该课件。为了确保该课件仅为授课教师获得，烦请您填写如下材料，并将相关信息通过 E-mail 发送给我们，我们将在收到相关信息后通过 E-mail 给您发送该课件。欢迎您加入我们的 QQ 群（全国政管教师交流群，群号为 236159213），或登录我社官方网站（www. crup. com. cn），注册并认证成为教师会员，以获得更好的服务。

我们的联系方式：
地址：（100872）北京市中关村大街甲 59 号文化大厦 1202 室
　　　中国人民大学出版社政治与公共管理出版分社
电话：（010）82502724　62514775（传真）
E-mail：ggglcbfs@vip. 163. com
QQ 群：236159213

兹证明__________大学/学院__________院/系__________专业__________学年第__________学期开设的__________课程，采用中国人民大学出版社出版的____________________（书名、作者）作为本课程教材。授课教师为__________，授课班级共______个、学生______人。授课教师需要与本书配套的教学课件。

联 系 人：____________________
通信地址：____________________
邮　　编：____________________
电　　话：____________________
E-mail：____________________

系/院主任：__________（签字）
（系/院办公室章）
______年_____月_____日